ビル・エヴァンス

孤高のジャズ・ピアニスト

河出書房新社

ビル・エヴァンス
孤高のジャズ・ピアニスト
CONTENTS 目次

装幀・目次デザイン＝水上英子
本文・口絵AD＝岩瀬聡
イラスト＝中村浩之
カヴァー写真©アフロ
写真協力＝courtesy of Universal Classics & Jazz／ビクターエンタテインメント／ソニー・ミュージック エンタテインメント

アルバム　ビル・エヴァンス　1929–1980

『カインド・オブ・ブルー』でマイルス、コルトレーン、キャノンボールらと
（提供：ソニー・ミュージックエンタテインメント）

ph.市川幸雄

提供：共同フォトサービス

ph.中平穂積

ビル・エヴァンス　孤高のジャズ・ピアニスト

エレジー
――ビル・エヴァンスのために

ビル・ザヴァツキー
Bill Zavatsky
訳＝新沢真理子

君の両手はもう、音楽を創らない。
今でも僕の耳に響く、今でも魂(こころ)を揺らす音楽。
まるで君が僕の目の前にいるような気がする。
君が身をかがめ、影を落とす鍵盤(キー)は、
君のタッチに震え、結晶になる。
水は集められ
瞑想の中で
君は目を閉じる、君自身をもっとよく見るため。
君は今、音楽の源(ソース)、骨や筋肉を突き通す要素(エレメント)を知っている。
美しいものを取り戻そうと、

僕たちの行き着くその向こうにある何かをつかもうと、
君はその指先で、求めていた。

君は僕の人生を見つけてくれた。他の大勢の人生もね。
みんな君の手を通じてそれぞれ旅をしたんだ。
楽譜ごとに、僕たちは君の航路に従いて行った、まるで
雨音を聴く時、もっと深く感じるために目をとじるように。
山なみのような君のタッチを前に、僕たちは立ち止まった。
日差しも影も、君が運んでくれた。
そして飲んだ。
苦渋に満ちた人生をもっと甘く味わうために
キスが止まない歌の泉から。

1981©Bill Zavatsky
(in, Record Album *You Must Believe in Spring*, by Bill Evans)

Spring is here.

藤富保男
Fujitomi Yasuo

〔私事〕　ぼくは一九二八年八月十五日、東京の小石川生まれ。ビル・エヴァンスは一九二九年八月十六日、ニュージャージィのプレインフィールド生まれ。手取り早くいえばまさに一年年下の弟になる。しかし何と彼は五一歳で一九八〇年に亡くなってしまった。
ぼくの知己でプロの写真家のマリエット・チャールトン女史がニュージャージィにいる。彼女を訪ねるついでに、ビル・エヴァンスのプレインフィールドに行ってみた。合衆国北東部特有の香りとしきたりが強いところかと思ったが、今ではマンハッタンへ通う人も多い絶好の郊外住宅地である。

四月のこのあたりは、まだ冬がほとんど漲っている。ゆるやかな坂を二人の子供がボー

ルをけりながら上っていく。ボールにつまづいて、子供たちがころがる。下の方には、〈ナイト・エンド・デイ〉という名の軽食店。その横をパンをかついだ職人と、黒の修道服と、子犬を脇にかかえた老婦人がウォーキン・アップ。

樫の大木に紺色の小さい鳥が尾をふるわせてとまっている。しばらくすると、「エミリー！ エミリー！」とないている。

二人の子供はまだボールをけっているが、二人は完全にころがったまま坂を下りて、うしろからボールが優しく声をかけている。「ピース！ ピース！」と。

軽食店の四つ角で信号灯がゆれている。その先の古本屋には十日間も客が入らない。その横のカフェテリアでは二十分おきに五十人ぐらい学生が入って、椅子は半分以上こわれている。ヴェンダーもこわれ、スコットのベースのような音をひびかせている。

大学は坂のずっと下の方。その第二図書館の前では、大学生たちが円い頭を並べて大声で議論をしている。口のまわりに冬のアイスクリームをつけたまま叫んでいる女子学生もいる。その横を総長らしい紳士が長い脚で歩いていく。彼はさかんに"What's new! What's new!"とつぶやいている。

一人のライブラリアンのような男が手摺りにもたれて煙草をすっている。彼は本当はピアニストなのだ。古い黒縁の眼鏡をかけて、これまた一人で何か言っている。〈私自身との会話〉という名札をさげているが。

〈私事〉　さてチャールトン女史が写真をとってくれた。黒縁の眼鏡をかけている藤富保男氏がちゃんといるが、どこか人相骨相が違う。黒縁の眼鏡はいいとしても、ビル・エヴァンスになっている。

（詩人）

ライナーノート

ジャズのインプロヴィゼーション

ビル・エヴァンス
Bill Evans

訳＝相川京子

日本には、アーティストに自然に反応をもよおさせてしまう絵画がある。画家は細長い羊皮紙〔訳注：和紙〕に特殊な筆と墨を使って描くのだが、不自然だったり途切れ途切れの筆使いをすると線が台無しになったり、紙が破れてしまう。線を消したり変えたりすることは不可能だ。これらの画家は独特の鍛錬を積まなくてはならない。自分の手によって思案の入り込む余地がないほど、直接的に自分のアイディアを表現できるように。

出来上がった絵には普通の絵画のような複雑さや風合いは無いが、じっくりと見つめてみると言葉では説明できない何かが見つかる。

ダイレクトな行動こそが最も意味の深い反応だという事実が、私が思うに、ジャズや即興演奏を行うミュージシャンの非常に簡潔でたぐい稀な才能をどんどん発展させていったのだと思う。

グループとしての即興はそれ以上の挑戦である。集団としての首尾一貫した思考という重要な技術的な問題以外にも、共通の達成をもたらすためにすべてのメンバーが人間として、また社会的にも各々の信念を曲げてでも共感する必要性がある。この最も難しい問題が、このレコーディングでは素晴らしい成果を上げ、解決されている。

画家にはキャンバスの骨組みが必要なのと同様、即興を行う音楽グループには時間というものが必要だ。マイルス・デイヴィスは簡素という点で絶妙で、なおかつコンセプトの原点に忠実で演奏を活性化しうる骨組みを提示している。

マイルスはこの構成を録音日のほんの数時間前に思い付き、グループに何を演奏すべきかを書いたスケッチを持って来た。つまり、ここで聴ける演奏は率直な自発性にとても近い状態ということだ。グループは録音された曲目をレコーディング前に演奏したことはなく、最初に完奏できた演奏のすべてが〝テイク〟として使用されているはずである。

ジャズ・ミュージシャンにとっては全く新しい曲目をレコーディング・セッションで即興しろというのはよくあることだが、ここに収められた曲目はそれぞれの課題をあらわしている。

簡単に、五曲の形式について述べよう――

〈ソー・ホワット〉はひとつのスケールで一六小節、別のスケールで八小節、最初のスケールで八小節という構成〔訳注：AABA形式〕からなる単純な曲で、ピアノとベースによるイントロの後にフリーなリズムが続く。〈フレディ・フリーローダー〉は一二小節のブルースで、効果的なメロディと単純なリズムが新鮮な魅力となっている。〈ブルー・イン・グリーン〉は循環する一〇小節の後に四小節のイントロが続き、各ソロイストが様々に速度を変化させている。〈フラメンコ・スケッチ〉は八分の六拍子の一二小節ブルースで、ほんのわずかなモーダル・チェンジとマイルス・デイヴィスの自由なメロディ・コンセプトだけで雰囲気を伝えている。〈オール・ブルース〉は五つのスケールからなり、各スケールはソロ奏者の思うまま、スケールが終わるまで好きなだけ演奏している。

〔訳注：この解説書はコロムビア制作部の手違いにより〈フラメンコ・スケッチ〉と〈オール・ブルース〉の収録順が逆となっており、エヴァンスの解説の内容も逆になる。〕

（『Kind of Blue』Liner Note ソニー・ミュージックエンタテインメント）

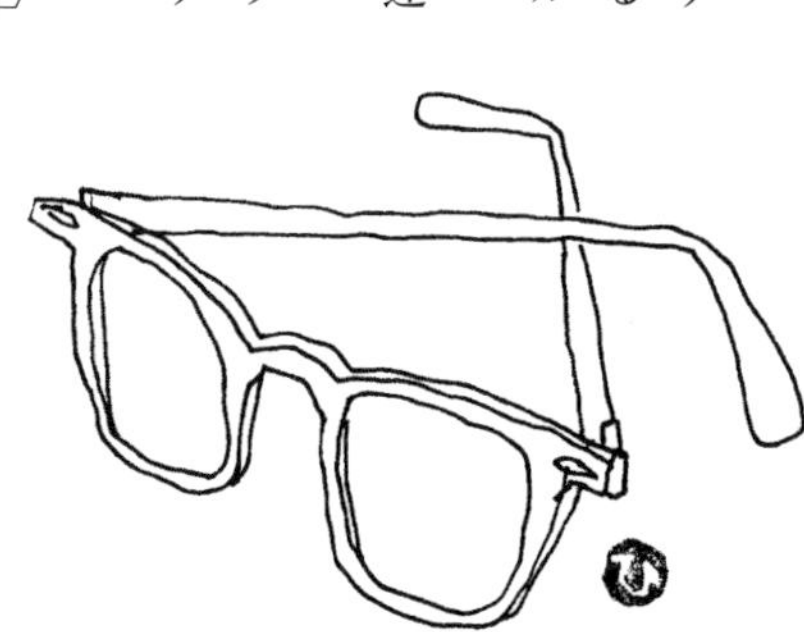

エッセイ

エヴァンスのヴォイシング

藤井郷子 Fujii Satoko

ビル・エヴァンスは、その時代にあって異端のジャズピアニストだったのではないかと思う。エヴァンス以降、その影響を大きく受けて彼の様に演奏するピアニストはたくさんいるが、エヴァンス以前に似たような演奏をしていたピアニストは思い浮かばない。決して奇をてらうような音楽を作ったわけではないが、そのヴォイシング、節回し、音色、そして独特のタイムフィールはエヴァンス以前には聴かれなかったものだ。その音楽はリリックで知的でそれでいて内に情熱を秘めている。

どうしてこんなふうに弾けるのだろう？　多くのピアニストがそうであるように、私も一時エヴァンスのコピーばかりしていた頃がある。音楽をその要素で分けてアナライズする事はできるが、それぞれの要素が絡み合ってその音楽を形作るので明解には分析できない。例えば、エヴァンスと全く同じタッチでピアノを弾いたとしても音を出す、そして切るタイミング、フレーズ、アクセントのつけ方やリズムでとても同じタッチには聴こえなくなる。でも、あえて彼の個性的な部分をアナライズしてみよう。まずはその音色。ピアノではタッチともいう。ピアノという楽器は猫でも音が出せる。物理的に鍵盤をおせば音がでる。ところが、弾き手によって驚くほど音が違う。鍵盤をおすタイミング、おす早さ、離すタイミング、それぞれの音のつなぎ方、数々の要素が音色を決定する。エヴァンスのタッチはクリアで澄んでいて鋭くて、彼の音楽そのものがたったひとつの音でも表現できるような音をしている。どんな楽器奏者もそうだろうと思うが、楽器の音色はその人の持っているイメージを直接表現する。一音でその人の美意識が測れるほどだと思う。

エヴァンスのタイムフィールも独特だ。いわゆるスイングとよばれる8分音符のはねかたが、他のピアニストと極端に違う。エヴァンスを注意深く聴く前は、そのスイングは他のピアニストよりはねて聴こえた。ところが、良く聴いてみると彼のスイングはほとんどイーブン、つまりはねていないのだ。テープ速度を半分におとして聴いてみるとはっきりとわかる。8分音符のはね方は大抵裏の音をだすタイミングばかり考えられるが、実はオンビートの最初の8分音符を出すタイミングが大きく影響する。これまたテープ速度を落として聴けば歴然とわかるのだが、人によってはリズムが裏返りそうになるくらいオンビートの音を後ろにずらす。エヴァンスは比較的オンビートをビートのトップ、つまり後ろにずらさずにだす事が多い。オンビートをトップでだすと、いわゆるビハインドビートのタメが少なくなり、ずれた裏の音だけが極端に後ろに聴こえる。つまりよりはねたかんじに聴こえる。

私が一番好きなのは、エヴァンスのヴォイシングだ。同じ和音をおさえるにも、その音の配置――ヴォイシング――によりとても同じハーモニーとは思えないほどサウンドが変わる。ジャズの場合は和音に含まれる音以外にもテンションノートと呼ばれる音を使い和声にカラーを与える。エヴァンスのヴォイシングは、一緒におさえる音が形作る音程がその鍵を握っていると思う。具体的には短2度（半音）を使う事により鋭く緊張感を持ちながら、澄んでいてシャープな色合いをその音楽全体に与える。

でも、どれを真似したところでエヴァンスにはならない。彼の音楽はその時代にエヴァンスが自身の表現の追求によって築いたという精神性があってこそのもので、形だけ真似て演奏したところでその音楽の核たるものは表現できないからだ。いろいろと分析したが、私は音楽家として彼のその精神性を何よりも継承したい。

（ジャズピアニスト）

藤井郷子『KITSUNE-BI』（TZADIC,98）

エッセイ

ヴィレッヂ・ヴァンガードの思い出

――ビル・エヴァンスはカメラマン泣かせ

中平穂積
Nakadaira Hozumi
（写真も）

　ジャズファンの中で、ビル・エヴァンスが嫌いだという話はきいた事がない。レコードを何枚か持っているファンなら必ず一枚や二枚、ビル・エヴァンスのレコードを持っている。もちろん私もエヴァンスのファンの一人だが、一九六一年一一月、新宿でジャズ喫茶「ディグ」を始めたころ輸入盤リバーサイドの「ポートレート・イン・ジャズ」を聴いた時の感動は今も忘れられない。そして一九六一年は名盤「エクスプロレイションズ」や「ヴィレッヂ・ヴァンガード」のシリーズが続々とレコーディングされた。ジャズ喫茶は一日中エヴァンスのレコードのリクエストがたえなかった。

　一九六六年七月、ジョン・コルトレーンが出演するとあって、「ニューポートジャズ祭」に行く事になった。マイルス・デイヴィス、セロニアス・モンク、デューク・エリントン、そしてジョン・コルトレーンと夢にまで見たジャズジャイアンツの演奏を四日間満喫し、ニューヨークに戻ったらどのクラブもすごい顔ぶれの出演だ。そして幸運にもあのヴィレッヂ・ヴァンガードでビル・エヴァンス・トリオのライヴをきく事が出来た。「スイング・ジャーナル」誌一九六七年一月号に私がレポートした〈ジャズ・スポットめぐりvol.2〉を今とり出して見てみるとNY滞在中の四〜五回ヴァンガードに通い、いつも最前に陣取り心ゆくまで聴いたと記している。しかもぜいたくな事にコールマン・ホーキンス・ク

ワルテット（ピアノはやはり大好きなバリー・ハリス）とのダブルギグだ。大体一〇時半位から始まるのだが、ファーストセットのころは、客は五～六人で静かにぜいたくに聴いた。それぞれ二セットずつの演奏で最後のホーキンスのセットが始まるのは、明け方の三～四時になってしまう。

ビル・エヴァンスはぶ厚いノートを持って出て来てピアノの前に坐りノートを開くと曲目が書いてあるメモをはさんでいて、ステージが変るごとにちがった曲を演奏する。曲目はレコードで聴きなれたものばかりで「イスラエル」「ワルツ・フォー・デビー」「ラウンド・ミッドナイト」などを好んで演奏した。私はジャズファンでありカメラマンでもあるわけだが、ヴィレッヂ・ヴァンガードでは演奏中は撮影禁止、たとえOKをもらってもほとんどまっ暗で撮影は不可能に近い。楽屋をたずねて記念写真だけかろうじて撮影出来た。ちなみにヴァンガードの次の週はセロニアス・モンクの出演でもちろん聴いた。次いで一九六九、七〇年と毎年のようにニューポートやニューヨークに出かけその都度エヴァンスを聴くチャンスに恵まれた。そして一九七〇年、ついに撮影のチャンスをつかんだ。この時はヴィレッヂにあるトップ・オブ・ザ・ゲイトにピアニストのジャッキー・バイアードのグループとのダブルギグだった。ここには秋吉敏子さんもよく出演していた。このクラブはL字型の店で角のところにステージがあり奥の方はレストランになっていてジャズを聴きたいお客は手前に陣取る具合だ。

やはりスタートは五～六人のお客なので、思い切ってマネージャーに撮影許可の依頼をしてみた。写真を彼に渡すという条件でOKをもらいライトも少しだけ明るくしてもらい二曲約一〇分ほどの間にライカで十数カット撮影した。ビル・エヴァンスは写真の通りピアノの鍵盤に頭をつけんばかりの姿勢でほとんど動かず曲が終るまで顔を上げない。何枚撮っても同じポーズになってしまう。静かな中での撮影は神経をすり減らす。七〇年代後半に来日したときには、太って顔中髭をはやし風貌も変り、六〇年代のエヴァンスの雰囲気がなく、何となく写真を撮らなかったのが残念だ。

しかし全盛時代に近いビル・エヴァンスをヴィレッヂ・ヴァンガードで聴く事が出来たのはファンとして幸せだ。

（写真家・新宿DUG）

エッセイ

ポストゲノムにおけるクローン・エヴァンス

加藤総夫
Kato Fusao

「ワルツ・フォー・デビー」とトニー・ベネットとのデュオを両面に収めたラベルのはがれかかったカセットテープを車の中で見つけて、ああ助かったとばかりにかけたのがビル・エヴァンスを聴いた最も近い記憶だ。それにしてももう何年も前のことになる。多くの人が指摘しているように、エヴァンスの音楽の魅力でもあり便利でもあるところは、お洒落で洗練されたジャズのムードだけを聞き取って、あわよくばそれで美しい女性を口説いてみようと思って流せばそれだけを聴くこともできるし、左手で奏される高度な内声の動きや、ハードなノリのモダンなフレージングだけを堪能しようと思えばそれだけでも結構楽しいというその多義性・多層性にある。同じ音楽を聴いていても、他人がそこに何を聴き取っているのかなんて、ぼくの知るところではない。誰にもわからない。どういう人かよく知らず、何が好みで何を話していいんだかわからないけど、とりあえずは魅力的な女性を助手席に乗せてしまった沈黙を耐え忍ぶためにかけたのがその前世紀の遺物のカセットだった。それで「なんかいいムードになってきたわね」と言われれば、それはそれで成り行きに任せるし、「この辺のフレージングって一連のジョージ・ラッセルとの共演盤でのソロを彷彿とさせるわね」(注)と言われれば、こいつ面白い奴だな、とにやっとするだけのことだ。前世紀後半においてもうすでに十分すぎるほどに聴かれ、分析され、評価され尽くしたにもかかわらず、このような雑誌別冊のテーマとしていまだに飽きもせずエヴァンスがとりあげられるのは、全く違う音を聴いているにもかかわらず、人類の言語力の貧しさと限界のおかげで、同じ音楽を耳にする共同体がそこにあるかのように錯覚させてしまうエヴァンスの音楽の力のために他ならない。

ビル・エヴァンスに関して最近もっともどきどきしたできごとは、彼の演奏の録音を聴いた時ではない。それは、ラヴェルやドゥビュッシーの正統的かつ合理的な演奏とその知的で精悍なマスクと、そしてコンサートで必ず赤いソックスを履くことで有名なフランスのピアニスト、ジャン゠イヴ・ティボデの『ビル・エヴァンスとの対話』というアルバムを聴いた時のことだった。ジャケットの表がティボデ、裏側が『ニュー・ジャズ・コンセプションズ』の頃のエヴァンスの写真というこのアルバムは、ビル・エヴァンスのソロもしくは多重録音の演奏をそのまま採譜して、譜面化し、それをあたかもラヴェルやドゥビュッシーが書き記したピアノ作品のようにティボデが演奏したという作品だ。主にバラードのソロを中心に十二曲が収められている。

それはビル・エヴァンスの演奏ではないがビル・エヴァンスの音楽だった。エヴァンスの信奉者にとっては、許し難い聴くに耐えない演奏に違いない。誰かがエヴァンスの演奏を聴き取って正確に採譜した音符を、そのまま、ビル・エヴァンスの肉体とは何の関係もないところで、ラヴェルやラフマニノフの難曲を弾きまくるその完璧なテクニックとダイナミクスと繊細さを駆使してフランス人ピアニストが再現、いや、再構築しているにすぎない演奏である。エヴァンスでもなければジャズでもない。二十世紀に、身体と即興の音楽として成立したジャズとは最も遠い行為だ。

だが、その演奏を聴いて初めてぼくは、ビル・エヴァンスが人類の音楽の歴史に残した仕事の価値を理解したように思った。九六年のディジタル録音なので音はいいし、クラシック的に完璧に調律されたスタインウェイの響きは抜群だ。クラシックで鍛えられたピアニストの完璧な手によってピアノという機械が出し得る音の限界まで鳴り尽くされている。ジャズ的なピアノの音に仕上げられていないその録音と整音も異化効果を助長している。グラスの音も客の囁き声も聞こえない。これまたエヴァンスの信奉者から爆弾が送られてきそうだが、ピアノという機械の操作という点においても、また、皮肉なことに、和声や響きの制御という面においてもエヴァンスよりもウマイ。そして驚いたことに、美しい。

　つまりそれは、エヴァンスの音楽そのものを、エヴァンスの肉体とは関係のないところで、タンパク質やら脂肪やらを全部はぎ取って、遺伝子そのものを取り出し、そのDNA配列そのものを鮮やかに提示してみせたような響きを持っていたのだ。そこにはもちろんビル・エヴァンスという個人の肉体はない。どきどきした。

　このような試みはもちろん、今までにもあったし、言うまでもなくほとんどすべて失敗している。エヴァンスの音楽を弦楽四重奏化しようとしたクロノス・カルテットはもちろんのこと、九〇年代以降、オリジナルの譜面がたくさん発掘されて録音されたエリントンにしても、とにかく、こういった試みは結局、失敗することによって、ああ、やはり、ジャズの音楽の本質は、黒かったり白かったりする身体であったり、その人の身体だけが持つビート感だったり語調だったりするんだねえ、という予定されていた結論を強め、身体と即興というジャズの二十世紀的な神話を擁護し、ジャズという音楽（だけ）は単なる響きと耳の関係だけでは成立しないという幸福な排他性を維持するのに貢献していた。ぼくだって、ビル・エヴァンスのあの独特な前ノリ気味のオン・ビートなフレージングっていうのは病み付きになる魅力だよね、とジャズ好きの知人と語り合ったことを忘れたわけではない。確かにこのティボデの演奏には、エヴァンスのあの追い立てるようなスリルのかけらもなく、退屈といえば退屈だ。

　だがここでのビル・エヴァンスの音楽は裸だ。いや、骸骨だ。骸骨の上に、全然違う身体が肉付けされている。ポストゲノム・クローン音楽（笑）。遺伝子が同じでもその発現型が異なる固体が生まれることはいくらでもある。確かにエヴァンスとは違うが、タッチは繊細にかつ合理的にコントロールされているし、エヴァンスとは違うが、間も絶妙だ。単なる「コピー」や物真似などではない。エヴァンスにも劣らないくらい感情は抑えられ制御されている。エヴァンスとはまた違う「ワルツ・フォー・デビー」の滑らかな流れとダイナミクス。「ヒアズ・ザット・レイニー・デイ」の複雑なリハーモナイズの内声の巧みな動きと計算されたアーティキュレーション。音楽としての完成度も高く美しい。エヴァンスとは違うが。

　このようなできごとが可能となったのは、ティボデのピアニストとしての圧倒的な能力にもよるだろうし、エヴァンスの音楽が本質的にこのような試みに耐え得るものだからでもあるだろう。エリントンやモンクや、ましてアルバート・アイラーやエリック・ドルフィーで同じことが起こるとは考えにくい（モンクの曲を演奏すれば誰がどう弾いてもモンクになるという話はあるけど）。その遺伝子さえ引き継いでいれば誰がどんな肉体で演奏しても結局は、エヴァンスの音楽が持っていた多層的意味のどこかが美しく新たな固有の響きとなって現れてくるのだという発見はどきどきさせるものだった。もちろん、遺伝子を間違って発現させれば、中途半端にセンティメンタルな音楽や、ノリがカタいだけの下らない音楽にだってなり得ていただろう。そういうエヴァンスもどきは今までにもあった。これからだってあるだろう。だがそんな新種は間違いなくすぐに絶滅する。

　肉体に依存した音楽の強度が、ヒトが世代を交代するごとに失われていくことは仕方のないことだ。もうエヴァンスの新録音はあり得ないし、「ショパンのオリジナルの即興演奏の凄さを聴いたこともないくせに」なんてショパン弾きに忠告する人もいない。長い時間を超えて、それでも耳を傾けるに値する音楽として残るのは、結局、肉体のないゲノムとして生き残り得る音楽だけであり、新しい時代ごとに新しい肉体が古くから伝えられた遺伝子の音楽を奏でなおしていくことによってその音楽は人類に欠かせない生きたものとして生き延びていく。決して、過去の音楽は文芸雑誌の特集号の中に生きのびるのではない。「即興」だとか「肉体」だとか「身体感覚」だとかいった神話を自らに仮想的に納得させながら聴くことをやめた時、エヴァンスの音楽の中に潜む多層的な音楽のすべてがそのままの裸の姿となって、単なる響きと耳の関係として聴こえ始める。同じ音響を聴いているのに、わたくしとあなたの脳の中で、音楽がどのような違う響きとして鳴り響きどのような違う記憶や感情を引き起こすのか？　会話のない狭い車の中でエヴァンスの演奏を聴きながら浮かんだこの疑問を口に出せるのは、やっとそれから先のことなのだ。

注――「〈強引な装置〉の快感――オーケストラとの共演におけるもう一人のビル・エヴァンス」講談社『ジャズ・ストレート・アヘッド』（加藤総夫・一九九三年）、一二一頁。

（神経生理学）

エッセイ

エメラルド・グリーンの戦場

●二つの「ブルー・イン・グリーン」——

玉井國太郎
Tamai Kunitarô

バーンスタインは、かつてマーラーの音楽史上の位置付けを巧みに要約して、十九世紀と二十世紀の境界線をまたぐ巨人の姿を幻視してみせたことがあった。拡大する調性音楽のいちばん外のへりで、絶え間なく変化する微細な音色の戯れや、調性の枠を内側から喰い破るオーケストラの咆哮は、来るべき無調音楽の時代を確実に予見するものだった。しかし、今日のように誰もが気軽に、再生された音楽を楽しむ時代から振り返ってみれば、マーラーがまたいだ境界線は、また別の意味を持ってくる。共同体の規範の内部で育まれて来たさまざまな音楽は、今や自由に呼び出され、混ぜ合わせられる、奇妙に平坦な場にその住み処を移した。マーラーの交響曲の持つ現代性とは、正にそのような音楽の居場所の変容を体現したことにある。ランダムに読み出されるヨーロッパ音楽の記憶。

マーラーという巨人の左足は——心臓のある側だ、とバーンスタインは言う——十九世紀を踏みしめていたが、二十世紀にそのような存在を探すとすれば、すぐにマイルス・デイヴィスの名が浮び上ってくる。マイルスもまたアメリカ黒人コミュニティーの世界に深々と身を浸しつつ、音楽の外延を押し拡げる、気の遠くなるような歩みを止めることはなかった。

ジャズ・シーンが〈ビ・バップ革命〉の熱波に沸き返っていた一九四〇年代に、文字通り現場で新しい音楽を吸収し自己の声を確立していった世代の人間としては例外的に、マイルスはジャズの外部で起っていることに、常にその鋭敏な嗅覚を働かせていた。図書館に通ってはストラヴィンスキー、ベルク、プロコフィエフといった当時の前衛音楽のスコアを熱心に研究したという。以後、最小限の決まり事による一発勝負の観があったビ・バップに、曲のフォームの概念をもたらしたハードバップを領導し、あるいはギル・エヴァンスの精緻なオーケストレーションを得て、単純なエモーションの発露とは一線を画した、こまやかな情感を優美に歌い上げてみせた。コード進行の複雑化が、メロディの創意と演奏者間の自由で俊敏な反応を阻害していると感じていたマイルスが、ギニアのアフリカ・バレエ団の公演に接して、ダンサーとドラマーの精妙かつ躍動的な交感にヒントを得て、モード（旋法）に基付く手法を発展させようと考え始めた時、彼の前に現われたのは生真面目な風采の白人ピアニストだった。

ビル・エヴァンス、このピアニストの存在を想う時、いつも自分の定位置を見付け損ねているという感じがつきまとう。ピアノの前にすわっている時でさえも。自己の内面に沈潜していくことと、音楽を外へ向けて押し出していくことの間に隠微に存在する矛盾を、それに気付いているが故に、ついに解消できなかった音楽の囚われ人。

六歳でピアノを習い始めたエヴァンスのエピソードで驚かされるのは、ピアノ教師はこの少年に、先ず譜面を初見で演奏する訓練をほどこしたことだ。幼いピアノ弾きの卵が、自分のお気に入りのメロディを鍵盤の連なりの中から探り出す喜びを知るといった、お定まりの過程を経ることなしに、小さなビルは、音楽を司る視えない秩序に、直に向き合うことになった。細部を磨き上げる地道で退屈な訓練は、このピアニストの修業時代の終わりまで先送りされた。先ず何よりも音楽を、そしてより良い実現のために技術を。ジャズへの興味は、十二歳の頃、ダンスバンドのピアノ用の譜面に、思い付きからわずかな変更を加えてみた時に始まったというが、外面的な効果には決して頼らず、内なる秩序に照らして「わずかな変更」を一つ一つ積み上げる姿勢は、後年、前代未聞のハーモニーの魔術を織り上げ、ジャズピアノの語法を刷新するまで、一貫して変わることがなかった。

一九五八年の初め、マイルスバンドのピアノの席にはレッド・ガーランドがいたが、そのジャズの口承伝統に鍛え上げられたメロディとリズムは、マイルスの新しい理念とは相容れないものになっていた。

やむ無くガーランドを解雇してブルーになっていたマイルスの前に現われたとびきり新鮮な奴、ビル・エヴァンスにとって、与えられたレギュラーメンバーの地位は必ずしも居心地の良い場所とは言えなかった。メンバー中唯一の白人として、黒人の聴衆からは敵意の視線を向けられ、音楽的には充実していたとはいえコルトレーンやキャノンボール・アダレイと共にライヴの場を盛り上げるには、そのプレイはあまりに内向的に過ぎたと言わざるを得ない。結局、その年の十一月にはエヴァンスはバンドを去ることになる。しかしマイルスには、このクラシック音楽の語法を身に付けた物静かで繊細なピアニストと共に成すべきことがまだ残されていた。

エヴァンスの回想によれば五八年の暮れ、マイルスのアパートに呼び出され、そこでマイルスはエヴァンスにGマイナーとAオーギュメントの二つのコードのみ書かれた紙を示して「これをどう料理する?」ときいたのだという。その場では何のアイデアも浮かばなかったので家に持ち帰り、作曲に取りかかった。出来上がった曲は一コーラスわずか十小節、通常のジャズチューンに見られるような起承転結の構造を持たず、最終小節は終止感を与えられずに、そのまま曲の冒頭へつながってしまう。メロディは、エヴァンスがどこまで意識的だったのかは定かでないが、当時マイルスとエヴァンスが共に傾倒していたというラヴェルの書いたいくつかのページを如実に連想させる。例えば『左手のためのピアノ協奏曲』の冒頭、重低音の混沌の中から最初に浮かび上ってくる二本のホルンによる下降旋律にファゴット、チェロ、コントラバスが六度のハーモニーで逆行の合いの手を入れる件り、あるいはピアノ曲『クープランの墓』の第五曲メヌエットの、ミュゼットと記された中間部など、音階を順次下降した旋律の尾っぽが広い音程で跳躍するフォームは、このエヴァンス作品中最もユニークな楽曲「ブルー・イン・グリーン」に何がしかの影響を及ぼしたのでは、との想像をかき立てずにはおかない。

翌五九年の三月と四月、二度のセッションによってレコーディングされたアルバム『カインド・オブ・ブルー』の不滅の価値については今さら贅言を要しないが、わけても「ブルー・イン・グリーン」の演奏はその峻厳さ、崇高さにおいて際立っている。もしかしたらマイルスとエヴァンスは、前述のラヴェルのコンチェルト、特に最初のピアノのカデンツ

『カインド・オブ・ブルー』収録時。マイルス（中央），エヴァンス（左端）ら

ァの直後のオーケストラの総奏を念頭に置いて、その稀に見る壮麗な楽想をジャズに移し替える意図を持っていたのかもしれない。

　四小節のイントロを受けてマイルスがミュート・トランペットで描き出すのは、いかなる感傷にも付け入る隙を与えない、純度の高い孤独、淋しさの絶対値である。これを受けてエヴァンスのソロが始まるのだが、この時ジャズ演奏としては実に異例のことが起きている。曲中、一時的にドミナントからトニックへと解決すると見做し得るコード進行が四回現われる。ピアノとサックスのソロはチェンジを倍加して行われるから、一コーラス十小節中に都合八回、ここを通過する度、エヴァンスは元のテンポより早めに次の小節に飛び込んでいく。ベースとドラムスも呼吸を合わせるように追従していくから、結果的に全体のテンポが上っていく。これは、一度始まった演奏のテンポは終わりまで一定というジャズの原則に反する。

　何故このようなことが起きたのだろう。想像するに、ここでエヴァンスは巧妙に自らの拠って立つ音楽的基盤を語っているのではないだろうか。十九世紀ロマン派の作曲家にとってドミナント↓トニックの進行をいかに扱うかは常に重要な課題であり続けた。ショパンの天才は、先送りされた解決までの空間をいかに多彩な装飾で埋めるかに向けられたが、クラシックのピアニスト達が、この距離を重力に引かれるように終止にむかってテンポを早めていくのには音楽的必然性がある。エヴァンスは、敬愛するラフマニノフやミケランジェリの記憶を再演するかのように音楽を加速させることで、クラシック音楽の修錬を経てジャズの世界に参入して来た自らの出自を語ってみせたのだと思う。新たな音楽言語を求めて、アメリカ黒人共同体意識からの超出の孤独を歌うマイルスと、内なる秩序を押し拡げ、歌い出されたものを受けとめる場を希求するエヴァンス、二つのヴェクトルが「ブルー・イン・グリーン」という地点で交錯する。音楽史に突如出現した五分三十五秒の奇跡の「平坦な戦場」（W・ギブスン―黒丸尚）。

　束の間の出会いで互いの煙草に一つの炎を分け合った二人の兵士のその後の軌跡が再び交わることはなかった。剝き出しの魂の着地点を求めてマイルスは目まぐるしくリズム環境を変容させ、音楽の「現在」を希求し続ける。一方エヴァンスは、ついに理想の共演者を得て、ピアノトリオという小さな環境の中で、歌うことにまで鍛え上げられた秩序の輪郭を押し拡げていく探求に乗り出す。

　一九五九年十二月、エヴァンスはベースのスコット・ラファロ、ドラムスのポール・モチアンと共にスタジオ入りし、後に『ポートレイト・イン・ジャズ』として纏められる収録を行い、ここで再び「ブルー・イン・グリーン」が採り上げられた。プレイヤー各々の深い内省が一つの演奏を実現する方向に向かって束ねられ、トリオは歌う総体にまで高められている。ブルーとグリーンは混ぜ合わされて、エメラルド・グリーンの深々とした広がりとなって時空を染め上げる。即興芸術ジャズにおいて初めて、共同体意識に回収されない表現がここに成立した。それはまた、世界中の総てのジャズピアニストの指と心が、巨大なネットワークを形成した瞬間でもある。あなたが、あなたの最も近くにあるピアノの鍵盤に指を沿わせる時、あなたもまた、ひとりひとりがみんな淋しい、平坦な戦場の戦友である。

「平坦な戦場で／僕らが生き延びること」

（詩人・ジャズピアニスト）

ビル・エヴァンスって，誰？

9351 RIVERSIDE

Explorations Bill Evans Trio

福山庸治

まったくの偶然である
1973年の正月
街に出たついでに
何かコンサートでも
見ようと
一番近くの
プレイガイドに
飛び込んだら
ビル・エヴァンスがいた

ビル・エヴァンスの
チケットは
売り切れました

売り切れ
かァ…
じゃあ
明日は？

今夜が
最終日
ですね

あ……そ

ねぇ
チック・コリア
って知ってる？
え？
あ
もちろん

今夜
厚生年金で
演るみたい
えっ？
ホント？
すごい！

それ
観よう
それ
観よう
ビル・エヴァンス
より
そっちのほうが
断然いい!!

ビルなんとか
より
断然いいの？

いや、だって彼は
もう確立しちゃっ
てるし

1970年代
初頭といえば

まだ
ヴェトナム戦争が
続いていた
こんなものは
とっくに
終わって
しまっていたが…

そんな時代に
若者だった僕は
グガガガな
生き方を好み
グガガガ

ガコン
ガコン
ガコン
ガコン

この男のような
生き方を否定
した
何か?

そんな
ドブネズミ色の
囚人服をまとう
人生の何が
おもしろい?
ヒック

グガガ

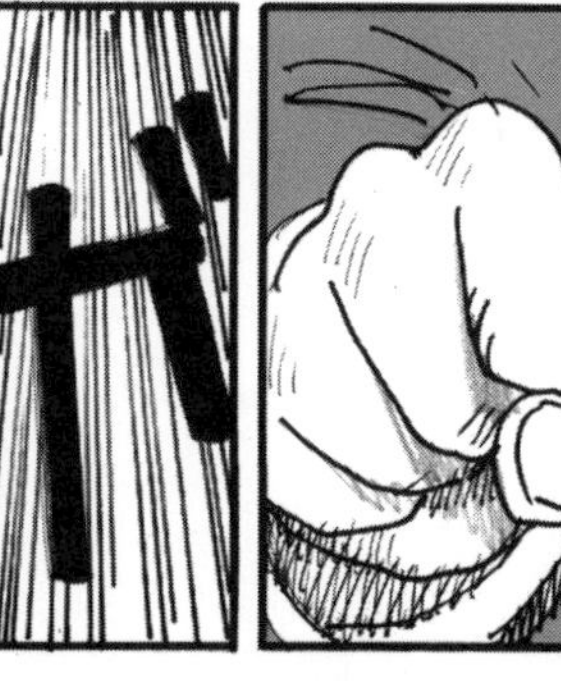

ガ

John Coltrane

コルトレーン
ばっかり?
ビル・エヴァンス
とかないの?
SOULTRANE

だってビル・エヴァンスってネクタイ&スーツが似合いすぎるんだもん
スーツが似合っちゃいけないの？

なんかね…それに頭もポマードで固めちゃいけない
でも音楽はステキよ

温度を感じない冷たい炎のようだ
そこが知的でいいのよ

僕にはダメなんだグガガガなものでないと
グガガガって何よ？

グガガガはギターのこれだよ
グッガッガッガッ

破壊へと向かうマグマ的エネルギーというのかなァ
あらビル・エヴァンスには内面に熱いマグマがあるわよ
ガッガッガッ

ストレートじゃないね
これからは内面の時代よ

うるさいうるさいとにかくネクタイ&スーツでステージに立つ男の音楽なんて興味ないね
待って！

あなたこうすると
ほら似てない？

やだ
ビル・エヴァンス
にそっくり！

ねえ
スーツは
持ってないの？
持ってない

絶対
似合うのに

仕事として
着ることは
死ぬまでないね

じゃあ
将来
どうやって
食べていくの？

chick corea　return to forever

新宿厚生年金会館の
チック・コリアは
リターン・トゥ
フォーエヴァーという
ユニットを組んでの
公演でジャズの新しい
方向性を明示する
画期的なコンサート
となった

僕は二階の席で
この新しくて
心地よい
リズミカルな
音楽に
浸りつつも

同じ時間同じ東京
という場所で
演奏している
ビル・エヴァンスの
ピアノのことばかり
考えていた
そして
彼のピアノが
聴きたいと
思った

なぜか猛烈に
そう思った

だが
僕はその後も
ビル・エヴァンスを
聴こうとはしなかった

これ
Explorations Bill Evans Trio

仕事でスーツを
着るように
なるまでは

END

アルバムでたどる

評伝ビル・エヴァンス

高木宏真
Takagi Hiromasa

ビル・エヴァンスは一九二九年八月一六日、ニュージャージー州プレインフィールド生まれ。父はウェールズ人、母はロシア系アメリカ人。音楽に理解のある両親は、六歳の時ビルにピアノを習わせ、更にヴァイオリン、フルートを習わせた。ピアノの上達は早く、一〇歳の頃にはモーツァルトのソナタを弾けるまでになる。一二歳で「タキシード・ジャンクション」(key=Bb 変ロ長調)にその音を加えるとブルージーに響く「短3度(Db)」の音を即興で加え、そのハーモニーにスリルを覚える。ジャズ・ミュージックに足を踏み入れた第一歩。二歳年上の兄ハリー・エヴァンスJr.はビルより先にピアノを習い、後にピアニスト・音楽教育者となる。音楽教育者としてのハリーがホスト役を務め、ジャズ・ピアニスト「ビル・エヴァンス」の奏法の秘密に迫る番組が製作、ヴィデオ化されている(『Bill Evans : on The Creative Process』)。バディ・ヴァレンチノ・バンドで、兄ハリーの代役を務めたのも一二歳。兄ハリーは、弟ビルの一生を大きく左右する。

一五歳でサウスイースタン・ルイジアナ・カレッジに入学。レッド・ミッチェル(b)(フィル・ウッズらとエヴァンス追悼の曲を演奏)、マンデル・ロウ(g)(エヴァンスをリヴァーサイドのオリン・キープニューズに売り込んだ恩人)、トニー・スコット(cl)(スコット・ラファロと共にサイドメンを務める)と知り合うようになり、アルバイト的に演奏を行うようになる。

卒業後、トニー・スコットの推薦でハービー・フィールズ・セプテットに加入。爪を割ったりとハードな演奏だが、エヴァンスはここで伴奏術を修得したという。ジェリー・ウォルド(初レコーディングを経験。五四年)、トニー・スコット等のバンドで活動し、五六年にはリヴァーサイドに初リーダー作を録音(『**New Jazz Conceptions**』)。最初期のビルのピアノを高く評価する友人マンデル・ロウが、リヴァーサイドのオリン・キープニユーズに売り込んだのだ。この初リーダー・アルバムはまだバド・パウエル（p）の影響が強く残るが、生涯の代表作となる「ワルツ・フォー・デビー」等で聴ける「ソロ演奏」は新鮮。

このアルバム以上にエヴァンスの名前を音楽業界に知らしめることとなったのは、「リディアン・クロマチック・コンセプト」を提唱するジョージ・ラッセル（comp.arr）（一九二三〜）のもとでの演奏。クラシックとジャズの融合を目論んだ企画に、しっかりとしたクラシックの基礎があるジャズ・ピアニストはまさに適任。ラッセルとの活動の中では、まだマイルス・デイヴィスも模索中であったモード的なアドリブをも、既に聴かせている（『**Brandeis Jazz Festival**』収録「All About Rosie」五七年）。モード奏法確立を目指し最適なピアニストを捜すマイルス・デイヴィス（tp）。『マイルストーンズ』でボスの期待に応えきれなかったレッド・ガーランド（p）の後がまにエヴァンスが起用されるのが五八年春。ジャズ界が注目するマイルス・バンドに、初めて参加した白人エヴァンスはマイルスの要求に応えていく（『1958 Miles』等）が、「外部」からの逆人種差別的プレッシャーから脱退してしまう。しかし、モード確立への再挑戦にはビル・エヴァンスの参加は必要不可欠と、マイルスはエヴァンスを呼び戻す。エヴァンスが参加した『Kind Of Blue』（五九年）はモード・ジャズが確立した記念すべき作品といわれる。

モード的なアドリブ法とは、ビバップ的な、コードを基に即興フレーズを紡いでいくスタイルに対する新しい考え方。一つ一つのコードに対してではなく、音列をベースにした即興方法である所謂「モード奏法」は即興の可能性を広げることとなり、後の多くのジャズ・ミュージシャンに影響を与えた。モード概念の基礎といわれる「クロマチック・コンセプト」の提唱者ジョージ・ラッセルと共演し、実践的にモード基本概念を身に付けていたエヴァンス自身も『Kind Of Blue』から大きく影響を受ける。この概念を導入したトリオ・ミュージックを実践するため、ベースにトニー・スコット・バンドの同僚スコット・ラファロ（一九三六〜六一）、ドラムスにポール・モチアン（一九三一〜）という自己のトリオを結成。「『一人がソロをとって終わったら次者が吹く』というよりも、同時進行的な即興が成長していけばと思う。ベースは4ビートにこだわらない。そういう普通のプレイは勉強してきているのだから、それを変える資格があると思う」。

新しいスタイルのピアノ・トリオ、その初レコーディングは同年一二月（『Portrait In Jazz』）。お馴染みのスタンダード・ナンバーを題材に、モード手法によりハーモニーを大きく捉えたアドリブを聴かせる。共演者の出す音に反応していくインタープレイを充実させるには「概念」を理解してもらうだけでは不十分。メンバー間の音楽的「あうんの呼吸」を高めるために翌六〇年はレギュラー・トリオでのツアーに明け暮れ、六一年二月には第二弾『Explorations』を録音。ラファロのベース切り込みも鋭く、緊張感爆発の前作に比べ、一年後の演奏は落ち着いている。ラファロ参加の一般に四部作といわれるアルバムのうち最も地味なアルバムだが、トリオは熟成してきた。

充実したエヴァンス・トリオの緊張感溢れる演奏は六一年六月二五日のヴィレッジ・ヴァンガードでのライヴ演奏(『Sunday At The Village Vanguard』『Waltz For Debby』)で聴ける。

しかしスコット・ラファロは、七月六日自動車事故で他界。

ラファロの在籍したビル・エヴァンス・トリオは、バド・パウエルに代表されるビバップ・ピアノ・トリオの概念を変えた。ピアニストのためにベース&ドラムスがリズム&ハーモニーを提供するスタイルではなく、三者が対等に主張し、対等に演奏を進行させる主導権を持つ。その曲自体の持つ美しさは失わず、モード的解釈によりハーモニーに広がりを持たせる。まさに天才的センスと技量を持つラファロなくしては成立しないピアノ・トリオだ。

ショックからようやく立ち直り、チャック・イスラエル(一九三六〜)をベースに迎えトリオ演奏を再開(『Moonbeams』『How My Heart Sings』六二年五月)。イスラエルはラファロほどの瞬発力はないものの、エヴァンス・トリオの伝統をしっかりと理解し実践している。以降エディ・ゴメス(一九四四〜)、マーク・ジョンソン(一九五五〜)とベーシストが代わっても、演奏上主従関係のない「正三角形」トリオのあり方は変わらない。

互いに影響し合って即興を繰り広げる概念は、ジム・ホール(g)とのデュオでも実践されている。ジム・ホールとのデュエット・アルバム『Undercurrent』(六二年)もまた、エヴァンスの資質をよく表した名盤とされる。ヴァーヴ・レーベルに移籍したエヴァンスは、リヴァーサイド時代には見られなかった他流試合を積極的に行う。西海岸をベースに活躍する白人ドラムの名手シェリー・マンとの共演盤『Empathy』(六二年)、ゲイリー・ピーコック(b)を含む『Trio '64』(六三年)などでは、セッション的インタープレイを聴かせる。

「自分」相手にインタープレイしたものもある。先に録音したソロ・ピアノとの「共演」をオーヴァーダビングしていく**『自己との対話(Conversations With Myself)』**(六三年)がそれ。このアイデアは**『続自己との対話(Further Conversations With Myself)』**(六七年)やエレクトリック・ピアノとも対話する**『未知との対話(New Conversations)』**(七八年)と続く。『自己との対話』はグラミー賞を獲得。六六年二月、父ハリー・L・エヴァンス死亡。直後のタウン・ホール・コンサートでは、父に捧げたソロ演奏を行っている。そこには彼のオリジナル曲の中でも重要な作品のひとつとなる「Turn Out The Stars」が聴かれる。

プエルトリコ出身、二一歳のベーシスト、エディ・ゴメスはチャック・イスラエルがエヴァンス・トリオを抜けることを知って、その後がまを狙う。思惑通りに共演するチャンスを得た彼は、エヴァンスに自分を雇わせることに成功。同六六年一〇月には、新人ゴメス初参加のアルバムを録音(『A Simple Matter Of Conviction』)。ゴメスは以後一一年に亘りエヴァンスと共演する。このアルバムは巨匠シェリー・マンとの再会トリオであったが、六八年六月のモントルー・ジャズ・フェスティヴァルにはジャック・デジョネット(ds)、エディ・ゴメス(b)

というトリオで出演。この時代には新人でも後にジャズ界の大物となる、新しい世代のリズム隊を従えたエヴァンスはいつになくハードな演奏を繰り広げる。七〇〜八〇年代の主流となるピアノ・トリオ・スタイルを示した演奏は、エヴァンスの代表作の一つに挙げられる（『Bill Evans at The Montreux Jazz Festival』）。

アルバム『Alone』が録音された六九年は、ソロ・ピアノ・アルバムが珍しかった時代。ハーモニーの芳醇さ、自身で示すリズムの正確さは勿論、アルバム収録のソロはどれをとっても、また全体を通して構成力にも優れ、グラミー・ベスト・ソロイスト賞を獲得。七〇年代前半のソロ・ピアノ・ブームの先駆となった。七〇年の『From Left To Right』では、始めてエレクトリック・ピアノを弾く。ジョー・ザヴィヌル、ハービー・ハンコック、チック・コリアらがフェンダー・ローズを使いこなし、自己の音楽に上手く活用していった時代だが、彼らより上の世代であるエヴァンスのエレピ使用に関しては賛否両論だった。

エヴァンスは、ジョージ・ラッセル以降もオーケストラとの演奏は数多い。六〇年代には一部コマーシャルなものもあるが、ジョージ・ラッセルとの再共演『Living Time』（七二年）やクラウス・オガーマンとの作品（『Symbiosis』七四年）は硬派な作品。七三年一月には初来日。ジェレミー・スタイグ（fl）との共演盤から参加するマーティ・モレル（ds）とゴメスとのトリオ。世界でも最も早くエヴァンスに最高の評価を下したのが他でもない日本であり、エヴァンス一行は大変な歓待を受けた。同行したマネージャー、ヘレン・キーンは「テレビカメラ、垂れ幕、花束、その他いろいろな物で歓迎された。ビルは行く先々でスターとして扱われることに驚き、また子供のように喜んだ」と述懐する。

最終日一月二〇日の模様は録音され『Live In Tokyo』としてリリースされた。来日にも同行した妻（二人は最悪の時期も共に乗り切ってきたが、子供の産めない彼女とは正式に婚姻の関係になかったとも言われる）エレインは、帰国直後に死亡。クスリの影響か？ などともいわれたが、ピーター・ペッティンガー著のビル・エヴァンス伝記本『ジャズ・ピアニストの肖像』には、ニューヨークの地下鉄に身を投げたと記述されている。七三年八月五日ネネット・ザザーラと結婚。七四年三月には二度目の来日（ゴメス&モレル）。

七五年にはトニー・ベネット（vo）（一九二六〜）とのデュオ。歌手と伴奏者という立場を越えたインタープレイを聴かせてくれる（『The Tony Bennett-Bill Evans Album』）。翌年には、今度はベネット・サイドからの依頼で再共演盤『Together Again』（七六年）を録音。

七五年九月一三日、待望の、初めての子供エヴァンが誕生。エヴァンスはこの時四六歳。七六年、三度目の来日はドラムスがエリオット・ジグモンドに代わったトリオ。

ドラマーは流動的で、またドラムレスのデュオという編成も多かった七〇年代。とにかく長く濃い一一年に終止符を打ち、七八年にはベーシスト、エディ・ゴメスがエヴァンスのもとを離れる。エヴァンスは後任を探すがオーディションでマイケル・ムーアが加入し、旧友のフィリー・ジョー・ジョーンズ（ds）と新しいトリオを結成。しかしムーアはフィリー・ジョーのドラムスに不満を感じ、短期間で脱退。

七九年八月録音のアルバム『We Will Meet Again』のタイトル曲は、兄ハリー・エヴァンスのために書いた。作曲が完成するまで内緒にしていたが、兄ハリーは聴く前に死んでしまった。自殺だった。「兄のために書いた曲のタイトルを『We Will Meet Again』としたのは、そう信じるからだ」と語る（八〇年九月インタヴュー）。七九年に揃ったマーク・ジョンソン（b）、ジョー・ラバーバラ（ds）（一九四八〜）のトリオは、ビル自身がラファロ&モチアンに匹敵するほどのトリオと公言する。七九年の『The Paris Concert』、八〇年六月のヴィレッジ・ヴァンガード・ライヴ『Turn Out The Stars』、ラスト・レコーディングであるキーストン・コーナーでのライヴ（『Consecration』八〇年八〜九月）と、ライヴ盤に記録が残される。

久々に素晴らしいメンバーを得て張り切るが、エヴァンスの体調は芳しくなかった。マーク・ジョンソンは「ビルの身体が極限に来ていることは分かっていたので、顔を合わせる度に『病院へ行ってください』と頼んだが『いいんだ』と言われる。このままでは死んでしまうと心の中で叫びながら演奏していた。満足にピアノを弾ける状態ではなかった」（小川隆夫氏インタヴュー）と振り返る。

キーストン・コーナーへ出演する直前、エヴァンスと会った瞬間、友人のハーブ・ウォン氏はエヴァンスの体調が深刻な状態であると気がついた。このような状態にありながらもドラッグを求め、やせ衰えるエヴァンスに、ウォン氏は休むことを奨める。しかしマーク、ジョーと共にステージに上りたくてたまらないという彼は、まだ伝えたいことがあるというウォン氏に「この何年もの間、いろいろ話が出来て本当にありがとう」と意味深な言葉を残し、ステージへ。ウォン氏はこれが最後のギグかもしれないと泣きそうな自分を感じながら、席に着き演奏を待った。

キーストン・コーナーの演奏は、オーナー、タッド・バルカン氏がすべて録音していた。この事実はマーク・ジョンソンも知らなく、すばらしい演奏で録音しなかったことが悔やまれると語っているが、後に遺族の正式な承諾を得、日本のアルファ・ジャズがリリースしている。

キーストン・コーナー（サンフランシスコ）の一週間公演が終わり、ニューヨークへ戻る。ファット・チューズデイズには九月九日から一四日までの出演予定だが、一一日に演奏不可能となり、ジョー・ラバーバラが付き添いマウント・サイナイ病院へ入院。

八〇年九月一五日午後三時三〇分死亡。肝硬変に肺炎を併発と伝えられたが、正式には出血性潰瘍と気管支肺炎だった。若い頃からの肝炎にドラッグを慢性的に使用し、肝臓は相当なダメージを受けていた。さらに最晩年の栄養失調になるほどの捨て鉢ぶりは、兄ハリーの自殺が大きく影響していると考えられている。

ビル・エヴァンス、ルイジアナ州バトン・ルージュにて永眠、享年五一歳。その数日後の九月二〇日には、五度目の来日の予定だった。

（ジャズ評論家）

至高の芸術の秘密
ビル・エヴァンス

聞き手・構成＝児山紀芳
Koyama Kiyoshi

撮影＝向田直幹

昨年（一九七〇年）の夏、ニューヨークのトップ・オブ・ザ・ゲートでビル・エヴァンスに会い、短い会話を交したことがある。意外にもビルの声は重々しく、少しかすれ気味で、ややぶっきらぼうなところがあった。初対面なのに、ずうずうしく、自宅でゆっくりインタヴューがしたい——というと、「家の中はいろんなものがゴチャゴチャあって整理ができていないし……」と快諾はしてくれなかった。そんなわけでいったんあきらめかけていたところ、帰国の直前、電話が入り、「この前のインタヴューのことだけどよかったらどうぞ」とわざわざ知らせてくれたのである。

●

そんなわけで、今年はぜひともビル・エヴァンスにゆっくり会う必要があった。電話で住所をたずねるとアパートメント五二五号、六三〇番、西二四六丁目、ニューヨークということである。ハーレムの中心がだいたい一二五丁目から一三五丁目あたりだから、マンハッタン島をはるかに通り越したブロンクス区になる。

タクシーでヘンリー・ハドソン・パークウェイをすっ飛ばすこと約三〇分、その辺りは、すでに郊外という感じがするリバーデールの住宅街。まるで巨大な公園のなかを走っているような錯覚が起るほど、樹々の多い美しい街だった。

●

約束の一一時きっかりにドアのベルを押すと、小柄なエレイン夫人が「ミスター・コヤマ！」と握手の手をさしのべた。はじめに通されたリビング・ルーム——どうして、ゴチャゴチャどころか、室内の調度や本やチェスの駒にいたるまで、すべてが見事にレイアウトされている。窓ぎわにあるクラシックな調度品をおもわせる古いピアノが逆光にはえて、風格のある姿をみせていた。

●

そのピアノがあまりにもすばらしい格好なので、その由来をまず聴いてみた。ビルによれば、そのピアノは、エレイン夫人の母親が子供の頃に買ったものだという。十何年もの間、だれも弾かない時期があったので、最高の状態ではないんだよ——といいながらやがてビルが静かにピアノを弾き出した澄んだ美しい響き——それは「ワルツ・フォー・デビー」の旋律であった。

●

みたところ、ビル・エヴァンス夫妻の間には子供はいない様子であった。一体、この「デビー」とは誰なんだろう。ビルによれば、デビーは彼の兄ハリー・エヴァンスの娘だということであった。今年でデビーは一九歳になるという。

エレイン夫人がいれてくれたコーヒーをすすりながら、このあと私はビルにかねてからききたいと思っていたスコット・ラファロ（ベース）とトリオを組むにいたったいきさつや、今日のビル・エヴァンスがどうしてあのユニークなピアノ・サウンドを創造し得たのか、最近ビルも使い出した（レコーディングで）エレクトリック・ピアノについて、ビル自身の本当の気持ちはどうなのか——いろんなことを聞いた。

●

読書家で、かつては禅に興味を示し、エレイン夫人と二匹のシャム猫「メラニー」と「リタ」とまるで彼の音楽そのもののように優美な生活を送っているピアノの巨匠ビル・エヴァンス。別れぎわになって、私は彼にいま一番なにが欲しいですかときいてみた。ビルの答は「スタインウェイかヤマハのすばらしいピアノですね」であった。

＊

『自分自身で納得のいくピアノのサウンドがつかめたのは、たしか二七歳か二八歳になったころだと思います。一九五七、五八、五九年頃のことでした』

——リビング・ルームのソファにゆったりと腰をおろし、片手にコーヒーのカップを持ったビル・エヴァンスは、私の質問に答えて、いま、長かった下積時代の回想を語りかけていた。

『はっきりと、どんな風にして自分自身のサウンドだなと思える音を弾き出すようになったか、実は私にも分らないのです。おそらく、それは、長い間の演奏経験から自然に生れてきたのかもしれません。私は、一〇歳か一一歳の頃にはモーツァルトのソナタを弾くことができたし、一三歳でプロ入りしたんですからね。もっともそのときは、デキシーランド・ジャズなんかを演奏していたんですが、兄のハリー・エヴァンス（彼はいまルイジアナ州の公立学校で音楽教育の監督を務めている）もやっぱりジャズ・ピアノをやっていたこともあって、一緒に演奏していたんですよ。楽器ですか、当初はフルートでした。私たちが住んでいたニュージャージーのプレインフィールドといえば、ニューヨークから三〇マイルも離れたところですからね、まあ、当時の私にとってニューヨークといえば、いまの感覚でトーキョーぐらいといってもいいぐらい遠いところだったわけですよ。それでもハイ・スクールに入って、兄と一緒につくっていたバンドで時折りニューヨークのハーレムまで出向いていって演奏したことがありました。あるときハーレムの店で演奏していると、道の反対側のクラブにナット・キング・コールが出ていたんです。夜遅くなって、その店でディジー・ガレスピーとナット・キング・コール・トリオがジャムっているのをきいたんですが、なんてすばらしいピアニストだろうってビックリしました。私がキング・コールのピアノにしびれたのはこのときからです。いまの若い人たちはキング・コールっていえば、あのポピュラー歌手か――ぐらいにしか評価しませんね。しかし、これはまちがいです。初期のオリジナル・トリオのレコーディングなどは、じつにすばらしいものだし、JATP時代のキング・コールもたいしたものですよ。そんなわけで、キング・コールは、私の初期のアイドルだったのです。同じころ、ジョージ・シアリングのピアノにも惹かれたんですが、キング・コールには、もっと惹かれていたのをはっきりと憶えています。とにかく、一三歳頃から大人のミュージシャンにまじって演奏していたのが、すごくいい勉強になったのです。もちろん、私以外の人たちは、みんな妻帯者で達者な腕の持主でしたから一生懸命でした。おかしかったのは未成年の私は、もちろんクラブなんかでは酒はもちろん、コカコーラだって売ってもらえないです。でも演奏するのはいっこうにさしつかえなかったんです。

　一九四五年になって、一六歳のときですが、私は兄のハリーと一緒にニューオリンズにやられたんです。そこのサウスイースタン・ルイジアナ・カレッジに入るためでした。カレッジに通いながら四年間、私たちはバンドをつくってアルバイトの形でよく演奏したものです。卒業したのは、一九四九年でした。たまたま、カレッジ在学中に私はギター奏者のマンデル・ロウと知合いになったんです。当時、マンデル・ロウといえば、すばらしい実力を持ったモダン・ギター奏者として、ちょっとしたものでしたが、彼はルイジアナ出身の女性と結婚していたんです。それが、夫婦仲がうまくいかず、あるときルイジアナの小さな町まできて、離婚の手続きをしていたんですね。そのマンデル・ロウの友人が、私のことを彼に伝えたのがきっかけで、わざわざ、マンデル・ロウが私の演奏をきいてくれたんです。このときいらい、マンデル・ロウは、私のピアノ演奏にすっかり夢中になってしまい、カレッジが夏休みに入ってニュージャージーのプレインフィールドに帰っていた私に「どうだい、ニューヨークにきて、一緒にやらないか」と誘ってくれたのです。のちに私が世話になったクラリネット奏者トニー・スコットに紹介してくれたのも、このマンデル・ロウでした。というのも、マンデル・ロウは当時、トニー・スコットとニューヨークで一緒に暮していたからなんですよ。

こんなわけで、一九四九年にカレッジを卒業すると、トニー・スコットの口ききで、私はアルトとクラリネットのハービー・フィールズのセプテットに雇われました。ほぼ一〇か月ぐらいは、このハービー・フィールズのバンドで演奏しましたね。なにしろ、カレッジを卒業して、本格的なプロとしての最初の仕事でしたからね。演奏は〈ダーダネラ〉や〈フライング・ホーム〉といった内容のものでしたが一生懸命でした。スイングしようとして、ピアノを叩くうちに爪が割れたり、はがれたりしたものです。これが一九五〇年のことで、彼のバンドとシカゴに演奏旅行しているうちに徴兵ですよ。陸軍には、一九五一年から五四年まで、まる三年間籍を置き、この間、軍のバンドで演奏していました。兵役というのは、いやなものですね。五四年に除隊になって、それからの一年は故郷のプレインフィールドに帰り、両親のもとで休息したほどです。ピアノを買い、ハイファイ・セットを買い込んで、小さなスタジオを作ったりしました。ニューヨークに出る決心をしたのは五五年の秋頃です。はじめのうちはジェリー・ワルドのバンドに入って、いまから思えば、つまらない仕事をしたものです。ジェリー・ワルドのバンドというのは、つまり、ジャズとは無縁のダンス・バンドだったんです。二八歳以上のお客を相手に社交クラブでダンス・ミュージックをやるんです。毎週水曜日の午後には、ダンス・ホールのローズ・レーンなんかにも出てダンス音楽をやりました。

なにしろ一九五五年にニューヨークに出て、カレッジ時代に世話になったマンデル・ロウに「何か仕事があったら世話して欲しい」と頼み込んだんですが、もちろん、それには、ミュージシャンズ・ユニオンに加入していなければならない。ところがユニオンなんてものは、半年ぐらいは、新人にはまともな仕事はくれないんですよ。プロとして生きるにはその間、新加入者は皿洗いでも何でもして、この半年を耐えしのばないといけないです。もちろん、マンデル・ロウは、親切にも何回か仕事を世話してくれました。ベース奏者のトリガー・アルパートに紹介してくれたのも彼です。その頃、トリガー・アルパートとマンデル・ロウは、よく一緒になって、リバーサイド・レコードに録音していた間柄だったんです。そんなわけで私がトリガーと共演したとき、彼は、テープ・レコーダーを持ってきて、われわれの演奏を録音したんです。当時の私は、まだピアノの他にフルートやピッコロなども吹いていたんですが、その録音テープをきいて、リバーサイド・レコードのプロデューサーだったオリン・キープニューズが私のピアノを認めてくれたんです。(一九六二年にビルは恩人オリン・キープニューズに捧げて〈RE・PERSON I KNEW〉という曲を作曲した。この曲はリバーサイド盤、CBS盤にきかれる。)私がリバーサイド・レコードと契約を結ぶことができたのは、このテープがきっかけだったんです。そして、一九五六年の九月に、ベースのテディ・コティックとドラマーのポール・モチアンとではじめて自分のアルバムをリバーサイドに吹込みました。もちろん、お金にはなりませんでしたが、少くともレコードをつくるチャンスが与えられたということで、喜んだものです。それにつけても、もし、マンデル・ロウとの交際がなかったら、レコーディングのチャンスはもっとあとになっていたかもしれません。

一方、五六年といえば、その頃はベースのオスカー・ペティフォードやいろんな楽器を演奏するドン・エリオットとか、トニー・スコットなどと共演していた時代です。』

ビル・エヴァンスが過去を回想している間、彼の足元で二匹のシャム猫がたわむれ合っている。「メラニー」と「リタ」と呼ばれる二匹の猫は、あまりにも似ているため「メラニー」(の方かどうかは忘れてしまったが)の首には赤いリボンが巻いてあった。ビル・エヴァンスもエレイン夫人も、結婚生活一〇年というのに子供が生まれないせいもあって、猫をわが子のように可愛がっているのである。どうして子供を生まないのですと私がきくと、『いや、ガンバッているんですが駄目なんですよ』とビルが笑顔になって答えた。こんなユーモラスな面がビルにあるというのは、会うまでは、気がつかなかったことである。

ビルがコーヒーをすすりひと息いれたあと、私は「その頃なんですね、あなたがニューヨークでトニー・スコットのコンボに入って演奏しはじめて、ジャズ界から注目されだしたのは」と話のつづきをうながした。

『ええ、まあ、そんなところです。なにしろ、トニー・スコットといえば、当時はクラリネット奏者として、大変な実力があったし、人気もかなりのものでしたからね。私にとって本格的なしかも有名なモダン・コンボでの初仕事だったわけですよ。もっとも当時の私は、まだまだ、自分自身には満足できる状態ではなかったんです。どうしても、自分の欲しているサウンドがみつからないんですね。どんなに努力しても駄目でした。いまでもそうなんですが、当時は、欲求不満で悩みつづけたものですよ。最初にリバーサイドに吹込んだ「ニュー・ジャズ・コンセプション」というアルバムにしても、まだ自分のサウンドにはなっていないんです。いまきくと、それは、若々しい感じはあるし、力がこもっていて、エキサイティングなところはいいと思うんですが、バラード演奏なんかをきくと、独自のサウンドは認められません。』

――つまり、他人からの、たとえばレニー・トリスターノといったようなピアニストからの影響からまだ脱け出ていないということですね。

『といっても、私は、これまで、決して

他人の演奏を模倣しようと思ったことはなかったんです。たしかに、トリスターノの影響は受けましたし、そういう意味では、ジョージ・シアリングやキング・コールやバド・パウエルの影響も受けたといえるでしょうね。とくに、トリスターノとリー・コニッツ、ウォーン・マーシュらがキャピトルに吹込んだ〈ワウ〉とか〈マリオネット〉なんかは、それまでのジャズとは全くちがう新しい響きを持っていたし、息の長いメロディック・ラインのすばらしさときたら、それこそ息を呑む思いがしたものです。このほか、スタン・ゲッツやレスター・ヤングやチャーリー・パーカーも大好きだったんです。

結局、私が、自分自身で、少しずつオリジナルなサウンドをつかみはじめたのは、一九五八年頃のことでしょうね。その年の一二月一五日には、私としては二枚目のアルバムをリバーサイドに録音しました。「エヴリバディ・ディグス・ビル・エヴァンス」というレコードです。ベースがサム・ジョーンズでドラムスがフィリー・ジョー・ジョーンズというトリオでした。とくに、このアルバムのなかの〈ピース・ピース〉というソロ演奏が、当時としては、自分の求めているサウンドをつかんだ最初のものでした。』

——その〈ピース・ピース〉という小品は、じつは、私も大好きな演奏なんですよ。

『それはよかった。もともと、あの曲は、レコーディングする前は、別の曲（同じ日に録音されたレナード・バーンスタイン作曲の〈サム・アザー・タイム〉）にイントロをつけようとして思いついたものだったんです。たまたま、即興的に弾きだしたところ、無意識的な所産だったのに、自分としても珍しく満足のいく演奏になったので、ワン・テークでやめてしまったんです。私は、平和な雰囲気というものが、なによりも好きですから、あんな曲名をつけましたが、不思議にそれいらい、演奏したことがないんです。それにしても、不純な要素の一切ないピュアーな即興演奏を創造するということは、それがジャズのベーシックな要件でありながら、じつは、まことに難かしいものなのです。』

●スコット・ラファロとの出会い

ビル・エヴァンスは、ここまで語ると、窓際のピアノに進んで、ソロを弾きはじめた。窓外にハドソン河の流れを見下すことができる平和なアパートの一室に、ビルの美しいロマンチックなピアノの響きが漂った。はじめはバッハのフーガのようであった。そして、やがてソロは、私には〈ピース・ピース〉のように聴こえた。逆光のせいかビル・エヴァンスのピアノを弾く姿がシルエットになってそこには自信に溢れる巨匠の風貌が描き出された。それはまた、ふと私に、端座する禅僧のようなイメージを思い起させた。そういえば、ビル・エヴァンスは、かつて、禅や日本の墨彩画に傾倒したこともあった。

『禅や日本の墨彩画については、もともと、私の日本の芸術や文化についての関心が発展していったものです。じつは、このアパートに引越して、すでにもう七年ぐらいになりますが、その前、私たちが住んでいたリバーサイド・ドライブの一〇六丁目のアパートの近くに禅のお寺があったんです。トニー・スコットもだいぶ以前から禅に関心を持っていました。だいたいアメリカでは、数年ほど前から禅に対する関心が高まっているようですが、私自身はそれよりずっと以前から禅に惹かれていたのです。そこで、出版社にまでいって、禅に関する書物を探しました。その後、図書館にも通って研究したりもしました。現在までに少くとも、禅の書物を四冊発見しましたが、墨彩画についての知識は、その頃に得たのです。そして、この単純な墨一色の絵の手法に、私は、ジャズの純粋な即興演奏の精神と相通じるものがあることを知ったのです。

　だいたい私は、若い頃から心理学、哲学、宗教、文学などすべてに関心がありました。禅の書物を読みはじめたのもそんな理由からですが、でも、現在では、演劇の本とか短篇やノンフィクションなどに興味が移りはじめています。』

　そういえば、ビル・エヴァンスの書棚には、サルトルやフロイトやプラトンの著作が並んでいた。ビル・エヴァンスのように繊細で内省的な音楽家にとっては、書物から得る勇気づけは、かけがえのないものなのであろう。たしかにビルは、エレイン夫人もいうとおり、人付き合いが少なく、ひっそりと二人だけの平和な生活だけを望んでいるかのようだった。私が、「この近所には、ミュージシャンもたくさん住んでいるんでしょうね」ときいたときでも、「さあ、どうなんでしょう。だって、私たちは、あまり外部の人たちのことをよく知らないんですのよ」——エレイン夫人の返事はこんな風だったのである。

　そんなビル・エヴァンスにとって、一九五八年の八か月間マイルス・デイヴィス・セクステットで演奏したことは、彼に大きな自信を与える結果となった。ビルが独立の決心をかため、ベースのスコット・ラファロとドラマーのポール・モチアンとでトリオを組んだのは、その翌年の一九五九年のことだ。

『私がスコット・ラファロやポール・モチアンとトリオを組んだいきさつは、とてもおかしな具合だったのです。私は一九五八年の二月から一一月までマイルス・デイヴィスのセクステットに入っていました。グループの連中は、マイルスはもちろんジョン・コルトレーンやキャノンボール・アダレイなど、みんなそれぞれずば抜けた実力の持主です。ですから、そんな仲間に囲まれて、いつしか、私は、自分自身で確信を持たなければ——と考えはじめていました。それが、やがては自信に結びついたのです。すると不思議なもので、マイルス・デイヴィス・セクステットの一員として、ソロのスポットを与えられ演奏しているだけでは満足できなくなってきたのです。つまり、もっともっと演奏したいという欲望が湧いてきたのです。そのころには、自分のトリオ盤もすでに発売されていて、批評家の間でも相当な評価が得られていたし、人気投票などでも一位になるほどに名前は売れるようになっていたのです。そこで、トリオを組む決心を固めたのですが、もともとトリオのオリジナル・メンバーには、スコット・ラファロもポール・モチアンもいなかったのです。最初はジミー・ギャリソンがベース、ケニー・デニスがドラムスだったのです。結成は五九年の秋でした。このトリオで、最初に仕事の口がかかったのは、ベイジン・ストリート・イーストでした。しかし、不運なことに、このクラブの向い側のクラブでは、スイングの王様ベニー・グッドマンが出演していたんです。それは、グッドマンとしては、久々のクラブ出演でした。メンバーにはテナーのフリップ・フィリップスやトロンボーンのビル・ハリスなどが加わって、なにしろ数年ぶりとかなんかで、向い側のクラブは大勢のファンが集って大盛況なんです。しかもなかには運転手つきのロールス・ロイスで乗りつけたりするファンもいたりで、われわれのトリオが出ているベイジン・ストリート・イーストには、さっぱりお客が来ないんです。ベニー・グッドマンの出ている店では、シャンパンつきのステーキ・ディナーがバンドのメンバーに出ているというのに、こちらはコカコーラすら出ないありさまで、店の方でもあきれはててしまい、早々に初日はマイクをしまいはじめたんです。ドラマーのケニー・デニスなんかは二日目で逃げ出してしまい、ジミー・ギャリソンもつづいてやめてしまいました。そのあとで、ドラマーのフィリー・ジョー・ジョーンズが入ったんですが、彼もすぐやめました。仕方がないので、メンバーを探したんですが、三週間のうちに何とドラマーが四人、ベース・プレイヤーがじつに七人も代わりました。あげくの果てにめぐり合ったのがスコット・ラファロとポール・モチアンだったのです。当時、スコット・ラファロは、まだ二三歳という若さで、作曲家を志望しているようでした。彼は私の住んでいたリバーサイド・ドライブ、一〇六丁目の近所に住んでいたんですが、顔見知りの彼がベイジン・ストリート・イーストにやってきたとき、私は、スコッティが何の用事で私に会いにきたのかわかりませんでした。ところが、意外にも、彼は私と一緒にプレイしたいというのです。もちろん、六人ものベース奏者に逃げられたあとですから、私は、大歓迎しましたよ。一方、ポール・モチアンは、当時は非常に忙しいミュージシャンだったのです。にもかかわらず、彼も、一緒にやろうといってくれたのです。スコット・ラファロもポール・モチアンも、そのとき、トリオとしての仕事を最優先して、恒久的なトリオにしていこうと約束し合いました。もっとも、トリオにそんなに仕事があるはずはなく、はじめはバラバラに仕事をしたりして、耐えしのびました。そんな困難な状況のもとで、「ポートレイト・イン・ジャズ」や「エクスプロレーションズ」といったアルバムを録音し、一九六一年六月にヴィレッジ・ヴァンガードで二枚の実況録音をとりました。ところが、このあとすぐ、スコッティが郊外に住んでいる母親の家からの帰り、車もろとも大木に激突して、死んでしまったのです。ヴァンガードの実況盤が発売されたのはそれから一年後のことです。幸運にも、これがヒットしたんです。私のトリオが順調にゆくようになったのは、このアルバムのおかげだったのです。ところが、もう、そのときにはスコット・ラファロは自動車事故で死んでいたのです。不幸にも、スコッティは、とうとう死ぬまで、苦しい生活しか知らなかったんです。』

——スコット・ラファロは、あなたにとって、まさにかけがえのないベーシストでしたからね。

『ええ、まさに、そのとおりです。でも、その後、私はエディ・ゴメスという、タイプこそ異なりますが、すばらしいベース奏者にめぐりあえました。スコット・ラファロとエディ・ゴメス、この二人はあくまでも別のアプローチを持ったプレイヤーです。ですから、どちらがいいともいえません。両方ともすばらしい点があるのです。とくに、エディの場合は、自分自身のアーティキュレーションを持っているし、とっても創造的なソロを弾いてみせます。ですから、現在のところは、エディ・ゴメスがいるかぎり、私も安心して、ピアノが弾けるというわけです。

それともうひとつ、最近、とくに嬉しく思っているのはドラマーのマーティ・モレルがすばらしい進境をみせてくれたことなんです。じつは、私にも、何故そうなったのかは、よくわからないんですが、マーティ・モレルは、この一月頃、突然のように大きな変化をみせはじめたんです。現在の彼は、大変迫力があり、しかもリラックスしていて格段の進歩を示したといえます。

エディ・ゴメスとマーティ・モレルのトリオで、私たちはいま、「トゥルーディ・ヘラー」に出演中ですが、私たちは、つねに同じプログラムを繰り返さないように注意しています。ジャズ・グループのなかには、ステージで演奏する曲目をあらかじめ決めているグループがありますね。例えばＭＪＱなどは、そういう行き方をとっているユニットです。でも、私たちのトリオは、コンサートのような形式で、あらかじめ聴衆の要望で曲目を決めなければならないような場合でも、何曲かは、最後まで決めずにその場のフィーリングで演奏するようにしています。クラブのステージの場合などは、一切、演奏曲目は決めません。しかも、私たちは、聴衆の前で、次の演奏曲目について ミュージシャン同士で話し合うようなことは絶対にしません。

それともうひとつ、私たちが、つねに大切にしているのは、毎回のステージで演奏する音楽の始めから終りまで、一貫した流れで統一するということです。クライマックスをどこに置くか、どこでリラックスした雰囲気を出すか、こういった配慮は、私たちにとっては、とても大切なことなのです。そういう意味では、やはりピアニストのエロール・ガーナーのステージなどは、まさに圧倒的なすばらしさだといえるでしょうね。もっとも、こういうプログラミングの大切さというのは、若いうちは気がつかないものなのです。』

——ビル・エヴァンスのこの発言は、たしかに私がきいた「トゥルーディ・ヘラー」での演奏でも実証されていた。トリオは、最初、静かなバラード演奏で始まり、曲を進めるにしたがって、サウンドを次第に盛りあげるようにして、最後の方になるにしたがって、エキサイティングなアップ・テンポ・ナンバーでクライマックスをつくっているのであった。

●エレクトリック・ピアノや最近のマイルス・デイヴィスやロックのこと

ところで、CBSと専属契約を結んだビル・エヴァンスはとりあえず、CBSから三枚のアルバムを出すことになっている。そのうちの最初のアルバム「ビル・エヴァンス・アルバム」では、ビルがいよいよ本格的にエレクトリック・ピアノに取組んでいる。ビル・エヴァンスによれば、彼はまだ、ステージでは、エレクトリック・ピアノを使ったことはないそうだが、この新しいインストルメンツについて、ビル・エヴァンス自身の本当の気持はどうなのだろうか。

『エレクトリック・ピアノは、決して嫌いではないのです。じじつ、私もすでにフェンダーのロード・モデルを一台買いましたからね。ただ、エレクトリック・ピアノというのは、まだアコースティック・ピアノのように完全といえるほどの域に達していません。そこが不満といえば、不満です。しかも、エレクトリック・ピアノの場合は、キーがとても軽いのです。ですから、エレクトリック・ピアノに専念してしまうのなら、それもいいですが、アコースティック・ピアノも弾くということになると、アコースティック・ピアノのキーが重く感じられるのです。これは演奏上の大きなマイナスにつながります。それから、効果的なニュー・サウンドが弾き出せるという特長はありますが、それにもまだ限界があります。例えば、ロー・レジスター（低音部）で、コードを弾く場合、音がにごってしまい、クリアーに出てこないのです。

エレクトリック・ピアノがなぜ、こんなにも普及したのか——それにはいろんな理由があると思います。とくにロック・グループの場合など、他のアンプリファイされたギターなどのサウンドにピアノの音が負けてしまうということが、エレクトリック・ピアノの使用に拍車をかけているでしょうね。それから、時代の流れということも見逃がせません。現在は、まさにエレクトリック・エイジです。エレクトリック・サウンドは新しい音だし、変わっている。いろいろなサウンド・エフェクト、例えばヴィブラート

ビル・エヴァンス

とかワウ・ワウ・サウンドのような波状のうなりとか、アコースティック・ピアノでは出せない音を弾き出せます。利用価値をみつけ出すとすれば、まあ、こんなところでしょう。それにしても、私が会ったロサンゼルスのミュージシャンたちは、もう、アコースティック・インストルメンツをレコーディングではほとんど使わないといっていました。エレクトリック・ベース、エレクトリック・ピアノなど、電化楽器がそれほど普及しているということなのです。私には、将来、どうなるのか見当もつきません』

——ここで、私は、かつてピアニストのポール・ブレイがアープ・シンセサイザーに転向して、アコースティック楽器を使ったジャズはもう発展の可能性がなくなったと語ったのを思い出した。その意見に対してのビルの考えはこうだ。

『それは、音楽家の個人個人の考え方によります。私の知っている限りでは、一流とされるアーチストは、将来もアコースティック楽器を絶対に捨てないと思います。というのは、エレクトリック・インストルメンツはアコースティック楽器に匹敵するところまで、将来は改良されるかもしれません。でも、音楽的にはむりだと思うのです。もっとも、こうした考え方も、その音楽家の考え方によります。

すぐれた音楽家がエレクトリック楽器を充分に使いこなせば、エレクトロニック・ミュージックがベストとなるかもしれません。しかし、それには、よりすぐれた楽器を使うことが唯一の方法です。ところが、現在は、楽器業界の要求で多くのミュージシャンがエレクトリック楽器を使わされているのが実状です。私なんかも、あれを使ってみろこれはどうだなどと圧力をかけられたことがあります。しかし、今日のエレクトロニック時代という状勢を考えるとミュージシャンの立場も微妙です。ただ、少くとも、音楽そのものは、まだその傾向に押し流されてはいません。なんといっても、偉大な音楽家のアコースティック楽器による演奏のほうがエレクトリック楽器による演奏よりは、はるかにすばらしいですからね。

ところが、シンセサイザーによるバッハを好む人たちがいるというんですから分りませんね。私自身はバッハの作品そのものは大好きですが、「スイッチト・オン・バッハ」など、あんな風にして演奏されたのにはまず人間性がなんら認められないし、感心しません。』

——ビル・エヴァンスは、レコーディングではエレクトリック・ピアノを使いはじめたが、まだ心の底では抵抗を感じているらしかった。それにしても、ビルは、最近のマイルス・デイヴィスのエレクトリック・サウンドを導入した音楽をどう受けとめているのだろうか。一九五八年には、マイルスのもとで八か月にわたって実際に演奏し、「カインド・オブ・ブルー」などの傑作セッションで共演もした彼がその頃の音楽的なコンセプションをいまでも自己の音楽の発展の基盤にしていると語っているのに対して、マイルス・デイヴィスの方は、その後、ロック・エイジの台頭とともに、音楽的な方向をすっかり変貌させてしまっており、両者の間には、大きなへだたりが出来てしまっている。

『じつは、私は、マイルス・デイヴィスが現在演奏している音楽をそれほど深く研究はしていません。私の場合は一〇年以上も前、マイルスと一緒に演奏した「カインド・オブ・ブルー」などの音楽的方向をいまでもそのまま発展させようとしているのです。つまり、私は、変化のために変化を試みるとか、新しさのために新しさをとり入れるとかいったことはできないのです。変化する以上、それは、不自然なものではなく、ごく自然な経過をたどらなければならないと考えていますし、当然、よりよいものが生まれなければ意味もないでしょう。しかし、マイルス・デイヴィスの場合は、偉大なパーソナリティーと、洞察力があり、多彩な才能の持主でもあります。とくに、若い音楽家の才能をひき出すのはまことに巧みです。ただ、彼がやったようなフイルモア・イーストでの演奏は、私には向いていません。私は、音楽それ自体のエモーショナルなフィーリングを大切にしたいのです。

ただ、マイルス・デイヴィスの音楽的な変化については、音楽は変化すべきものですから、当然のことでしょう。その意味で、彼の音楽の現状が出発を意味するのか、到着か過渡の状態を示しているのか、それはわかりません。私はいま、彼の音楽には関係ももっていないし、充分な研究もしていませんから、こんな判断しかできないのです。

それから、ロックのことですが、少くともロックの音楽的なフォームは、私が必要としているものとは無関係です。だからといって、私は、自分のこの考えが絶対正しいとは断言できません。というのも、私自身、時おり、自分で自分の考え方に疑問を感じることがあるからです。でも私は自己の欲する方向にあるがままに進むべきだと思うしそう生きるのが自然だと思います。ロックは、私に何の影響も与えませんでした。事実、たとえロックが存在しなかったとしても、私は、いまの私と少しも変わっていなかったと思います。』

ここまで語ると、ビルは、二人の会話をずっと注意深く聴いていたエレイン夫人の方に視線をやり、この一〇年、心の支えとなりつづけてきた彼女に、自分がいま語ったことに同意を求めるような表情をみせた。これまでにビルは兄ハリー・エヴァンスの娘デビーに〈ワルツ・フォー・デビー〉（一九五六年作曲）を書き、一九六六年に父親ハリー・エヴァンスが死んだとき、その悲しみを〈イン・メモリー・オブ・ヒズ・ファーザー〉でつづった。このつぎは、エレイン夫人に捧げた、美しいワルツが誕生するのを、願わずにはおられなかった。

（ジャズ評論家）

（『スイングジャーナル』'71・12月臨時増刊号初出）

「ハウ・ディープ・イズ・ジ・オーシャン」を聴いてごらん。原曲のメロディーは一度もでてこない。彼の演奏は、それなのに原曲を感じさせるという意味で音の蒸溜化なんだ。

——ウォーレン・バーンハート

基礎講座

ビル・エヴァンス「音の構造」

中山智広
Nakayama Chihiro

1：ビル・エヴァンスの「改革」

モダン・ジャズは一九四〇年代のビ・バップが基本です。その後様々な流行を経ながらも、4ビートでスイングするというリズムの基本は変化していません。ビ・バップ時代にバド・パウエルが築いたジャズ・ピアノの基本型も現代まで同じです。

しかしその中でビル・エヴァンスは改革者とされています。パウエルを始めとするビ・バップのピアニストは、右手がシングル・ノートのメロディを弾き、左手はコードのルート（根音）、あるいは2声くらいの和音（重音？）による「合いの手」程度のいわゆる「管楽器的スタイル」でした。これに対しエヴァンスは近代音楽に出てくるような中音域の3声、4声を押さえるクローズド・ハーモニー（1オクターブ以内で作られる和音）を大きく取り入れて、ジャズ・ピアノをかなりピアノ音楽らしくしました。

また彼はベースやドラムス（特にベース）とのインタープレイを大幅に取り入れ、ピアノが圧倒的に中心というパウエル型ピアノ・トリオを修正しました。

この二点がエヴァンスの大きな「改革」なのですが、その他に彼の演奏はリズム感＝「ノリ」と、アドリブ・メロディもとてもユニークでした。フレーズのアーティキュレーションが他のビ・バップ以後のピアニストと異なっていること、2拍3連音符をよく使う事などが独特の「ノリ」を作っています。ジャズにとって「ノリ」の問題は極めて重要で、それだけで一冊の本が書ける程ですが、このエヴァンスの「ノリ」はあまりにも特殊だったようです（3拍子の曲を演奏する、というのはこの「ノリ」とは関係ないのでご注意）。一方アドリブ・メロディの方は発想まで溯って考えると、その後のジャズに通じる普遍的な要素があったと思います。ここではこの「エヴァンスのアドリブ・メロディの作り方」に絞って話を進めようと思います。

2：「コード」でアドリブする方法

基本だけですが「コード（＝和音）」で演奏することを解説します。詳しくは理論書等をお読みください。私たちが普段耳にする多くの音楽は、極論すればリズム以外の音のシステムは「クラシック音楽」を基本にしています。民俗音楽等を除けば1オクターブを（均等に）十二の半音に分けていて、それぞれの音を出発点にして十二のドレミファソラシドがあります。すなわち「平均律」です。この音の世界のメロディには、基になっているコードの流れがあります。だからピアノやギターで「伴奏」ができるのです。

キー（調）は一番簡単なCメジャー（ハ長調）、すなわちピアノの白鍵のみの「ド、レ、ミ、ファ、ソ、ラ、シ、ド」で考えます。基本のコードは、「ド、ミ、ソ」（Cと呼びます。どうしてそうなのかは省略）、「ファ、ラ、ド」（F）、「ソ、シ、レ」（G）、の三つで、これを使えば♯も♭もない「ド、レ、ミ、ファ、ソ、ラ、シ、ド」で出来たメロディの伴奏ができます。例えば童謡「チューリップ」の「赤、白、黄いろ（ソミレドレミド）」のところですが、「赤」では先のコードのうちのCを弾き、「白」ではF、「黄い」ではG、「ろ」ではCを弾くと合います。つまり、このメロディのコード進行は「C–F–G–C」なのです。「赤、白、黄いろ」をアドリブする、というのは、このコード進行に合ったメロディを即興で作って演奏することです。これがジャズのアドリブの基本です（もちろん他にリズム、アーティキュレーション等大切な要素がありますが）。

その方法が最も発達したのが「ビ・バップ」です。ビ・バップのプレイヤーは様々な代理コードを使い、部分転調を繰り返し、複雑なコード進行の上を猛スピードで駆け抜けるような演奏をしました。そんなコード進行をアドリブするにはまず、個々のコードを追います。「赤、白、黄いろ」では、「C–F–G–C」のそれぞれのコードの構成音を使ってメロディを作れば何とかなりそうです。コードの構成音以外の音も使えます。詳しくはクラシックの「作曲法」等を読んでください。コードの響きを阻害しなければ大丈夫です。

更に、コード進行をまとめて考えることもできます。このコード進行で大切なのは最後にGからCに行って終わる、というところです。Cメジャー・キーではCは「主和音」で、終止感があります（なぜかは省略しますが、感覚的にわかるのでは）。ちょっと話が跳びますが人間の営みには終止形がよく出てきます。例えばテレビの「水戸黄門」では八時四五分に「印籠」が出て、みんな「ハハー」となって大団円。プロレスでは「必殺技」ブレインバスターが出て試合終了。起承転結の「転結」です。この「結」を決めるには、「転」が必要。というわけで先程のコードGは転です。ジャズでは4声の和音を使うので、このコードは「ソ、シ、レ、ファ」＝G7（ジー・セブンス）となります。Fは代理コードのDm7（ディー・マイナー・セブンス）に変えます（理由は省略）。そうすると「赤、白、黄いろ」は「C－Dm7－G7－C」になります。このG7の響きは元のG以上に不安定です。だから安定したい、となって、Cに落ち着きたがるのです。ビ・バップはこの「不安定から安定したい」という動き＝ドミナント・モーションをよく利用します。更に不安定さを増すために、オルタード・テンションという「ドレミファソラシド」以外の音を使うことも多くあります。個々のコードを追うだけでなく、このモーションに着目して、そこに終止形をあてはめればいい、ということにもなります。よくジャズでは「ツー・ファイブ」のフレーズ沢山知っているといいよ、といいますが、ツー・ファイブ（・ワン）はDm7－G7（－C）のコード進行のことで、同じ意味です。じゃあドミナント・モーションがない部分はどうするのか。そういう部分は少ないから、適当にコードの音でもあてはめてやり過ごそう（?:）、あるいはツー・ファイブに変えちゃおう。実際一九五〇年代までの曲はツー・ファイブだらけで、曲のあちこちに（部分転調しながらも）出てきます。

これが大体ビ・バップの考え方だと思います。慣用句としての「ツー・ファイブ・フレーズ」はもちろんあちこちのアドリブに出ますが、有名な曲のメロディでは「コンファメーション」の15、16小節目、「オーニソロジー」の最後の4小節、「ドナ・リー」の最後の4小節等がそれに当ります。

3：エヴァンスの「枯葉」のアドリブ方法

やっとエヴァンス登場です。ここから先はCD『ポートレイト・イン・ジャズ』（一九五九年録音）の「枯葉」（ステレオ版）を聴きながら読んでください。この曲は大方ツー・ファイブで出来ています。1コーラス32小節で、キーはトータルではGマイナー（ト短調）、「ソ」から始まる短調（ソ、ラ、シ♭、ド、レ、ミ♭、ファ《♯》、ソ）です。部分的に転調があり、そこはB♭メジャー、すなわち「シ♭」から始まる長調（シ♭、ド、レ、ミ♭、ファ、ソ、ラ、シ♭）になります。エヴァンスのアドリブはベース・ソロの後、アタマからおよそ二分一秒後から始まりますが、その1コーラスの分析をしてみましょう。まず最初の4小節（二分六秒まで）ですが、ここのコード進行は「Cm7－F7－B♭－E♭」です。

ビル・エヴァンス

難しそうですが、転調してキーをCメジャーとして考えると、「Dm7–G7–C–F」です。元は「赤、白、黄いろ」のようなものですから、恐れずに進みましょう。もしここをビ・バップの方法でアドリブするとしたら、基本的には個々のコードを追い、省略したとしても「起承転結」の「転結」にあたる「F7–B♭」にはこだわりたいところです。ところがエヴァンスのアドリブ・フレーズのF7の部分には、F7の構成音は出てきません。それどころかここはGmコード（ソ、シ♭、レ）の分散和音になっていて、古典的な和声理論ではF7の響きを阻害するはずのシ♭の音が強調されます。ここから同じようなモチーフが繰り返され、次の「結」に当るB♭コードの所はFコードの分散和音で、あまり終止感はありません。その次のE♭コードでようやくE♭コード（ミ♭、ソ、シ♭）の分散和音となって、完全にコードの構成音のみになります。ここではエヴァンスは明らかにドミナント・モーションを意識していません。主和音はB♭コードですが、E♭コードに着地しているかのようです。少なくともエヴァンスはこの部分全体をE♭コードを中心にとらえているようです。

次の4小節（二分一一秒まで）はキーがGマイナーになりますが、この部分のコード進行は「Am7♭5（エー・マイナー・セブンス・フラッテッド・フィフス）–D7–Gm（ジー・マイナー）–Gm」です。マイナー・キーではこの進行が「ツー・ファイブ・ワン」です。ここも個々のコードを追うよりは、Gmコードを中心に大まかに考えているようですが、「転」にあたるD7コードの構成音は位置がずれるものが出てきます。次の8小節（二分二一秒まで）は前の8小節と同じコード進行ですが、このうち前半4小節はF7コード、

Ｂ♭コードの構成音が出てきます。後半４小節はやはりＧｍコード中心です。

この後の８小節（二分三〇秒まで）では、キーは前半４小節がＧマイナー、後半４小節がＢ♭メジャーであるにも関わらず、Ｇマイナーの、ほぼ同じフレーズを繰り返します。次の８小節（二分三九秒まで）はキーはＧマイナーです。２小節目（二分三一秒）から４小節目終わり（二分三五秒）までは、コンビネーション・オブ・ディミニッシュド・スケールという音階です。セブンス・コードのオルタード・テンションを多く含みます。この４小節全体がＡｍ７♭５の代理コードであるＡ７と考えると、この音階が出てきます。最後にＧｍコードの「ソ」に落ち着いてこのコーラス（３２小節）は終わります。

ここに出たエヴァンスの奏法の特徴をまとめると、

１、個々のコードにとらわれずにコード進行をまとめて大きく捕らえる。ただし基本になるコード、あるいは着地するコードは意識している。
２、メジャー・キーではドミナント・モーションをあまり強調していない。
３、（全体のキーに合う）同じフレーズをコードが進行しても繰り返す。
４、コンビネーション・オブ・ディミニッシュド・スケールそのままのフレーズ。
５、分散和音を基に発展させたフレーズが多い。
６、同じようなモチーフを繰り返す。

となります。この特徴を頭に入れておいてください。

４：モードによる作曲と、モード奏法

「モード」＝音階です。一九五〇年代の後半からモードを基にして作曲しよう、あるいはアドリブしよう、という考え方が出てきました。理由はコード進行が複雑になりすぎたから、とも言われます。エヴァンスも録音に参加した一九五九年録音のマイルス・デイヴィスの「ソー・ホワット」は「レ、ミ、ファ、ソ、ラ、シ、ド、レ」とそれを半音上に平行移動した二種類のモードだけで作曲されていました。コード進行はないのですが、Ｄｍ７が16小節続き、次の８小節はＤ＃ｍ７、最後の８小節はまたＤｍ７とみることもできました。この曲は代表的なモードによる作曲例ですが、確かにシンプルな曲です。

では「モード奏法」とは何でしょう。ルールは「その音階に含まれる音を使って演奏する」だけです。「ソー・ホワット」のようなモードの曲ならば、まず基になっているモードの中でフレーズを作って何とかしようとなります。あるいはＤｍ７、Ｄ＃ｍ７というコードを着地点として意識してもいいのです。

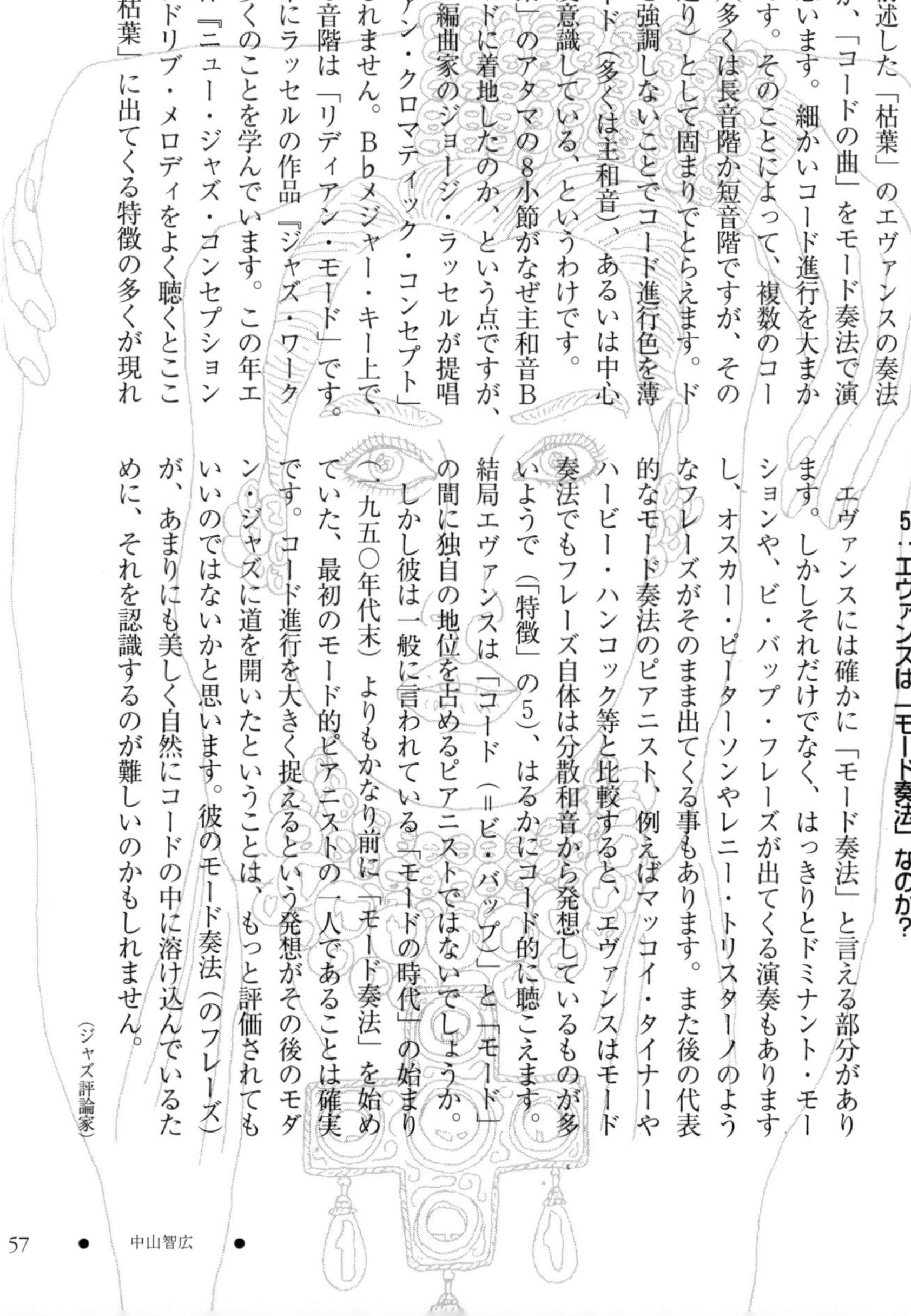

それではコード進行がある曲では「モード奏法」は使えないのでしょうか。実は前述した「枯葉」のエヴァンスの奏法の特徴の1から4までが、「コードの曲」をモード奏法で演奏する考え方に近いと思います。細かいコード進行を大まかに、飛ばして考えるのです。そのことによって、複数のコードを一つの共通の音階（多くは長音階か短音階ですが、その他にもあるのは前掲の通り）として固まりでとらえます。ドミナント・モーションを強調しないことでコード進行色を薄めますが、着地するコード（多くは主和音）、あるいは中心になるコードはある程度意識している、というわけです。

ところで先程の「枯葉」のアタマの8小節がなぜ主和音B♭コードでなくE♭コードに着地したのか、という点ですが、これはもしかしたら作、編曲家のジョージ・ラッセルが提唱したモード理論「リディアン・クロマティック・コンセプト」に基づいているのかもしれません。B♭メジャー・キー上で、E♭（ミ♭）から始まる音階は「リディアン・モード」です。エヴァンスは一九五六年にラッセルの作品『ジャズ・ワークショップ』に参加し、多くのことを学んでいます。この年エヴァンスは初リーダー作『ニュー・ジャズ・コンセプションズ』を発表しますが、アドリブ・メロディをよく聴くとここに早くもモード的な、「枯葉」に出てくる特徴の多くが現れていて、驚かされます。

5：エヴァンスは「モード奏法」なのか？

エヴァンスには確かに「モード奏法」と言える部分があります。しかしそれだけでなく、はっきりとドミナント・モーションや、ビ・バップ・フレーズが出てくる演奏もありますし、オスカー・ピーターソンやレニー・トリスターノのようなフレーズがそのまま出てくる事もあります。また後の代表的なモード奏法のピアニスト、例えばマッコイ・タイナーやハービー・ハンコック等と比較すると、エヴァンスはモード奏法でもフレーズ自体は分散和音から発想しているものが多いようで（「特徴」の5）、はるかにコード的に聴こえます。結局エヴァンスは「コード（＝ビ・バップ）」と「モード」の間に独自の地位を占めるピアニストではないでしょうか。

しかし彼は一般に言われている「モードの時代」の始まり（一九五〇年代末）よりもかなり前に「モード奏法」を始めていた、最初のモード的ピアニストの一人であることは確実です。コード進行を大きく捉えるという発想がその後のモダン・ジャズに道を開いたということは、もっと評価されてもいいのではないかと思います。彼のモード奏法（のフレーズ）が、あまりにも美しく自然にコードの中に溶け込んでいるために、それを認識するのが難しいのかもしれません。

（ジャズ評論家）

インタヴュー

リズム・イン・メロディ

研ぎ澄まされた精神

木住野佳子
Kishino Yoshiko

私は学校は桐朋音大だったのですが、その当時からバンドを中心に活動してました。クラシックだけでなくて、ロックとかフュージョン、オリジナルものを演奏していたんです。初めて聴いたジャズはオスカー・ピーターソンでした。当時はジャズをあまり知らなかったこともあって、オスカー・ピーターソンがリズミカルで派手に思えたんです。テクニック的にも素晴らしくて解りやすいし、好きでした。

クラシックについては、音大受験までの私の先生がクラシック以外は聴かないような真面目（?）な先生だったこともあって、ベートーヴェンやハイドンといった古典派を演奏していました。バッハは好きだったのですが、ベートーヴェンなどはあまり馴染めませんでした。大学に入学してからショパンなどのロマン派以外にもドビュッシー、ラヴェルに出逢って、私はフランスものが好きになりました。特に入学後は友人同士の情報もあって、いろいろと聴いたり弾くようになりました。私がバルトークとか弾くと、「クラシックやってるわりにリズム感がいい」って言われて。クラシックの方にも失礼ですよね（笑）。

バンド活動をやるようになってから、「アドリブ」という壁にぶつかることになったのです。ロックだけでなくジャズやフュージョンっぽいものを演奏するようになって、ピアノのソロのパートはアドリブが大事なんじゃないかなと感じるようになりました。

その頃、アルバイトでレストランやホテルのラウンジでピアノを弾いていたんです。今から思えば、スタンダードなものをずいぶん弾いてたんです。その頃からビル・エヴァンスを聴くようになり始めました。オスカー・ピーターソンは黒人特有のスウィンギーなジャズですよね。逆にビル・エヴァンスやキース・ジャレットは、アコースティックなジャズの中ではクラシックに近い感じがしたんですね、とてもリリカルな感じがして。それ以外では、フュージョンぽい、4ビート・ジャズ以外のものを聴いていました。音色が綺麗だし取っつきやすかったんで

木住野佳子『You Are So Beautiful』
――ビル・エヴァンスへの想い溢れる4thアルバム
（ユニバーサルビクター）

す。

以前、民謡の伊藤多喜雄さんのバンドの仕事を二年ほどしていたことがありました。それは私がジャズを始めた頃に、一緒に演奏していたベーシストの早川タケハルさんの紹介で参加させていただくことになったのですが、シンセサイザーとピアノ担当ということで、伊藤さんのバンドの一員として北海道のスキー場に行ったことがあったんです。そのとき、みんなで向かったスキー場の賑やかなロッジの有線放送で、ビル・エヴァンスの「アリス・イン・ワンダーランド」がかかってたんですよ。なんだか急に突然違う世界に連れ去られたような雰囲気におおわれて……。

もう一つ、伊藤さんとのツアーの体験で同じように忘れられないのは、やはりソーラン節とかの民謡やってるせわしなさの中で、サウンドチェックやリハーサルが終わったあと、BGMのチェック用にキース・ジャレットのスタンダード曲のアルバムの一曲目をかけたんですよ。北海道の大草原の中で。まさに空気清浄

木住野佳子『Tenderness』
――エヴァンスもソロで弾いた「ダニー・ボーイ」も入った最新5thアルバム
(ユニバーサルビクター)

機！ でした。さーっと空気が澄み通って、世界が変わったんですね。

そんな体験があって、特にエヴァンスに傾斜するようになるんですが、音を全部コピーするような、エヴァンス研究家のピアニストの方がいらっしゃいますけど、私はそんな根気はなくて、ただ、寝るときにいつもエヴァンスをかけてた時期がありました。睡眠学習で私の中にエヴァンスが入ったのかもしれないですね(笑)。その時分かけていたのは、特にお気に入りの曲だけではなく、さまざまなエヴァンスで眠りました。私の中ではエヴァンスはトータルなイメージがあるというか、どの曲、どの演奏のそれぞれに興味が湧くんですね。

例えば、ソロについてはどちらかというとあまり語られないピアニストだと思うんですが、ソロ・アルバムの『アローン』というのが実はとても好きで、私の最新アルバム『テンダネス』の一曲目「ダニー・ボーイ」も、エヴァンスがこのソロの中でやってるのを聴いて感動したからなんです。それではどの時期のエ

ヴァンスが好きかとなると、やっぱりまずスコット・ラファロとポール・モチアンの黄金トリオとやってる三部作。ピアノ・トリオの一つの形を築いたのだと思いますね。それから抒情的なものも好きなので、『パリ・コンサート』とかも好きですね。

ジャズの中では、ビル・エヴァンスだけはずっと、どの時期も聴いてましたね。でも死ぬ前の演奏は辛くてなかなか聴けませんね。なんだかテンポが速くなっていくんですよ。例えばエヴァンスが二〇年ぐらい弾き続けていた「マイ・ロマンス」という曲は、いろんな時期それぞれの演奏があるんですけれど、亡くなる前の「マイ・ロマンス」なんてすごいんです。疾走するようなテンポで、それはもうまさしく死に急いでいるような感じがするんです。

私は自分のアルバムの一枚目でエディ・ゴメスと、二枚目はポール・モチアン、三枚目はマーク・ジョンソンと、それぞれエヴァンス・トリオのメンバーと、幸運にもレコーディングができたんです。

マーク・ジョンソンはエヴァンスの話をたくさん聞かせてくれて、「エヴァンスが死ぬ前の演奏は、ついていくのがやっとだった」と、やっぱりテンポのことも含め言ってました。マーク・ジョンソンは、トリオに入ったのが彼がまだ二〇歳くらいの頃ですから、彼の音楽観にはとてもエヴァンスの影響があるんですね。ただマーク・ジョンソンがトリオに入ったのは、エヴァンスが死ぬ二年前くらいですから、その頃のエヴァンスの体はもうぼろぼろで、病院に行くかわりに演奏していたような状態です。その一方で、精神は研ぎ澄まされていくわけで、最後の頃の演奏はとにかくついていくのがやっとの、神懸かったような状態だったようです。

エディ・ゴメスはラテン系のおじさん丸出しで、面白かった。最初に会ったときに、「今日はビル・エヴァンス・トリオみたいに弾いて欲しいのか」なんて私に聞きました(笑)。私も、そうしてくれというのも何だかおこがましいようだし、いえ手加減してくださいというわけにもいかないしで、どう応えていいかわからなくて。結局小声でそのようによろしくお願いしますといったんですが(笑)。彼とは一昨年NYでのライブでも共演しました。

エヴァンス・トリオのベイシスト、
エディ・ゴメスとも
ライブを共にすることに

ポール・モチアンとはエヴァンスの話はあまりしなかったけれど、素敵な方でした。一昨年トリオで演奏したのをNYに観に行きました。ポール・ブレイやゲイリー・ピーコックと演奏したときです。とても元気な様子でした。

私は、黒人の演奏するファンキーなブルースも好きなんですけれど、自分の中にその血は流れていないから、どこか無理があると感じていました。だから、黒人より白人の演奏するジャズのほうが最初は馴染みがありました。でも、やっぱりジャズは黒人の音楽だから、自分の中で矛盾を抱えるわけです。黒人の音楽はワークソングから生まれたもので、魂から生まれたものをコピーで演奏してどうなるのか、と。その人がどういう人生を送って、何を感じて考えてそこに辿り着いたかを学ぶことこそが、コピーだと思うんです。その点でビル・エヴァンスから私が学んだことは、ファンキーなジャズやブルースは外に向かって何かを発散させる音楽だけど、ビル・エヴァンスはあくまでも内に向かうというか、自分の中に向かっているということ。本人はつらいだろうけれど、その内省や沈潜、そうした姿勢にすごく惹かれるものがありました。そうした人間性の中で、独特なアドリブを探っているという魅力になるでしょうか。

ビル・エヴァンスは、チック・コリアみたいにリリカルなんだけれど粒だちやリズムがはっきりしているようなジャズじゃなくて、全体がメロディで世界を作りあげているという感じなので、最初はなんとなくイメージで弾けるような気がするんです。キース・ジャレットについてもそうなんです。でも実際に自分で弾いてみて解ったのですが、彼らの凄いところは、実はリズム感がとてもいいということなんです。聴いているだけだとそれを感じさせないんですが。そこは私たちミュージシャンにとっては驚異ですね。あれは真似しようと思ってもできないことです。天性のものなんでしょうね。とても自然に聴こえるんです。音色・リズム感・センスって音楽の三大要素と言われてますけれど、その通りだな、と。

最後に私の近況ですが、それはビル・エヴァンスをある程度吸収した結果なのかもしれないけれど、最近は、内面に向かう方向性からそろそろ発散の方へいこうかな、と自分の志向が徐々に変わってきてるんです。今後はそうした方向性も含めて、ウィズ・ストリングスとか、オーケストラも交えたクラシックといったような、新しいことにもチャレンジしてみたいと思っています。

（ジャズ・ピアニスト）
(2000.12.27 於・西麻布Chic)

亡くなる前の「マイ・ロマンス」は、疾走するようなテンポで、まさしく死に急いでる感じです。
——木住野佳子

1stデケイド

50年代のビル・エヴァンス

『ポートレイト・イン・ジャズ』前夜――

久保田晃弘
Kubota Akihiro

五六年の、ジョージ・ラッセル・スモールテットによる『ジャズ・ワークショップ』、初リーダー・アルバムの『ニュー・ジャズ・コンセプション』から、マイルス・デイヴィスとの『カインド・オヴ・ブルー』、そしてスコット・ラファロらとの黄金のトリオの皮切りを飾る『ポートレイト・イン・ジャズ』に到る三年間は、ピアニスト、ビル・エヴァンスがその最初のピークへと駆け昇っていく、貪欲な好奇心と試行錯誤の時期であった。

二〇代の後半から三〇歳にかけてという、身体的にも体力のある時期と重なったこの時期のエヴァンスは、優れた才能と豊かな想像力を持つものならおそらく感じるであろう、音楽だけでなく、日常生活すべてにかかわることがらから受ける、ある種の興奮と冷静な分析を共存させながら、自己の内面と、その鏡としての表現を洗練させていった。ピアノをメディアや道具、あるいは何かのための手段としてではなく、自己そのものと限りなく近づけていったのだ。

五〇年代の後半といえば、チャーリー・パーカーやディジー・ガレスピーらによる、ビ・バップの嵐が一段落し（五五年にはパーカーが没する）、ビ・バップの成熟、拡散やハード・バップ、ファンキーの流行と共に、ジャズ・シーン全体が新たな動きを模索し始めた時期であった。ピアノに関していえば、バド・パウエルの創造力は静かに幕を閉じつつあり、一方でビ・バップから発展していったセロニアス・モンクは、リヴァーサイド・レーベルで鋭角な円熟期を迎えていた。レニー・トリスターノがテープの速度操作と多重録音による『鬼才トリスターノ』を制作し、セシル・テイラーが『ジャズ・アドヴァンス』で、静かに革新を開始した。マッコイ・タイナーは、ジョン・コルトレーンと意気投合し、行動を共にし始めた。

ジャズ・ワークショップ

五〇年代初頭の、三年間に亘る兵役経験は、エヴァンスに不幸で辛い思い出しか残さなかった。そのためエヴァンスには、五四年の陸軍解任後、約一年間に亘って、ピアノを通して自己を見つめなおし、自ら自信を取り戻す期間が必要であった。この時期のエヴァンスは、両親のもとに戻って小さなスタジオを作り、そこに一台グランドピアノをおいて、一人演奏に没入したという。スタジオに一日中こもって、食事以外にはほとんど出てこなかったほどだった。そうした自己確認と自己探究の経験を通じて、エヴァンスは少しずつ、外の世界とのつながりを回復していく。

一九五六年、アレンジャーのジョージ・ラッセルによる『ジャズ・ワークショップ』の吹き込みは、エヴァンスにとって、重要な役割を果たすことになった。三回のセッションを通じて、完成までに約一年を要したこのアルバムは、マイルス・デイヴィスがトランペットのアート・ファーマーを「あれは本当に凄い作品だ。大変だっただろう」とねぎらった、ジャズ史上、そして二〇世紀の音楽史上に残る作品のひとつである。

ジョージ・ラッセルのアレンジは、例えばそのマイルスともゆかりの深い、ギル・エヴァンスの音楽がもつ、スポンテイニアスでオーガニックな自由度こそ少ないものの、当時執筆中であった『リディアン・クロマチック・コンセプト・オヴ・トーナル・オーガナイゼーション・フォー・インプロヴィゼーション（フォー・オール・インストゥルメンツ）』という理論書と連動した、明解でスティフな構造性が、聞き手に強い印象を与える。『ジャス・ワークショップ』はラッセルのリディアン・クロマティック理論と対をなす、最初の実践の成果でもある。そこでは、水平なラインの重なりあいと、垂直なハーモニー構造の交錯が有機的に結合することで、めくるめく速度と輝く響きが獲得されている。新しい言語にもたとえられる、ラッセルのアレンジメントをインプリメントするためには、しっかりとした演奏力のみならず、分析的な読譜力や総合的な理解力が必要とされる。エヴァンスは、ラッセルが寄せた期待に応えるのみならず、彼自身の本性ともいえるリズムに対する明晰さとハーモニーに対する柔軟性を十二分に発揮した。二つのテイクが残されている「コンチェルト・フォー・ビリー・ザ・キッド」や、「ラヴ・フォー・

セール」のコードを再構築した名曲「エズセティック」で、ドライヴするラインをしっかりと描き切っただけでなく、「ナイツ・オヴ・ザ・スティームテーブル」や「バラード・オヴ・ヒックス・ブレビット」のような慣れないコード進行に対しても、譜面を越えた大きな流れを感じさせる、見事なヴォイシングを披露した。

エヴァンスの力強いライン・ドローイングには、レニー・トリスターノの様式からの影響もみることができる。トリスターノもラッセル同様、ロマンティックな抒情性や冗長性にはやや欠けるものの、両者の音の構造に対する一心不乱でクールな意識には、共通するものが感じられる。トリスターノはあまり公衆の前には姿をあらわさなかったが、五五年の『鬼才トリスターノ』の吹き込みに合わせて、しばしライヴ演奏を行い、エヴァンスはその時トリスターノの演奏に触れている。

ニュー・ジャズ・コンセプション

『ジャズ・ワークショップ』の制作期間中に、エヴァンスの初めてのリーダー・アルバム『ニュー・ジャズ・コンセプション』が吹き込まれた。テディー・コティックのベースと、ポール・モチアンのドラムスという、ラッセルのアルバムでも共演した二人と共に制作されたこのアルバムは、内容的にはまだまだ未熟ではあるが、エヴァンスのその後から振り返れば、さまざまな解釈が可能な興味深い作品だ。

このアルバムには、エヴァンスのオリジナルが四曲含まれている。なかでも印象的なのが「ファイブ」という構成的な作品である。思わせぶりなイントロ、セロニアス・モンクを連想させる（エヴァンスはモンクの音楽も愛聴し、同時に可愛がられてもいた）リズミックな反復、四拍子でありながら四で割り切れない五連符のフレーズなど、アルバムの中でも、もっともユニークなテーマを持つ。この非直観的な曲を、エヴァンスはかっちりと、少し前のめりになりながら弾き切っている。

「ディスプレイスメント」も、フレーズとリズムの食い違いがリズミックなフィギュアを形成する、面白い曲だ。しかし残念ながら、こうしたテーマのオリジナリティーも、ソロに入るとオーソドックスなビ・バップライクなスタイルに逆戻りしてしまい、テーマとソロの乖離が何とも興醒めである（もちろん、そのこと自体がビ・バップ的であるともいえるが）。そうした意味では、「アイ・ラヴ・ユー」や「スピーク・ロウ」といったスタンダードの方が曲としてのまとまりや完成度が高い。一方で、後の名曲「ワルツ・フォー・デビー」や「マイ・ロマンス」といった、ロマン派的なテイストを持つ、精緻に組み立てられたこの二曲のソロが、テーマのみで終わった（終わらざるを得なかった）ことは、当時のエヴァンスの限界をも象徴している。テーマとソロの問題をパーカーやモンクは、テーマ（作曲）をソロ（インプロヴィゼーション）に引き寄せることで解決したが、エヴァンスは逆に、ソロをテーマに引き寄せることで解決しようとする。しかしその結果が結実したのは、五年後の六一年に、スコット・ラファロ、ポール・モチアンらと吹き込んだ二枚のライブ・アルバム――ジャズのマスター・ピースのひとつとしても名高い『ワルツ・フォー・デビー』と『サンデイ・アット・ザ・ヴィレッジ・ヴァンガード』であった。

『1958マイルス』（ソニーミュージック）マイルス・デイヴィス(tp)／コルトレーン(ts)／キャノンボール(as)／ポール・チェンバース(b)／ジミー・コブ(ds)／ビル・エヴァンス(p)

1958マイルス

ジョージ・ラッセルのセッションへの参加に続いて、エヴァンスのキャリアを大きくアップさせたのが、五八年四月のマイルス・デイヴィスのバンドへの加入である。ジョン・コルトレーンのテナー、キャノンボール・アダレイのアルト、レッド・ガーランドのピアノ、ポール・チェンバースのベース、そしてフィリー・ジョー・ジョーンズのドラムス、というプレステッジ四部作を生み出したクインテットのメンバーのうち、まずピアノがビル・エヴァンスに変わり、そしてドラムスがジミー・コブに代わった。かつては『ジャズ・トラック』として、そして現在は『１９５８マイルス』というアルバムで聴くことができる、このメンバーによる五八年五月二六日のセッションは、エヴァンスのみならず、ジャズという音楽の絶え間ない変化と可能性の拡がりを示す、モニュメンタルな名演を生み出した。

四〇年代の映画音楽から取り上げられた「オン・グリー

ン・ドルフィン・ストリート」と「ステラ・バイ・スターライト」という、今でこそ、ジャズのスタンダードとして広く知られるこれらの曲も、ジャズの世界ではこの日まで、まだほとんど演奏されてはいなかった。実際、マイルス本人にとっても、これらは共にその日初めて演奏する曲目であった。

「オン・グリーン・ドルフィン・ストリート」のイントロのテーマ解釈で、エヴァンスは奇蹟的、という形容詞をつけたくなるほどの、緊張感と美しさに溢れた詩的表現をみせる。そこでは、音楽を構成するといわれるメロディー、ハーモニー、リズムといった各々の要素が一つに統合し、まさに「音」としか呼びえない、完璧なひとつの結晶体をつくりあげている。六〇年代に同じマイルスのバンドで研鑽を積んだ、ハービー・ハンコックの演奏にも、強い影響を与えたであろう、決定的瞬間の記録がここにある。

優しく、それでいて芯のあるタッチで流暢に奏でられるブロックコードのシークェンスによるソロも、ラッセルのセッション、そして初リーダーアルバムの中では、ほとんどといって良いほど聴くことができなかった。その非凡な音の流れは、イントロと並んで、今なお、静かな驚きを聴き手に与え続けている。

スローテンポで演奏されたことで、マイルスの珠玉のバラード集の『マイ・ファニー・ヴァレンタイン』(64年)やウエイン・ショーターの名曲「ネフェルティティー」(67年)を彷彿とさせる「ステラ・バイ・スターライト」も、「オン・グリーン・ドルフィン・ストリート」同様、ポール・チェンバースのアルコに伴って現れる、エヴァンスのイントロとエンディングが絶品だ。唯一アップテンポの「ラブ・フォー・セール」における、空間的に溶けこんでいくような拡散的なソロも、以前の求心的なライン・ドローイングとは段違いに奥深い。

すみずみにまで行き亘った緊張感と、そこから放出される解放感のぎりぎりのバランス——それは、マイルスの音楽を特徴づける一つの重要な要素である。その背景には、音と音の「間」の絶妙なコントロールがあった。どちらかといえばそれまでのエヴァンスは、音楽に対して真摯に取り組む者がしばしば陥りがちな、あまりに稠密で均質な表現をしがちであった。かっちりと弾き切ることは、確かに演奏者にある種の快楽をもたらすが、それは聞き手に対しても、常に息を抜くことを許さず、それゆえ、逆に集中を妨げることがある。そこから先に進んでいくためには、まず、「間」に対する気づきと、瞬発力、そして忍耐力が必要とされる。マイルスとのコラボレーションは、エヴァンスに、まずその気づきを与えた。しかし、気づいただけでは、不十分である。そこから次のステージへと進むことができたのは、それまでの充分なトレーニングによって、エヴァンスには、気づけばそれを実現できるだけの地力が、すでに備わっていたことによる。兵役終了後に再開された、エヴァンスの献身的な努力が今ようやく、報われつつあった。実際、この五八年のセッションの一〇ヶ月後、まったく同じメンバーにより、『カインド・オヴ・ブルー』のレコーディングが行われたのだ。ベースのポール・チェンバースと共に、このアルバムの冒頭を飾る「ソー・ホワット」の張り詰めたイントロも、ビル・エヴァンスの手によるものである。

エヴリバディ・ディグス・ビル・エヴァンス

こうした成果のおかげでエヴァンスは、多くのミュージシャンや評論家から、急速に注目を集め始め、五八年には「ダウンビート」誌の国際評論家投票の新人賞を獲得した。そうした時期、五八年の暮れに、彼の二枚目のリーダーアルバム『エヴリバディ・ディグス・ビル・エヴァンス』のレコーディングが行われた。エヴァンスはその一ヶ月前、すでにマイルスのバンドを脱退していたのだが、アルバムのジャケットには、マイルス、ジョージ・シアリング、アーマッド・ジャマル、キャノンボール・アダレイらから寄せられた、エヴァンスへの賛辞が載せられた。演奏をサポートするのは、少し前に録音された『ポートレイト・オブ・キャノンボール』と同じ、ベースがサム・ジョーンズ、ドラムスがフィリー・ジョー・ジョーンズである。

このアルバムには、あのマイルスとのセッションの際に獲得した「瞬間」と対をなす、「持続」としての「ピース・ピース」、そしてリ・イッシューの際に発掘された、その原型としての「サム・アザー・タイム」が収められている。左手のオスティナートと二つのハーモニーの反復による、消えゆく音と引き伸ばされた時間をベースにした「ピース・ピース」には、ある種の音響的な眼差しが感じられる。それは、エヴァンスが『カインド・オヴ・ブルー』のライナーノーツで引き合いに出した、日本の書道や水墨画、あるいは雅楽の色彩的な感覚にも通じるものだ。こみ入った全体構造や構成よりも、倍音を多く含んだ、素材としてのピアノの音色そのものに対する眼差し、といってもいいかもしれない。この曲でエヴァンスが試みた音響的かつ即興的なアプローチは、『カインド・オブ・ブルー』に収録された「フラメンコ・スケッチズ」(この曲には「ピース・ピース」「サム・アザー・タイム」

と同じパターンが用いられている）や「ブルー・イン・グリーン」のみならず、ポール・ブレイやキース・ジャレットのアプローチへもつながっていく。

『エヴリバディ・ディグス・ビル・エヴァンス』に収められた曲は、スローであればあるほど、いいように思える。「ヤング・アンド・フーリッシュ」や「ホワット・イズ・ゼア・トゥ・セイ」のような、典型的なバラード曲だけでなく、ミディアム・テンポで演奏される「テンダリー」の、シンプルで音の余韻を生かした優しいグルーヴ感に心惹かれる。ここでも、ちょっとしたイントロやさりげないエンディングの輝きが美しい。

それに対して、さまざまな工夫のあとはみられるが、固さの抜けない未完成な「ナイト・アンド・デイ」、後半のフィリー・ジョーの挑発に呼応して、嵐のようなパッセージが聴かれる「オレオ」、ストレート・アヘッドな「マイノリティー」といったアップテンポの曲には、残念ながらやや深みが欠けている、といわざるを得ない。マイルスと共に演奏していたときの緊張感からの解放が、あまり良くない方向に働いてしまったのかもしれない。マイルスはエヴァンスに、大いなる旅立ちのきっかけを与えたが、エヴァンスはまだその入口で逡巡していた。

もう一つ残念なのは、このアルバムのピアノとその録音の音があまり良くない、ということである。アタックが濁っているだけでなく、スローな曲の聴きどころである、肝心の音色がくすんでいる。「ピース・ピース」や「サム・アザー・タイム」が、もし現在の、例えばＥＣＭレーベルのクオリティーで録音されていたら、それこそさらに目の覚めるほど透き通った、素晴しい響きを捉えていたことだろう。

オン・グリーン・ドルフィン・ストリート

『エヴリバディ・ディグス・ビル・エヴァンス』の収録に前後して、エヴァンスはジョージ・ラッセルのレコーディングに再度参加した。アルバムのタイトルは『ニューヨーク・ニューヨーク』。ジョン・ヘンドリックスの語り（今でいうところのラップ）と歌をフィーチャーした、ファンキーで明るいアルバムである。六人編成のスモールテットによる『ジャズ・ワークショップ』に比較して、フル・オーケストラへと拡大したことで、エヴァンス個人の相対的な役割は減少したが、それでも「ニューヨークの秋」と「ハウ・アバウト・ユー」の二つのパートからなる「イースト・サイド・メドレー」では、まるでエヴァンスのトーンがビッグ・バンドによって拡張されたかのような、繊細かつダイナミックなサウンドを聴くことができる。ここでは、クラシックがもつ端正さとジャズがもつ躍動感がサンドウィッチされ、知的に融合されている。

最後に、まさに『ポートレート・イン・ジャズ』前夜の、ピアノトリオによる名演として、『オン・グリーン・ドルフィン・ストリート』をあげておきたいと思う。これは五九年一月、チェット・ベイカーのバラード・アルバム『チェット』のレコーディング後、エヴァンス─ポール・チェンバース─フィリー・ジョーという、（一時のマイルス・バンドの）リズムセクションのみで、事前の準備なしに、なかば偶発的に生み出されたものである。準備不足であったことを悔やんで、ビル・エヴァンス本人が長らく発表に同意しなかったものの（結果的には七五年に発表）、エヴァンス自身曰く「あの日のフィリー・ジョーとポールは絶好調だったと思う」というだけあって、ドライヴするリズムにプッシュされることで、普段とはちょっと違った、大胆なエヴァンスを聴くことができる。

アルバムの曲はその日のセッション順そのままに並べられている。少し抑え目であるがゆえに生々しい、オープニングの「あなたと夜と音楽と」に始まり、快適にクルーズする「ハウ・アム・アイ・トゥ・ノウ?」、久々にビ・バップ的な「ウッディン・ユー」と録音は快調に進んでいく。そしてラストの「オン・グリーン・ドルフィン・ストリート」では、四コーラスにも亘ってブロック・コードを綿々と綴り続ける、パラノイアックかつ成熟した見事なソロを奏でる。さまざまな表現方法が、より身体的な部分で、自分のものになっていた。

オーソドックスではあるが、前に出てくる、実にスケールの大きいトリオである。『エヴリバディ・ディグス・ビル・エヴァンス』で感じられた、アップテンポの曲における深みの欠如も、ここにはない。事前準備のないセッションで、このように気負わずに、大きな演奏ができたことが、テクニック的にも、精神的にも、エヴァンスの次なる飛躍を暗示している。

（音楽評論家）

参考文献

『ビル・エヴァンス──ジャズ・ピアニストの肖像』ピーター・ペッティンガー著、相川京子訳、水声社、二〇〇〇年。

最初はさっぱり理解できなかったんだけど、兄貴にさんざん聴かされてるうちに、とても素晴らしい音楽だとわかったんだよ。　──ミシェル・ペトルチアーニ

2ndデケイド

ビル・エヴァンスの六〇年代

村井康司
Murai Kōji

五九年にスコット・ラファロという理想的な音楽上のパートナーを得て、恐ろしいほどに繊細で緊張感にあふれ、それでいてこの上なく無垢な憧れと明るさをたたえた音楽を創造しはじめたエヴァンスにとって、一九六〇年代は希望に満ちた十年間になるはずだった。

ラファロ、ポール・モチアンとのトリオによる初めての作品『ポートレイト・イン・ジャズ』(Riverside) が録音されたのは五九年一二月二八日のこと。ここで彼らが提示した表現は、「主役であるピアノと、それを堅実に支えるベース、ドラムス」という従来のピアノ・トリオ・サウンドとはまったく異質のものだ。きわめて類似した感性を共有する三者が、互いの出す音に間断なく反応しつつフレキシブルに動き回り、しかも結果としてたち現れた音楽は、美しくカットされたクリスタルの容器のような硬質の輝きとプロポーショナルな完璧さを持っている……という、ほとんど奇跡としか言いようのないパートナーシップ。おそらくはエヴァンスの頭の中で、必ずしも具体的な形を持たずに鳴っていただろうその「夢のサウンド」は、ラファロという天才の出現によって、一挙にリアルなものとなったのだ。六〇年三月から五月にかけて、ニューヨークのクラブ「バードランド」に出演したエヴァンス・トリオの演奏が収録されている非公式CD『ザ・リジェンダリー・ビル・エヴァンス・トリオ――１９６０・バードランド・セッションズ』(Cool & Blue) を聴くと、『ポートレイト・イン・ジャズ』で聴かれる繊細さと緊張感に加えて、スタジオ録音よりはるかに活気にあふれてアグレッシヴな演奏を、このトリオがライヴで行っていたことがよくわかる。ジャズ・ピアニストのフレッド・ハーシュがこのトリオについて述べた言葉を借りれば、このトリオの音楽は「それぞれのプレーヤーが音楽というタペストリー全体に等しく寄与した」「室内音楽としてのジャズ」でありつつ、「スウィングという面を決して失うことはない」活力のみなぎるものであったわけだ。

五六年もしくは五七年に、エヴァンスがラファロの演奏を最初に聴いたとき、「いろいろなアイディアが次々に生まれ出てくるのに、それを上手に扱えないようで、まるではね馬だった」と感じたという。それから数年後、エヴァンス・トリオの一員となった時点でのラファロは、あふれ出るアイディアを最も効果的に提示する能力を身につけていたわけだが、それでも最後までラファロはやんちゃで野太い「はね馬」性を強く持っていた。ラファロの、ぐいぐいとバンド全体を引っ張るウォーキングの気持ちよさを堪能するためには、女性ピアニスト、パット・モランの『ディス・イズ・パット・モラン』(Audio Fidelity)やブッカー・リトル(トランペット)の『ブッカー・リトル』(Time)を聴いてみてほしい。また、アヴァンギャルドな演奏を過激に展開するラファロを、オーネット・コールマンの『フリー・ジャズ』(Atlantic)で確認してみることをお勧めする。彼にこうしたワイルドでアグレッシヴな部分があったからこそ、あの時期のエヴァンス・トリオは、あんなにもスリリングで生き生きとしていたのだから。

*

レギュラー・トリオでの活動の傍ら、六〇年から六一年にかけて、エヴァンスはいくつかの注目すべきアルバムにサイドマンとして参加している。中でも六〇年五月と八月に録音された、ジョージ・ラッセルの『ジャズ・イン・ザ・スペース・エイジ』(Decca)におけるエヴァンスの演奏は、ポール・ブレイとのツイン・ピアノで、リズムや調性の枠をはみ出しつつ、うねうねとした単音フレーズをフリーに弾きまくる、エヴァンスに対する「ピアノのロマンティスト」といったイメージを根底から覆しかねないショッキングなものだ。エヴァンスは五〇年代からラッセルのお気に入りのピアニストであり、五七年の『ブランダイズ・ジャズ・フェスティヴァル』(Columbia)における「オール・アバウト・ロージー」でのソロも、単音の連結によるハードなものだったのだから、ここでのエヴァンスの「過激派」ぶりもそう唐突なことではないのだが、フリー派の若手だったブレイに一歩もひけをとらないハードボイルドなソロを聴かされてしまうと、この時点におけるエヴァンスはまさしく「ジャズの最先端」に位置していたのだ、という事実を痛感させられる。

こうしたハードでアヴァンギャルドな指向を、この後のエヴァンスは敢えて封印してしまい、ピアノ・トリオによる控えめでリリカルな「美」をひたすら追究していくことになる。

もっとも、それから十二年経った七二年、彼はジョージ・ラッセルに書き下ろしを依頼した大作『リヴィング・タイム』（Columbia）を制作して、自らが六〇年代を通じてつくり上げてきたイメージをひっくり返すようなハードな演奏を繰りひろげたのだが、もはやそれは「出し遅れの証文」だったのでは、という気もしなくはない。六三年以降、エヴァンスはサイドマンとして他人のアルバムに参加することがほとんどなくなってしまうが、そのことも含めて、エヴァンスにとっての六〇年代は、ミュージシャンとしての真の意味での個性を確立し、それと同時に六〇年代が始まる時点では多種多様にひろがっていた可能性を消去していく時期だった、と言えるのかもしれない。

＊

六〇年二月、エヴァンス・トリオはこのメンバーによる二作目のアルバム『エクスプロレイションズ』（Riverside）を録音する。ラファロ愛用のベースが修理に出ていて、しかもエヴァンスとラファロは音楽以外の理由で録音当日延々と言い争いをしていた、という最悪のコンディションだったにもかかわらず、ここでの演奏はきわめて繊細な美意識と緊張感を隅々まで漂わせた見事なものだ。「イスラエル」「ハウ・ディープ・イズ・ジ・オーシャン」の、テーマ部からエンディングまで持続する抑制されたリリシズム、「ナルディス」での、まったく無駄のないラファロのベース・ソロの美しさ。朗々と鳴るいつものベースを使わなかったことや、メンバーの気分が必ずしも盛り上がっていなかったことが、これほどまでに内省的な演奏を彼らにさせた要因だったのだろうか。悪条件すらもがプラスに作用する、という、絶頂期の天才に特有の現象の現れとしてのこのアルバムは、結果としてこのトリオの繊細で内省的な側面を最も端的に表出した作品となった。

そして六一年六月、リヴァーサイド・レーベルのオリン・キープニューズは、ヴィレッジ・ヴァンガードに出演中のエヴァンス・トリオをライヴ録音することを思い立つ。『サンデイ・アット・ヴィレッジ・ヴァンガード』『ワルツ・フォー・デビー』に収録された演奏は、六月第四週のギグの最終日に当たる、二五日の日曜日に録音されたものである。

ここでの彼らの演奏を、われわれは「奇跡」と呼ぶべきなのだろうか。それともこれは彼らにとっての「いつもの生活のひとこま」に過ぎないものだ、と言うべきなのだろうか。おそらくそれはどちらも正解なのだろう。向かって右にエヴァンス、左にラファロ、左からやや中央にかけての後方にモチアン。トリオのすばらしい演奏だけでなく、聴衆のおしゃ

『ワルツ・フォー・デビー』（ビクターミュージック）

べりや声高な笑い、グラスがぶつかる音も克明に捉えられているこの二枚は、現在では望むべくもない極上の演奏さえもが食事とおしゃべりのBGMになっていた、という当時のニューヨークのジャズ状況を追体験するためのタイムマシンである、と言っていい。もちろん、その事実は肯定的にも否定的にも捉えられるわけで、エヴァンス本人は自分たちの音楽に対する客の無関心を苦々しく思っていたようだが……。

僕はこの二枚を今までに何度聴いたかわからないほどに愛聴しているのだが、今でも聴くたびに心が躍り、感傷的になり、耳が敏感になり、幸せな気分に満たされてしまう。三人が一体となって奏でる音楽の総体がその「幸せ」の発信地であることは言うまでもないが、強いて一人を挙げるとしたら、僕はやはりラファロのベースがここでの核になっているのだと思う。エヴァンスが主導するテーマに奔放に絡み、エヴァンスを間断なく刺激し続けるフレージング、ぷりぷりとよく弾み、芯をきっちりと感じさせる生々しい音色。ラファロのベースを、ここまでリアルに収録してくれたエンジニアのデイヴィッド・ジョーンズ、そしてソニーの真空管マイクとアンペックスの2トラック・レコーダーに、われわれは深い感謝を捧げるべきだろう。「デトゥアー・アヘッド」の中でうるさいほどに聞こえるグラスをまとめて片づける音や、「ワルツ・フォー・デビー」の演奏中に馬鹿笑いする困ったオヤジの存在さえもが、ここではつきづきしく音楽を引き立てているように思えてしまうのだから、やはりこれは「奇跡」のレコーディングだったのだ。

＊

一九六一年六月二五日は、スコット・ラファロがエヴァンス・トリオでベースを弾いた最後の日となった。それから十日後の七月六日、ラファロはニューヨーク郊外で自動車事故を起こして即死した。二五歳だった。

かけがえのないパートナーを、その交感が最高潮に達しつつある瞬間に永遠に失ってしまう、という残酷な事態はエヴァンスを深く打ちのめした。冷たい言い方をしてしまえば、この後のエヴァンスの音楽的人生は、ラファロを失った喪失感とともに最後まであり続けたのだった。

ピアノにまったく触れもしなかったといわれる数カ月の沈黙の後、エヴァンスはベースにチャック・イスラエルズを迎えてトリオを再開する。ヴォーカリスト、マーク・マーフィーの『ラー』(Riverside)やヴァイブ奏者デイヴ・パイクの『パイクス・ピーク』(Epic)にサイドマンとして参加し、フルートのハービー・マンのリーダー作『ニルヴァーナ』(Atlantic)には新生トリオで全面的に共演し、と、エヴァンスは少しずつジャズ・シーンに復帰していった。『イージー・トゥー・ラヴ』(Riverside)に収録されている六二年四月に録音された四曲分のピアノ・ソロ演奏は、ラファロへのまだ生々しい、不安定でうつろな感情がストレートに現れてしまったオマージュだ、と言えるだろう。いっぱいに涙をたたえて立ち尽くしているかのような「ダニー・ボーイ」の演奏に、聴き手の心は激しく揺さぶられずにはいられない。

ソロを録音した二週間後、エヴァンスはギタリストのジム・ホールとのデュオで『アンダーカレント』(United Artists)を録音する。知的なアプローチと甘さを抑えたロマンティシズムの発露、という点で、ホールとエヴァンスの資質はよく似ているし、エヴァンスの左手によるコード・ヴォイシング(和音の構成法)は、ホールを含めたジャズ・ギタリストたちが開発した、合理的でスムーズなコードの押さえ方と共通する部分が多いということもあり、彼らの共演は見事な成功を収めた。じわじわと聴き手に浸透してくるバラードもすばらしいが、とにかく圧倒的なトラックは、意表をつくアップ・テンポでプレイされる「マイ・ファニー・ヴァレンタイン」。ここでの二人の丁々発止のやりとりは、彼らがきわめて「耳」のいい、即興における抜群の運動神経を持ったミュージシャンであるということを雄弁に証明するものだ。

チャック・イスラエルズはエヴァンス・トリオに六六年春まで在籍し(六四年に一時脱退、その間半年ほどゲイリー・ピーコックが参加)、『ムーンビームス』『ハウ・マイ・ハート・シングス』『アット・シェリーズ・マンホール』(以上Riverside)、『ビル・エヴァンス・トリオ・ライヴ』『トリオ'65』『アット・タウンホール』(以上Verve)などのアルバムに参加している。その間ドラマーはポール・モチアン→ラリー・バンカー→アーノルド・ワイズと変遷しているが、大まかに言って「イスラエルズ時代」のエヴァンスは、ラファロ時代に比べてよりまろやかにピアノを弾き、ベース、ドラムスとの緊張関係よりもピアノ自体の美しさを強調した演奏を聴かせていた、と言えるだろう。これはもちろん、イスラエルズの個性がラファロほど強烈でなく、音色もビートの勢いもフレージングも中庸だった、ということが大きいわけだが、エヴァンスが批評家だけでなくジャズ・ファンに広く支持されるようになり、「ピアノのロマンティスト」という一般的評価が確立されたのはこの時期だった。バラードを集めた『ムーンビームス』の甘さは、ラファロ時代との比較で批判的に語られることが多いが、ベースが自己主張しないがゆえにエヴァンスの繊細にして甘美なプレイをじっくり堪能できる、というメリットも忘れてはならないはずだ。もっとも、ピーコック〜モチアンとのトリオによる『トリオ'64』(Verve)では、ラファロをさらに饒舌にしたようなピーコックの演奏を承けて、リズミックで断片的なフレーズを中心とした演奏を行っているのだから、エヴァンスはベーシストによる刺激をきわめて大きく受けるタイプのピアニストであるのだろう。

六二年から六六年にかけての、トリオ編成以外のリーダー・アルバムについても言及しておこう。フレディ・ハバードのトランペットとジム・ホールのギターをフロントに迎えて六二年七月に吹き込まれた『インタープレイ』(Riverside)は、エヴァンスにとっては初の管楽器入りコンボ編成によるリーダー作だ。「あなたと夜と音楽と」が人気曲だが、個人的にはこの演奏は曲想のわりに元気が良すぎるように思える。ジム・ホールの鋭いプレイはさすがだし、エヴァンスのリーダー作には珍しい乗りのよさを楽しむ分には不満はないのだが。翌月、テナー・サックスのズート・シムズをハバードの替わりに据えて録音された(ベースはロン・カーター)『ファンカレロ』は、全曲がエヴァンスのオリジナルという意欲的なセッションだ。しかし時間切れでサウンドにまとまりがつかず、この録音はエヴァンスの死後まで未発売だった。六四年に録音されたテナー・サックスの巨人、スタン・ゲッツとの『スタン・ゲッツ&ビル・エヴァンス』(Verve)も、ベースがリチャード・デイヴィスまたはロン・カーター、ドラムスがエルヴィン・ジョーンズというメンバーの豪華さのわりに(いや、そのために、かもしれない)なんとも散漫な出来の作品だ。エヴァンスとエルヴィンの相性が意外にもそう悪くない、という発見はうれしいけど……。

自身のピアノを三回オーヴァーダビングした、六三年の『自己との対話』(Verve)は、「インタープレイ」の名手であるエヴァンスが、自分自身とのインタープレイを試みた意欲作。ピアノの三つのパートをさまざまに工夫して単調にならないように配慮され、ピアノによるオーケストラ、と言える要素も随所に聴ける。もっとも三回のダビングは複雑過ぎる、と本人も感じたのか、六七年に録音した続編『さらなる自己との対話』(Verve)ではダビング回数を二回に減らしている。

そしてクラウス・オーガマンの編曲によるオーケストラと共演した二枚のうち、六三年録音の『プレイズ・ザ・テーマ・フロム・ザ・VIPS』(MGM)は、テレビや映画の主題歌をイージーリスニング調で演奏した、エヴァンスにとっては唯一と言える「コマーシャリズム先行型」のアルバムだ。アメリカでの一般的な知名度を上げ、売れ行きもかなりのものがあったらしいが、彼のディスコグラフィーの中で、この作品だけが身をすくめて恥ずかしそうにしているように思えるのは僕だけではあるまい。もっとも、六五年のオーガマンとの共演第二作『ウィズ・ザ・シンフォニー・オーケストラ』(Verve)は、クラシックに題を求めた格調高い作品だし、七四年の『シンバイオス』(MPS)も、オーガマンの斬新で美しいオーケストラとエヴァンスが有機的に絡み合う充実したアルバムだったので、ここでのオーガマンとの出会いは、結果的にはエヴァンスの音楽のために吉、と出たわけだが。

最後に、ほのぼのとあたたたく幸せそうなエヴァンスを聴ける作品、六四年八月にスウェーデンで録音された『ワルツ・フォー・デビー/モニカ・セッテルンド&ビル・エヴァンス』(Philips)を紹介しよう。スウェーデンの人気女優で歌手のモニカの、ほどよい湿り気とあたたかみを含んだ素直な声は、エヴァンス・トリオのリリカルな演奏にぴったり合っていて、ふくよかな美女がスウェーデン語で歌う「ワルツ・フォー・デビー」を、エヴァンスは実にやさしくエスコートしている。

＊

六六年春、イスラエルズはエヴァンス・トリオを脱退し、当時二一歳のエディ・ゴメスが加入する。ラファロを尊敬し、エヴァンスと共演することが夢だったというゴメスは、たしかにラファロ的な華麗なテクニックとぐいぐい進むスウィング感を持っていた。ドラムスにシェリー・マンを迎えて同年十月に録音された『ア・シンプル・マター・オブ・コンヴィクション』(Verve)では、二人のコンビネーションはまだ確立されているとは言えないが、イスラエルズのゆったりとした乗りとは違う切迫した緊張感が感じられるはずだ。この後ゴメスは七七年までの十一年間、エヴァンス・トリオに在籍することになる。六七年七月、スイスのモントルー・ジャズ・フェスティヴァルで録音された『アット・ザ・モントルー・フェスティヴァル』(Verve)は、エヴァンスとゴメスのスリリングなインタープレイが全編に亙って楽しめる傑作だ。さらに、ゴメスの推薦で加入したジャック・ディジョネットのシャープでパワフルなドラミングが、エヴァンスを燃え上がらせていることも特筆しておきたい。エヴァンスはディジョネットの新しい感覚を非常に高く評価していたのだが、かつてのボスであるマイルス・デイヴィスが六八年にディジョネットを引き抜いたため、彼らの関係は短期間で終わらざるを得なかった。

　ドラムスにマーティ・モレルを加えたエヴァンス・トリオは、六九年夏と秋にヨーロッパ・ツアーを二度行っている。そのときの演奏は、『枯葉』(Ninety-One Vintage)、『枯葉～ライヴ・アット・モンマルトル』『ワルツ・フォー・デビー・ライヴ!』(Milestone)、『ライヴ・イン・アムステルダム』(Noma)などで聴けるが、ここではむしろ同年二月と三月に、フルートのジェレミー・スタイグを迎えてカルテット編成で吹き込んだ『ホワッツ・ニュー』(Verve)に注目したい。スタイグのアグレッシヴな演奏に刺激を受けたエヴァンスが、いつになく攻撃的に突っ込んでくる「ストレート・ノー・チェイサー」や「枯葉」の痛快な演奏は一聴の価値がある。

　トリオでの活動を日常的な軸としつつ、エヴァンスはレコーディングにおいては多様な形態の演奏を試みてきた。六六年にはジム・ホールとの『インターモデュレーション』、六七年にはピアノ多重録音による『さらなる自己との対話』。そして六八年秋、エヴァンスはピアノ・ソロ作品『アローン』(Verve)を録音する。繊細なハーモニーを響かせつつ、過度に甘いセンティメンタリズムとは無縁なその演奏は、耽美的でありながら簡素である、という、きわめて微妙なバランスが見事に維持されたものだ。

「ひとりきりで演奏しているときに音楽とひとつになったように感じることがあるが、そういうときは必ずといっていいほどテクニックや音楽を構成するさまざまな要因がきわめて顕著に反映されるので、音楽を心から理解するにはしっかりと聴いていなくてはいけないのだと、そのたびごとに気づかされた」。

　これは『アローン』の、エヴァンス本人によるコメントの一部。そう、エヴァンスは何よりも、その場で鳴っている「音楽をしっかりと聴く」ミュージシャンなのだ。共演者たちが発する音、自分がピアノで鳴らした音、そして音楽の場全体から響いてくる音をしっかり聴き、それを繊細に制御しつつ最良の「次の音」を鳴らすこと。『アローン』は、エヴァンスの「敏感な耳」が、ソロという形態をとることによって、最も端的なかたちで表出されたアルバムだと言えるだろう。

(ジャズ評論家)

文句なしにチャーリー・パーカー以上だ。 ——ジミー・ジュフリー

ラスト・デケイド

七〇年代からその死まで

エヴァンス、最後の一〇年――

藤本史昭 Fujimoto Fumiaki

「ビル・エヴァンス、最後の一〇年間」というのがぼくに与えられたテーマである。

エヴァンス最後の一〇年を語る際に、絶対避けてとおれないのは――当然のことながら――そこに彼の死が含まれているという事実だ。ジャズ・ミュージシャンの死は多かれ少なかれドラマティックな感興を人に呼び起こす。チャーリー・パーカーしかり、クリフォード・ブラウンしかり、エリック・ドルフィーしかり。しかしエヴァンスの死は、それが完全に自覚的であったという点において特別なものの一つに数えられるだろう。「彼の死は、歴史上一番時間をかけた自殺だった」といったのは、エヴァンスの親しい友人で作家のジーン・リースだが、しかしでは、彼をその〝自殺〟に追い込んだものは何だったのか?

エヴァンスが生きた最後の一〇年、すなわち一九七〇年代は、ご存知のようにフュージョン・ミュージックが大流行した時代であった。

一九六〇年代末、ロックやソウル、ファンクの台頭に伴うリズムの変革と、エレクトリック楽器の導入、そしてスタジオ・テクノロジーの進歩によって生まれたフュージョンは、精神性の希薄さゆえのとっつき易さと、即物主義的とさえいえるテクニック重視の行き方がおおいに受け、またたくまに世界のジャズ・シーンを浸食していった。その絶頂はおそらく一九七〇年代のなかば。そのころジャズ・ファンのあいだでは、従来のアコースティック・ジャズはいずれすべて滅亡するのではないかという会話が、なかば本気でかわされたものだった。

いうまでもなくエヴァンスは、「滅びる側のミュージシャン」であるはずだった。にもかかわらず彼がジャズだけに専心し、なお生活を成り立たせることができたのは、彼の音楽が優れていたからというよりも、すでにある程度の知名度を獲得していたから、という単純な理由ゆえにだろう。もっとも、エヴァンスがもっていた少年のような好奇心を考えれば、興味さえわけばフュージョンもやったかもしれないが、しかし現実には彼は、生涯その類の音楽には手を染めなかった。

ただだからといってエヴァンスの音楽が、あのフュージョン・ブームとまったく隔絶したところにあったとはちょっと考えにくい。間接的もしくは外因的要素はあったにせよ、あの時期のジャズの状況は、否応なくエヴァンスの音楽活動を制約していたと思うのだ。たとえばコロムビア・レーベルとの契約と、その解消など……。

一九七一年、エヴァンスは少年時代からの念願だったコロムビア（現ソニー）との契約をはたす。コロムビアといえば、当時も今も世界屈指の大メジャー・レーベル。アーティストにとってこの会社と契約できるのは、「一流」のお墨付きをもらったに等しいことなのだ。

ただ、メジャーにはメジャーの論理が存在する。それは「結果を出す」、つまり「売れる作品を作る」ということだ。その論理からいけば、当時のフュージョン・ブームをコロムビアがみすみす見逃すはずはなかった。ピーター・ペッティンガーが書いた伝記によれば、当時コロムビアの社長だったクライブ・デイヴィスは、エヴァンスにフュージョン・タイプの音楽をやらせたがり、事実エレクトリック・ピアノとエレクトリック・ベースを使ったリハーサル・セッションまでおこなわれたという。

結局このセッションはベーシスト、エディ・ゴメスの猛反発でお蔵入りとなり、エヴァンスのコロムビア第一弾はオーソドックスなピアノ・トリオ作品『ザ・ビル・エヴァンス・アルバム』となったわけだが、ここで興味深いのは、ゴメスはエレクトリック・ベースを拒否したにもかかわらず、エヴァンスのほうはエレクトリック・ピアノを弾いている点だ。これにはもちろん彼が以前にこの楽器を使ってレコーディングしたことがあり（『フロム・レフト・トゥ・ライト』がそれ）、そのサウンドを気に入っていたという背景もあったには違いないが、一方で、最初からコロムビアと衝突したくないという気持ちもどこかにあったのではないか（ゴメスには気の毒だが、彼がエレクトリック・ベースを弾いたセッションは一九九八年リリースの『ピアノ・プレイヤー』で公表された）。

『ザ・ビル・エヴァンス・アルバム』はその年のグラミーを受賞し、結果的には成功を収めた形になったが、その代償としてエヴァンスの心には、大レーベルに対する不信感が生まれたのかもしれない。彼が次に出したアルバムが、フュージョンとはまったく正反対の問題作『リビング・タイム』であったことは、その不信感の静かなる表明ではなかったか。ジョージ・ラッセルのオーケストラと共作したこの作品は、おそらくエヴァンスの膨大なディスコグラフィー中もっとも斬新かつ難解な内容をもつもので、当時はおろか現在でもその評価は定まっていない。

　結局エヴァンスは二枚の作品（『ライブ・イン・トーキョー』を含めれば三枚）を残しただけで、コロムビアと袂をわかつことになる。もしフュージョン・ブームという現象がなければ、あるいは両者の関係はもう少し長続きしたかもしれないが、所詮は企業の論理と芸術家の欲求は相容れないものなのだろう。あこがれのレーベルに対する大いなる幻滅。それがエヴァンスの肉体と魂を摩滅させる一因になったと考えるのは、はたして突飛にすぎるだろうか。

　コロムビアを離れたエヴァンスは一九七三年、今度はファンタジーと契約する。ファンタジーも規模の大きなレーベルだったが、ただここには、エヴァンスの才能を最初に見抜き、リバーサイド四部作をはじめとする名盤を世に送り出したプロデューサー、オリン・キープニューズがジャズ部門の重役として在籍していた。そのことが、大レーベルに不信感を抱いていたかもしれないこのピアニストの心に平安を呼び戻したであろうことは充分想像できる。トリオはもちろん、ソロ、デュオ、クインテット、さらにはトニー・ベネットとのコラボレーションまで、エヴァンスはそれまで以上に充実した作品群をこのレーベルに残すことになるのだ。

　しかし、順調かつ平穏な活動の影で、破滅への秒読みは着々と進行していた。

　音楽的な面からいうと、この時期のエヴァンスのインプロヴィゼーションは、よくいえば成熟、悪くいえばマンネリズムに陥っていた。彼自身そのことに気づいていたからこそ、編成に工夫を凝らしたり、積極的にエレクトリック・ピアノを用いたりしたのだろうが、だが何よりも当時のエヴァンスの音楽を支えたのは、サイドマンの二人、すなわちエディ・ゴメスとマーティー・モレルだった。個人的にはぼくはこのトリオを、とりわけモレルのちょっとせっつくようなドラムをいまだに好きになれずにいるのだが、エヴァンス自身はこのドラマーの生み出すスイング感をいたく気に入っていたようで、だから一九七四年にモレルがグループを抜けた時、彼はかなりの痛手を受けたに違いない。そして七七年、今度はエディ・ゴメスがエヴァンスの元を去る。一一年間にわたって行動を共にしてきたゴメスは、もはやエヴァンスの音楽の

ビル・エヴァンス

一部だった。しかし一方で、当時この有能なベーシストはオーソドックスなジャズに縛られないより広範な活動を展開していた。おなじ表現者としてエヴァンスには、その飛躍を止めることはできなかったのだろう。むろんミュージシャンにとってバンドの解散は日常的・宿命的な出来事に違いないが、しかしそれをそうかんたんに割り切るには、エヴァンスはあまりに多くの、そして致命的な別離を体験しすぎていた。

思えばエヴァンスの人生には、つねに近しい者の死がつきまとっていた。最初は音楽的同志だったスコット・ラファロが自動車事故で死に、次は父親のハリー・エヴァンスが心臓発作のため世を去った。七三年には最初の妻、エレインがエヴァンスとの離婚を悲観して地下鉄に飛び込み、その時つきっきりで弟を慰めた兄のハリー・Jr.・エヴァンスも七九年、みずからの肉体に向けて弾丸を撃ち込んだ。

生き残った者の負い目。取り残された者の孤独。エヴァンスがいつしか、「自分は本来死ぬべき人間だ」との思いに取り憑かれていったとしても、そう不思議ではないだろう。その思いから逃れるためか、あるいはその思いを遂げるためか、彼は七〇年代初頭には一時抜け出していた麻薬常習の道にふたたび迷い込んでいく。

だがそんなエヴァンスの精神的地獄は――本当に芸術とは残酷なものだと思わずにいられないのだが――稀にみる美しさを湛えた音楽に昇華されていく。それがファンタジーでの最終作『アイ・ウィル・セイ・グッドバイ』と、そしてワーナー第一作となる『ユー・マスト・ビリーブ・イン・スプリング』だ。

『アイ・ウィル・セイ～』の〝グッドバイ〟が、はたして誰に向けられた言葉なのかは定かではない。が、あるいはこれは、すでに死を意識したエヴァンスの、別れのメッセージではなかったか。タイトル曲に聴かれる直截的ロマンティシズムは、聴く者にそう思わせずにはおかないほど、切なく、儚い。一時は停滞した観のあった演奏のイマジネーションも、ここではかつての瑞々しさを取り戻している。

しかし次の『ユー・マスト〜』は、さらにその上をゆく。『アイ・ウィル・セイ〜』ではまだ残っていた現世への執着、生々しい生命の匂いが、ここではきれいさっぱり洗い流されており、音楽は、まるで黄泉の国から響いてくるかのように透明なのだ。亡きエレインに捧げられた〈Bマイナー・ワルツ〉。トニー・ベネットとの共演でエヴァンスの心を捉えたミシェル・ルグランの〈ユー・マスト・ビリーブ・イン・スプリング〉（ここに聴かれるゴメスのベース・ソロは、彼の長いキャリアの中で最高のものの一つに数えられる）。ゲイリー・マクファーランドが書いたセンシティブなワルツ〈ゲイリーズ・テーマ〉。兄、ハリーのために録音され、結局は追悼の曲となった〈ウイ・ウィル・ミート・アゲイン〉。暗い抒情を切なく歌い上げるジミー・ロウルズの名曲〈ザ・ピーコックス〉……。ここまではずっと短調の曲が続くが、次の〈サムタイム・アゴー〉ではじめて曲想は長調——長調といってもその明るさはごくほのかなものであるが——に転じ、ラストの〈M*A*S*Hのテーマ〉ではまるで雲の切れ間から射す陽の光のような澄んだ音階が鳴らされる。諦念と救済の音楽。もし人生の最期に一枚だけジャズを聴けるとしたら、ぼくは散々迷ったあげくこの作品を選ぶかもしれない。

まったく不思議なことだが、『ユー・マスト〜』でいったんあちら側の世界に足を踏み入れたかに見えたエヴァンスの音楽は、しかし最後のトリオ（マーク・ジョンソンのベース、ジョー・ラバーバラのドラム）でふたたび躍動的な生命力を取り戻す。いや、それどころかこのユニットの発散するエネルギーは、それまでのエヴァンス・トリオの中で、もっとも強烈なものだったかもしれない。ミディアムからアップ・テンポのナンバーはどこまでもドライブし、バラードはそれまでジャズがもったことのない深く痛切な抒情を映し出した。まるでスコット・ラファロと出会った青年の日のように、エヴァンスは連日嬉々としてピアノに向かった。

だがそれは——月並みな表現でもうしわけないのだが——燃え尽きる寸前の蠟燭の輝きであったのかもしれない。エネルギッシュなプレイとは裏腹にエヴァンスの病状は、もはや手のほどこしようのないほど悪化していた。「肝臓の障害によって異様に腫れあがった指は、一個の鍵盤を押すことさえ困難だった」とマーク・ジョンソンは証言する。しかしエヴァンスは、まるで憑かれたように演奏活動を続け、トリオを磨き上げてゆく。スタジオ録音こそ残されていないが（七九年の『ウイ・ウィル・ミート・アゲイン』はトランペットとサックスが入ったクインテット編成)、エヴァンスの死後次々と発掘されるライブ音源を耳にすれば、このトリオがいかに充実していたかがわかるだろう。

そんな音源の中でも、やはり特別な意味をもつのが、エヴァンスのラスト・レコーディングとなった『コンセクレーションン~ザ・ラスト』だ。これは八〇年の八月三一日から九月七日、サンフランシスコのジャズ・クラブ「キーストンコーナー」でおこなわれた一週間のギグを記録したもので、当初は二枚組CDでリリースされたが、現在は二つのボックス・セット(『コンセクレーション~ザ・ラスト・コンプリート・コレクション』と『ザ・ラスト・ワルツ』)によってそのほとんどすべての演奏を聴くことができる。

演奏は、だが、けっして完璧なものではない。あきらかなミスタッチを犯したり、ディスコードを弾いているという場面こそないものの、エヴァンスをエヴァンスたらしめたデリケートなソノリティは減退し、音楽は何ものかに追い立てられているかのように性急に走る。もしエヴァンスが生きていたら、この音源の発表を許可したかどうか……。

にもかかわらずここで聴かれる演奏には、ある種の凄みが横溢している。それは、迫りくる死を自覚しながら、残された生を賭して表現を成就しようとした芸術家の凄みにほかならない。そして、そんな切迫した音楽を残したジャズ・ミュージシャンを、ぼくはエヴァンス以外に思い出すことができない。

「キーストンコーナー」でのギグを終えたトリオは、九月九日から今度はニューヨーク「ファット・チューズデイズ」に一週間出演する予定になっていたが、二晩演奏したあとエヴァンスは、もはや演奏を続けられないことを悟り、それまで頑なに拒んでいた入院を受け入れる。そして九月一五日、不滅の旋律を歌い続けた彼の心臓は、ついにその鼓動を止める。直接の死因は出血性潰瘍と気管支肺炎。ちなみに、その五日後の九月二〇日には、五度目となる来日が予定されていた。

ビル・エヴァンス、最後の一〇年間。それが、彼の身の内に巣くっていた死へのあこがれを現実のものにするための準備期間であったことはまちがいない。

ただぼくは思うのだ。エヴァンスは、死ぬことによって、生きたのだと。「芸術家の真の修羅場は、死んだあとにこそある。そこでは人間ではなく、彼の芸術だけが秤にかけられるのだから」といったのが誰かは忘れてしまったけれど、死後二〇年あまりがすぎた現在の、エヴァンスの音楽に対する評価を考えれば、彼がその修羅場において勝者となったことは、誰の目にもあきらかであろう。

(カメラマン・ジャズ評論家)

ブラインドフォールド・テスト

「えーと、この演奏は…」ビル・エヴァンス

聞き手＝レオナード・フェザー

訳＝相川京子 Aikawa Kyôko

画・中村浩之

多くの者によってジャズの発展、ひいてはその生存にさえ決定的であると考えられた事柄に対し、ビル・エヴァンスは少なくとも望みを見いだすか、楽天的に考えている。ロサンゼルスのシェリーズ・マンホールに最近出演した時のことを例にあげて彼はこう述べる。「聴衆の九〇%が若年だということに気付いた。私が長髪をしてなくて、かなりきちんとした服装なので、本当のところは嫌われているのかもと時々感じたくらいさ。

いい前兆だな、と思ったのは、何人かのロック・ミュージシャンたちを客席に見つけるようになった時だ。明らかに、彼らは自分たちがずっと今まで聴いて育ってきたものから少し離れた音楽を聴こうとしていた。

つまらないバップ音楽は耳の肥えていない人達には大丈夫なのだろうが、少し成長してより洗練されてくると、自分たちの聴く音楽にもいろいろと挑戦してくるようになる。彼らも本当は私の音楽のビートがわかるのだと思う。耳をつんざくような大音量から離れて、聴く姿勢があるんだ。」

下記は二回にわたって掲載されることとなったブラインドフォールド・テストの第1部である。

1. ジャック・ウィルソン

ナイト・クリーチャー（ソング・フォー・マイ・ドーター／ブルーノート）ウィルソン：ピアノ　デューク・エリントン：作曲　ビリー・バイヤーズ：編曲

特定のアイデンティティをもっているようには感じないな。あのごちゃ混ぜの音はエコーとか高音とかすべてにおいて極端すぎるから、しばらくは耳障りだったよ。演奏自体はプロならではのものだった。ピアニストが素晴らしい。ジャズ的な要素は確かに含まれているが、格別強いアイデンティティはないようだ。でも私にはこれが何を目的としているのかがわからない。私にとっては、最初の内は「フランス」やクルーズ船で聴けるような大陸的な感じがしていた。それからジャズになる――それは確かに良くて、非常に経験豊富なミュージシャンたちの演奏なのだが、個性がまったく感じられない。

おそらく、このレコードの目的は純粋なジャズだけではないと思う。もちろんこれを聴くのは気にならないが、二度と聴けないとしても、残念とも思わない。評定としてはプロフェッショナリズムに二、録音に〇。

2. ジョン・クレマー

ヒア・カムズ・ザ・チャイルド（アール・ザ・チルドレン・クライド・カデット）クレマー：作曲、テナー・サキソフォン

きれいだね。ミッキー・レナードがバックを書いて自分で使おうと思っている、まさに同じアイデアがここに込められているので、その事を考えずにいられない。「チルドレンズ・プレイ・ソング」という、自分としてはいつものちょっとした簡単な曲と思っていた曲を、ミッキーがとても気に入った。遅めに演奏させたい

場合はどのようなハーモニーをつけるのかを彼に教えたところ、その曲のスロー・ヴァージョンを書いたんだ。もともと私の作曲したものは、子供たちが石蹴りなどをしながら口笛を吹くような感じのものだった。テイクバックを聴いてみると、完璧に遅くするのは失敗だったという事に気付き、遊び場にいる子供たちの声を録音してそれを演奏の前に挿入し、オリジナル・ヴァージョンをその上に重ねる方法を採ろうということになった。

　さて、この曲名は何かは知らないが、同じアイデアが使わているので子供のために作られているように聴こえる。そして、とても幸せで、軽快な演奏が私の方向性と同じことを指しているように思える。とてもきれいで、陽気な感じで、それは上手く表現されている。これから私が自分の演奏をする時はこのコピーのようになってしまうだろう……いくつかのアイデアが同時に起きるなんてとても面白いね。私の妻は、弓と矢を例に取って、世界中の道具がまったく異なる場所で同じように発展したことがどれほど驚異的かとよく話すんだ。ただ、レコードに関して言えば、最初に話したことに戻るけれど、私のコメントとしてはその見地からという点で、三つ星ぐらいという評価だろうか。私が例にあげた特別な感覚以外のものを表現したとは感じないのだけど、その点に関してはとても成功したと思う。

3. オスカー・ピーターソン

フー・キャン・アイ・ターン・トゥ（マイ・フェイヴァリット・インストゥルメント／MPS［アメリカではプレスティッジより］）

ピーターソン：ソロ・ピアノ

　これは美しい！　録音も美しいしね。おそらくSaba（現在のMPS-Ed）シリーズだろう。

　このテイクは聴いたことがあったか自信がないが、おそらくオスカー・ピーターソンではないかな……ブルンナー・シュワルツの別荘で録られたテープのいくつかだと。彼独特の音色だし……あのドイツ製のスタインウェイ独特の音もしている。

　オスカーには何度も驚かされるよ。まるで（アート・）テイタムが生き返ったみたいだ。アートが加えそうなちょっとしたハーモニー的な旋律にとか。オスカーはそれをやれるんだ。それに豪華だし、それ自体が完璧だ。つまり五つ星だね。

4. ロバータ・フラック

ヘイ・ザッツ・ノー・ウェイ・トゥ・セイ・グッバイ（ファースト・テイク／アトランティック）

フラック：ピアノ、ヴォーカル　レナード・コーエン：作曲

　この歌手にはもっと他に相応しい曲があると思う。私はあまりフォーク音楽に造詣が深くない。もちろん、その素晴らしさは認める。どんな音楽にも美しいところがあるとは思うが、この楽曲は私にはとても貧相だと感じる。誰かが本当に美しいものにいくつかの要素を加えて分

析しようとした結果、私にとっては、何の意味も持たないものが出来上がってしまったように聴こえた。この歌手はとても素晴らしい素養があると思うし、この楽曲で彼女を判断しようとは思わない。ただ、この曲に対しては星はなしだね。

5. フォース・ウェイ

ブルース・マイ・マインド（ザ・サン・アンド・ザ・ムーン・ハヴ・カム・トゥゲザー／ハーヴェスト）

マイク・ホワイト：ヴァイオリン　マイク・ノック：作曲、エレクトリック・ピアノ　ロン・マクルーア：ベース　エディー・マーシャル：ドラムス

悪くないね。マイク・ノックとマイク・ホワイトかな。まあ誰であろうとも、ここでの電気ピアノはいいね、確かにスウィングしていたよ。創造的だし、関心を持ったし、いい演奏だった。四つ星半だね。

私は一年前に両方のマイクと対バンしたことがあったんだが、彼らは二人とも大いに感動させてくれたよ。特にピアノのマイク・ノックはどちらかというとフリー的な、音楽的な演奏を聴かせてくれた。とてもうまくいっていたから、その非常に挑戦的な方向性で前進していくことを願うよ。彼が到達点に達するまでにそれほどかからないはずさ。

自分でもその領域へ行ってみたいと思っている。エレクトリックなフェンダー・ローズのピアノを自宅に持っているし、現在録音中のアルバムではエレクトリック・ハープシコードと、とてもリリカルな部分にだけ、わずかにピアノを使用しているんだ。エレクトリック・ピアノがその点で言えばよい結果を出すとは思わなかったが、録音当日には上手くいったんだ。とてもいい感じで出来上がった……ある箇所では。あの楽器はいろいろ楽しめる。唯一の難点、それはピアノの持つ深みは出せないということだ。とはいえ、独特の調音があるし、独特の音色がある。危険性があるとしたら、ピアニストがあの楽器だけを演奏し続けると、タッチがとても軽いから、ピアノを再び演奏しようと思った時に違和感を感じるだろうということだ。チック・コリアがこの問題を言っていたことがある。そこで発明者のハロルド・ローズに言ったところ、鍵盤の動きを調整することができるとのことだったので、私の持っている楽器には私のタッチで調整してくれることになった。もしそれが可能なら、私が指摘した難点は無効ということになる。この曲でのマイクはとても、とても刺激的な音を作り出していると思う。

LF：この楽器に深みが足りないという理由から、例えば、あなたなら通常のピアノで基本的なトラックを録音し、この楽器をその上に重ねるのは有効だと思いますか？

そうだね、それを考えていたんだ。不思議なことに、この演奏を聴いている間はその方向性でやりたいなと思っていたのが、所々ではピアノも聴きたいと感じていたんだ……本当のピアノとこれが相対するところを。

LF：そうなると、この楽器はギターのような音色をしているので、ギター対ピアノのような効果になるでしょうね。例えばあなたとジム・ホールのような。

それはまさしく、私がいつも感じていたことと同じだよ。それを演奏すると、まるでギター的な要素に達することができるような感じがしていたんだ。ハープシコードでもそういう感覚がした。一度、コペンハーゲンでいじくり回していた時に、チャック・イスラエルがあまりにも感銘を受けてハープシコードでレコードを作ろうという話になったことがある。残念ながら練習用に送ってもらった楽器の調律が上手くいっていなかったかなにかで、私にはしっくりこなかったんだ。でも今でもあの感覚は覚えているよ。

★

ビル・エヴァンスはジャズは聴衆と演奏者、双方の知性を刺激できると考えている。

「ジャズの最高級の演奏を楽しむのであれば、聴き手は音楽に対する関わり合い、経験、献身という多大な要求を、演奏者にどれほど強いているのかを理解すべきだ」と彼は言う。「同じ理由で、演奏者側も音楽が聴き手を試すだけの洗練を持つ必要がある。」

「どんなに天才であっても、大きなアンプとエレキ・ギターに高い金を払ったからといって、音楽の深みが六カ月でわかるなどと期待してはいけない。何年も経験を重ねてようやく音楽の最も基本的な部分の表面がわかるに過ぎないんだ。」

「音楽の歴史でモーツァルト以上に才能ある人物はいないと思う。その彼が父親への手紙では人々が彼には天分の才があると言っていると不平を言っていたんだ。手紙には『お父さん、私がどれほど一生懸命努力していたのかはご存じですよね』とある。あのモーツァルトですら努力しなければならなかったわけだから、ほとんどの人は何事であれそれを達成させるためには、努力を惜しんではならないはずだ。」

下記は5／28号に発表されたブラインドフォールド・テストの第2部である。

1. オリバー・ネルソン
レクイエム（ブラック・ブラウン&ビューティフル／フライング・ダッチマン）
ネルソン：作曲、ピアノ　パール・カウフマン：ピアノ

今までかけた中で一番面白いレコードだね。興味深いし、オリジナリティにあふれているし、この多重ピアノも成功していたと思う。とても良いと思うよ、音楽的だし独創的だし……すべてを合わせて五つ星だね。この録音方法はとても魅力的だな。完全なコンセプトを持ったどんなミュージシャンにとってもそうだと思う。たとえ、主旋律だけのコンセプトだとしても。ピアニストにはここでオスティナート、ここでカウンター・メロディとそれに反する感情とかを組み立てる機会が与えられるんだ。それは両手だけではできないことだし、同時に自分が三人一緒に演奏することなんて無理だから

ね。でもこの方法では上手くいっているし、とても興味深かったよ。

LF：これが一人のピアニストだけだったと思いますか？

そうかもしれないし、一人以上だったかもしれない。私だったらこの状況で自分だけで演奏するのはとても魅力的だと思うよ。もし、互いに刺激しあえる本当に相応しい相手が見つかるのならば可能だし、そういう意味では同じような概念、共感などを共有できる二人の演奏かもしれない。

この演奏で特に気に入っているのは、いわゆる「フリー」と呼ばれるものが、奇抜とか奇妙な音の領域から脱して洗練されようとしている箇所なんだ。つまりクラシック作曲家たちが世紀の変わり目に頻繁に使用した領域というか、まったく新しいことではないのさ。不協和音や多調性といった音の領域では洗練されている人は誰も驚かない。大事なのは自分がどの時代にいたとしても音楽を作り続けることだ。つまり、話は戻るが、このレコードで気に入ったのは音楽的にそれがかなり効果を上げていたということなんだ。ちょっと長すぎるきらいはあるが、何かを伝えようとしてそれを音楽的に表現していたので全然気にはならなかった。それ以上求めてはいけないよ……それに言い回しが大事なわけでもない。多くの人が「フリーについてどう思いますか？」とか、「アヴァンギャルドをどう考えますか？」というようなお定まりの質問をしてくる。私に言わせればそのようなものはないんだ。引用の中から特定することはできるかもしれないが、音楽的に成り立ってなおかつ音楽でありえるものが存在する。その逆にただのゴミにしか過ぎないものや不平やフラストレーション、虚構も多く存在するんだ。求めて良いものは音楽的かということと、音楽的な言語を用いて何かを言っているかだけでしかないと思う。それが音楽足るものに私が求めるすべてさ。

2. カウント・ベイシー

ノルウェーの森（ベイシー・オン・ビートルズ／ハッピー・タイガー）

ボブ・フローレンス：編曲

誰かと特定するのは避けようと思ったんだけれど、最初はオリバー・ネルソンの曲かと閃いたんだ。そうではないとしても、大して重要なことでもない。快活な曲だし、演奏も活気がある。本物だからかな、こういう音を聴くのはとても楽しいんだ。ビッグ・バンド・サウンドを彷彿とさせるとでもいおうか……私は好きなんだ。

こういう点から最低でも四つ星だね。前のレコードで触れた洗練さと関連して言えば、このレコードとは随分とギャップがあると思うかもしれないけれど、実はそうでもないんだ。

どんな音楽が好きかと聞かれると、二つのことだけが思い浮かぶ、多かれ少なかれクラシック音楽とジャズと呼ばれる音楽さ。ここでいうジャズは純粋なスモール・グループ・ジャズとビッグ・バンド・ジャズのことだ。どの時代の音楽かは気にならない。良いものは、良いんだ。私の国の聴衆の中では徐々に向上しつつある部分かもしれないが、ヨーロッパの聴衆の方が少し上だと思うのは、ジャズの歴史を大きな範囲でとらえて楽しむことがアメリカの聴衆より上手いということだ。我々はひとつの時代で区切ろうとする――最新のモダンだとか、ディキシーランドが好きだけれどバップは嫌いだとか、スウィングが好きだとか……ヨーロッパの聴衆はジャズの歴史は好きだけれど、どの時期の音楽も認めるだけの価値があることを前提としている。

　後の世代の何人かのジャズ・ミュージシャンは、アメリカよりもヨーロッパで歓迎されているようだ。例えば偉大なベン・ウェブスターのように、年をとるにつれてアメリカの聴衆が気にかけなくなった人々とか。この点は一ジャズファンとしてもっと考えなくてはいけないことだと思う。本物を探すことだけが大事で、「一番」とか「唯一」とか「最高」とかいう言葉で区別をつけるのはやめるべきではないだろうか。私はいつもビッグ・バンドらしい曲、そしてその演奏を聴くのを純粋に楽しんでいる。

　もしかするとベイシーかな……最初のうちはオリバーの曲のように聴こえたけれど、最後の部分はそうでもなかったからね。

3. ブルート・フォース

ライト・ディレクション（ブルート・フォース／エンブリオ）

　これは評価できないな。私にとっては何の意味もないからね。関心はないけれど、とても成功しているのかもしれない。

　私が知っていて関心があって愛しているジャズと、この音楽はまったく違うものだ。ただ、この音楽が存在しなかったなら、ジャズは変わらなかったのかもしれない。このレコードの背後に込められた意図や想いはそれほど純粋でないと思う。私以外の多くの人にとっては意味があって受け入れられているかもしれないから、けなすつもりではない。私にとってはあまり興味が持てないとしか言えないな。

LF：ロックには関心があったり、聴いたことがありますか？　何か例は挙げられますか？

　もちろんだよ。ただアンディ・ウィリアムズ・ショーか何かで聴いたことがあるという程度だから具体的には何とは言えないけれどね。ただ中には素晴らしいものもあったし、そういう本物の作品には関心があるよ。その独自の方向性でちょっとした傑作だと思う。ただ、それほど特別なものは多くはないし、何一〇万ものグループが本当に特別な音楽を創ることができるとはどうやっても思えない。才能があって、創造的な人々は滅多にいるものじゃないからね。

　クラシック音楽の歴史を見ると、世界中で三から四世代以上は排出されていないんだ。ジャズではそれこそ限られている。本当に傑出している創造者達というのはね……そういうことから、全体を通してのロック現象というのに真価があるとは思えないんだ。多くは雑音以外の何ものでもないように思える。

★

一九六八年の音楽シーンの流れからいえば、ビル・エヴァンスはある種、時代錯誤的である。時代の傾向が爆鳴音、リバーブ、そして誇張に向かっているのに対し、彼の（ピアニストと作曲家としての）音楽は内向性と天分の美に重きが置かれている。もちろん、このように言い切ってしまうと「美の定義とは？」という普遍的な質問が出てくるだろう。それについてはエヴァンスのアルバムに話を差し戻せば良い。

彼の個性――ガラス細工のように繊細な音、メロディ・ラインを大切にする演奏法、ハーモニーの付け方の微妙さ――は他のミュージシャンとの関連性や似通った特性が認められない。彼は一音一音の展開に耳の神経を集中させ、自分の考えを明快で正直に表現するための稀な資質を持っている。下記の、最初のレコードを聴き終わった彼が指摘した点（内容対概念）はなるほどと思わせる。彼が最後にこのコーナーに登場した時は二部構成になった（DB'一九六四年一〇月二二日と一一月五日）。今回も前回と同じく、彼にはどのレコードをかけているのかという情報は一切与えていない。

――レナード・フェザー

1. ドン・エリス

オープン・ビューティ（エレクトリック・バス／コロムビア）

エリス：作曲、トランペット、エコー・チャンバーのループ・ディレイ　マイク・ラング：エレクトリック・ピアノ

この音楽で一番興味深くて重要な箇所は電気的な音だね。たぶん何度もテープ操作をしたんじゃないかな。楽器の音にエコーをかけて速くさせたり、遅くさせたり、自然な音も入れたり。

もちろん、注意は引くよね。ただ、その後に音楽的な内容に注目して、考えながら聴いてみたんだ。このまま聴いていればどこへ導かれるのか？　どこへ行きたいのか、それに何が言いたいのか？　とね。こういう点で、少し弱いように感じた。ただ、総合的な概念はイマジネイティブで、ユニークだったので、内容の足りない部分をある程度は補っていたかな。

たぶんドン・エリス・オーケストラだと思うけれど、違っていても問題ではない。創造的な音と音楽に込められた冒険性に四つ星、そして実際の音楽の内容には一つ星半というところだろう。

私にとっては、音楽的な内容がいつも最重要項目なんだ。この音楽は人の注意を即座に引き付けることができるけれど、二〇年も経てば目新しさに関する限りは意味がなくなってしまい、音楽の内容だけが問われるようになると思う。

2. クレア・フィッシャー

アイム・ビギニング・トゥ・シー・ザ・ライト（ソングス・フォー・レイニー・デイ・ラヴァーズ／コロムビア）

フィッシャー：ピアノ、編曲　デューク・エリントン：作曲

とても素晴らしい作曲と編曲ではあるが、特別な個性があるかとかスタイル的にユニークだとかのものではない。ただ、プロフェッショナリズムを感じるね。もちろん、ここで聴ける唯一のソロはピアニストによるとても短い二つのセクションだけだ。誰の演奏かはわからないが、ソロから判断するに、自分らしさを発揮する機会がなかったのではないかな。彼がもう少し自分なりに展開して行くところを聴きたいと思うし、ラインや基本的な構成を聴く限り、自分なりの個性は十分にあると感じる。このレコードだけに関して言えば一つ星だけど、このピアニストがもっと長くインプロヴィゼーションをするのは聴いてみたいね。

3. デューク・ピアソン

スクラップ・アイロン（ザ・ライト・タッチ／ブルーノート）

スタンリー・タレンタイン：テナー・サックス　ピアソン：作曲、編曲

全員が確固たる経験豊かなプロ・ミュージシャンで、リラックスした中で演奏しているということ以外に特に口にすべきことはないと思う。ソロは良い――テナーがもちろん、メイン・ソロだ。この音楽は向き合って聴くことができるし――流し聴きもできるけれど、いつでも楽しめることは確かだ。良き伝統的なジャズがいい感じで演奏されているという点で三つ星だね。

4. フリードリッヒ・グルダ

プレリュード（インエファブル／コロンビア）

グルダ：ピアノ、編曲

ジャズ・ピアニスト兼作曲家が演奏しているピアノ小曲というように聴こえる。もしくは、自然にこういった音の領域を扱える知識を十分に持った人間の手による即興かもしれない。

そういった見地からはかなりおもしろかったと思う。どちらかと言えばジャズを他のピアノ楽曲と同じように捉えることのできる、かなり広い見通しがきく経験豊かなピアニスト兼作曲家が演奏しているように聴こえるね。これをどのように評価していいかはわからない。もしもこれが即興だとしたら、作曲よりも高い評価を下すと思う。だから、これは評価しないでおこうと思う。ただ興味深いから、この人の作品をもっと聴きたいと思うね。

5. バディ・リッチ

スタンディング・アップ・イン・ア・ハンモック（ザ・ニュー・オネル／パシフィック・ジャズ）

ジェイ・コール：テナー・サックス　レイ・スターリング：ピアノ　リッチ：ドラムス　ビル・ポッツ：編曲

カッチリしたビッグ・バンドはいつ聴いてもいいね。この特徴のある編曲とアタックはベイシーをモデルにしているように感じるけれど、あまりにも明るい曲だからまるでパラマウントかアポロに戻ったような感じだよ。さあカーテンが開いて、演奏開始！

わずかなビッグ・バンドしか存続できない事実というのは、いつもとても残念に思うんだ。ビッグ・バンドがいろいろな才能の場、特に作曲者の登竜門でもあり成熟するところでもあることを考えると、まるでジャズの動脈を止めようとするか、切っているようなものだ。ちゃんと事実に向き合ってみれば、本当にいろいろな方向で傑出している作曲者はビッグ・バンド出身なんだ。

恥以外の何ものでもないよ。ベイシーやメイナード・ファーガソン、ウディ・ハーマン、デューク以外があまり評価されないのは、ビッグ・バンドの人気が下降傾向にあるこの時代に、彼ら以外は自分たちのバンドを存続させられないからだ。ビッグ・バンドのような強烈な音に匹敵するものは他にはないのに。

このレコードではそれが良くあらわれていた。バンドがなんとか続いているのは明らかだ。でもベイシーではないね、もしかしたらメイナードかもしれないな。四つ星。

テナー奏者は力強いし、ピアノも良かった。ソロイスト個人個人について言わなかったのは、全体的に感動したからだ。バンドのまとまり具合に感激したよ。

6. ディック・ハイマン
アップ、アップ&アウェイ（ミラーズ／コマンド）
ハイマン：ピアノ、オルガン（オルガン重ね録り）

これも聴き心地がいいし、ミュージシャン全員が良いのは確かだ。ピアノとオルガンのちょっとした交換パートが良かったな。でもノリなのか曲のせいなのか、グルーヴ感が出ていなかった。ちょっと無理強いしているように聴こえた。ジャズ・オルガンは好きだよ。このミュージシャン達の力量に対してきちんとした意見を出す前に、同じミュージシャンでもう少しグルーヴ感のある曲を聴いてみたいな。この曲は即興の箇所がとても短いから、たぶんブロードウェイ・タイプの曲の一つなんだろう。二つ星。

7. ハービー・ハンコック
カンタループ・アイランド（エンピリアン・アイル／ブルーノート）
フレディ・ハバード：コルネット　ハンコック：ピアノ、作曲

とても気に入ったよ、特にホレス（・シルヴァー）の全体的なアプローチや作曲、奏法を思い起こさせるからね。ずっとホレスの熱狂的なファンなんだ。彼の演奏はいつも聴いていて楽しいし、彼のバンドの音楽や作曲もね。

もしこれがホレスならば、私が聴いた彼の演奏の最上例というわけではない。ただこれはホレスに似たような演奏をする他の誰かかもしれない。どちらにしろ、ホレスについて語る良い機会だった。トランペッターはホレスが共演した三、四人のうちのひとりかもしれない。王道を行くいい演奏だったし、このレコードだけに関していえば最高ではないかもしれないけれど、ホレスのアプローチ、作曲、演奏を投射しているという点で——五つ星。

in Down Beat, '64-'68.

モードの誕生

マイルスとエヴァンス

●カインド・オブ・ブルー

中山康樹
Nakayama Yasuki

1958年5月

マイルス・デイヴィスが音楽を担当した映画「死刑台のエレヴェーター」を一枚のLPレコードにするためには、片面分にあたる演奏が不足していた。

すでに映画が制作されたフランスでは、LP以前のフォーマットである10インチ盤として発売されていたが、10インチに変わって12インチのLPが主流になっていたアメリカでは、なんらかの工夫をこらして〝2インチ〟の溝を埋める必要があった。

一九五八年五月二六日、マイルスは当時率いていたレギュラー・グループとともに、マンハッタンの三〇丁目にあったコロムビア・レコードのスタジオに入る。

それは、マイルスをリーダーに、ジョン・コルトレーン（テナー・サックス）、キャノンボール・アダレイ（アルト・サックス）、ビル・エヴァンス（ピアノ）、ポール・チェンバース（ベース）、ジミー・コブ（ドラムス）からなるセクステット（六人編成）にとって初のスタジオ・レコーディングだった。

あくまでもLPレコードの片面を埋めることを目的としたこの日、セクステットは以下の四曲をレコーディングする。《オン・グリーン・ドルフィン・ストリート》《フラン・ダンス》《ラヴ・フォー・セイル》《ステラ・バイ・スターライト》。

アメリカにおける「死刑台のエレヴェーター」は、A面に同映画のサウンドトラック、B面にこのときのレコーディングから三曲を収録した、まったく別のアルバムとして発売される。

ちなみにアメリカ盤は、〝サウンドトラック〟と〝ジャズ

『カインド・オブ・ブルー』吹き込み中
右より、エヴァンス、マイルス、キャノンボール、コルトレーン

のトラック（曲）〟をかけて『ジャズ・トラック』と題されたが、収録時間の問題、さらには約三か月前に一度レコーディング（『サムシン・エルス』）していたことから、〈ラヴ・フォー・セイル〉のみ未発表に終わる。（現在これらの音源は、「死刑台のエレヴェーター」が同名のアルバムに、〈ラヴ・フォー・セイル〉を含む四曲が『１９５８マイルス』に収録されている）

前述したようにこのレコーディングは、セクステットにとってはじめてのセッションにあたるが、それはまたマイルスとビル・エヴァンスにとって、最初で最後のスタジオ・レコーディングになる可能性があった。

だが歴史は、マイルスとエヴァンスの運命は、一年後、一九五九年の春に向かって、予期しえなかった方向へと転回していく。

マイルスとエヴァンス

公式に発表されている音源にかぎっていえば、マイルスとビル・エヴァンスが共演したアルバムは、エヴァンスがレギュラー・ピアニストをつとめていた一九五八年度中、先の四曲（五月）をはじめ、『アット・ニューポート』（七月）、『ジャズ・アット・プラザ』（九月）のわずか三枚しかない。

このうち『ニューポート』と『プラザ』はライヴ・レコー

ディング、しかも一種の企画盤として日の目をみたものであり、五八年当時の状況をふりかえった場合、マイルスとエヴァンスを結ぶ線は、きわめて希薄なものに映る。

なお両者は同年六月、ミシェル・ルグランのレコーディング（『ルグラン・ジャズ』）に参加するが、ゲスト・ソロイストのマイルスはともかく、エヴァンスの存在は一ピアニストの域にとどまり、共演とはいいがたい。

つまりマイルスとエヴァンスの本格的な共演レコーディングは、エヴァンスがレギュラー・ピアニストとして参加していた時代、アルバム一枚はおろか、前述の四曲が残されたのみだった。

理由は、ひとえにエヴァンスがマイルスのセクステットに在団していた期間が短かったことによるが、その背景にはさらに複雑な問題が横たわっていた。

まず、ビル・エヴァンスがセクステットにあって唯一の白人だったことが挙げられる。マイルスをはじめグループのメンバーがそれを気にとめることはなかったが、周囲の人間にはエヴァンスが白人であることが奇異に映り、おそらくはそういったことと無関係ではなかったのだろう、エヴァンスはツアーに出ることに消極的になる。

いうまでもなくマイルスならびにセクステットは圧倒的な人気を博していたためにツアーは休むことなくつづき、エヴァンスにとって、それは苛酷な試練だったにちがいない。

だが最大の要因は、マイルスとエヴァンス、ならびに主力メンバーの個人的な音楽活動にある。

一九五八年当時、マイルスの関心は、セクステットでツアーをつづけるいっぽう、ことレコーディングに関するかぎり、ギル・エヴァンス（作編曲）との次作『ポーギーとベス』に向けられていた。この年の後半、セクステットによるスタジオ・レコーディングがほとんど行なわれなかった要因、いいかえればライヴ・レコーディングしか残されなかった理由は、ここにある。

マイルスのこうした展開は、当然のことながら、他のメンバーの活動にも影響を与えることになる。

ジョン・コルトレーンとキャノンボール・アダレイは次々とリーダー・アルバムを吹き込み、ビル・エヴァンスもまた、さまざまなレコーディングに参加しながら、自分自身の音楽を発展させようと考えていた。

ちなみに一九五八年から翌五九年にかけて、コルトレーンは『ジャイアント・ステップス』、アダレイは『イン・シカゴ』、エヴァンスは『エヴリバディ・ディグズ』や『ポートレイト・イン・ジャズ』と、それぞれにその後の方向を決定づける代表作を残す。

つまるところ、セクステットが解散することも、音楽以外の人種的問題を抱えていたエヴァンスが脱退することも、もはや時間の問題だった。

事実エヴァンスは、わずか半年ほどでマイルスのもとを去る。そしてセクステットには、エヴァンスに代わって新しいピアニスト、ウィントン・ケリーが参加する。

だがマイルスは、次作のレコーディングで、すでにグループを去っていたにもかかわらず、ビル・エヴァンスを起用する。

そして、ジャズ史上最高傑作が生まれる。

『カインド・オブ・ブルー』リハーサル中のマイルスとエヴァンス

出会い

時代は、マイルスがビル・エヴァンスと出会う以前へとさかのぼる。

すでに従来のコード（和音）進行に基づく演奏に限界を感じていたマイルスは、さらに自由に音楽を展開させる方法として、モード（旋法。構造的にシンプルかつメロディックな方向）への移行を模索していた。

もっともそれはマイルス独自のアイデアというよりも、一部の進歩的なミュージシャンが時を同じくして考えていたことであり、その中心人物のひとりにジョージ・ラッセル（作編曲）がいた。

そしてマイルスは、ラッセルとの交流を通じて、自分の頭のなかで鳴り響くサウンドを表現するために〝欠けているもの〟を発見する。

それはすなわち、当時のレギュラー・ピアニスト、レッド・ガーランドに代わるピアニストの存在を意味していた。

ジョージ・ラッセルが語る。

〈マイルスが、いいピアニストがいないかと聞いてきた。私は即座にビルを推薦した。するとマイルスは、「そいつはシロか?」と聞き返してきた。そうだと答えた。「メガネをかけた野郎か?」、そうだ。「そのクソ野郎のことなら知ってるぜ。バードランドで見たことがある。まったくすげえプレイをしやがる」、マイルスはそう言った。〉

〈ある夜、マイルスがブルックリンのクラブに出ているときだった。マイルスから連絡があって、ビルをそのクラブに連れていくことになった。マイルスはピアニストがいたにもかかわらず、ワン・セットすべてをビルに弾かせた。そのセットが終わると、マイルスはビルに言った、「今度の日曜はオレたちといっしょにフィラデルフィアだぜ」。こうしてビルはマイルスに雇われた。そして、すべてがはじまった。〉

結果的に、マイルスとビル・エヴァンスの共演は、前述したようにきわめて短期間に終わる。その後の両者の変遷からみれば、それはまさに一瞬の出来事ではあった。

だがその〝一瞬〟はマスター・テープに刻まれ、決して失われることのない〝永遠〟となる。

一九五九年三月二日と四月二二日、そのレコーディングは行なわれる。

『カインド・オブ・ブルー』

マイルス・デイヴィスが次なる方向を示唆し、それをアルバムというかたちで表現するとき、すでにその音楽、新しいサウンドは、実験や試作の域を脱した、完璧な作品として提示される。

それこそがマイルスの天才であり、自らが開拓者でありながら、他の追随を許すことなく、常にトップに君臨しえた要因ではあったが、いいかえればマイルスの挑戦は、その対極にあるともいえる保守性によってもたらされた。

つまりマイルスは、たとえそれがいかに斬新なアイデア、時代を画す音楽になることがわかっていたとしても、完全なる着地点、完璧なる全体像がみえないかぎり、手を出すことはない。

おそらくマイルスは、ビル・エヴァンスをグループに迎え入れた時点で、自分が求めているサウンドが得られることを確信した。そしてそれは、ジャズの方向を劇的に転換するものになるはずだった。

だがマイルスは、エヴァンス在団中、そのアイデアをあたためつづけ、〝その時〟がくるまで、決して手をつけようとはしなかった。

その間マイルスは、セクステットでツアーをつづけるいっぽう、一トランペッターとしてギル・エヴァンスとともに『ポーギーとベス』をレコーディング、さらにアイデアを確実なものとしていく。

したがって一九五九年の春、スタジオに入ったとき、マイルスの頭のなかでは、すべてのサウンドが完璧に鳴り響いていた。

それはまた、当初からビル・エヴァンスの音楽性を考慮に入れた、つまりはエヴァンスの存在なくして実現不能の音楽だった。

脱退していたにもかかわらずエヴァンスに声をかけ、エヴァンスもまたそれに応じた事実は、この時期、二人がいかに音楽的に深く共鳴しあっていたかを物語る。

まさしくマイルスが組み立てようとしていたパズルは、ビル・エヴァンスという断片をはめ込むことによって、完成しようとしていた。

ではマイルスは、エヴァンスになにを求めたのか。そしてエヴァンスは、すでに自己の道を歩んでいたにもかかわらず、なぜマイルスとの共演に応じたのか。

マイルスにとってエヴァンスの魅力は、ハーモニーとコードに対する独特の感覚にあった。あえてジャズ的にいえば、白人であるがゆえの非スウィング／非ファンキーな点にこそ新しい驚きがあった。

さらにエヴァンスには、クラシックに対する知識と深い造詣があり、それもまた当時のマイルスが必要としていたものだった。

結果、マイルスとエヴァンスは、レコーディングを前にアイデアを出し合い、表現すべき音楽の青写真を描いていく。いっぽうのエヴァンスにとってもまた、マイルスとの共同作業は、自分が考えていたアイデアを実践する場として、またとないチャンスに思われた。

そしてなにより二人の根底には、ジャズの可能性が既存のアプローチから解放されることにあり、モードによる演奏、つまりメロディックな展開こそがその突破口になるとの確信があった。

つまるところ、マイルスが求めていたのは、そのアイデアを補完し、さらに完璧なものとして表現できるピアニストだった。

エヴァンスが参加した理由は、そんなマイルスに対する共鳴であり、マイルスによって自分のアイデアがさらに完全なものになると考えたからにほかならない。

『カインド・オブ・ブルー』は、こうして生まれた。

奇跡のアルバム

ビル・エヴァンスには、稀にみるオリジナリティーとテイストがあるよ。そして彼の、さらに類まれな才能というのは、その曲を弾くときの彼のコンセプトが、もう最高なんだと思わせてくれる弾き方をするってことだ。

——キャノンボール・アダレイ

だが『カインド・オブ・ブルー』は、たんにジャズの新しい方向を決定づけ、多大な影響を及ぼしただけのアルバムではなかった。

そして、たんにジャズ史を代表するだけの傑作、あるいは名演が収録されただけの歴史的名盤でもなかった。

かりにそうであるなら、なぜ『カインド・オブ・ブルー』だけが、発売以来アメリカで二〇〇万枚、全世界で五〇〇万枚、しかもいずれもその半数のセールスを九〇年代に記録したのか、説明することはできない。

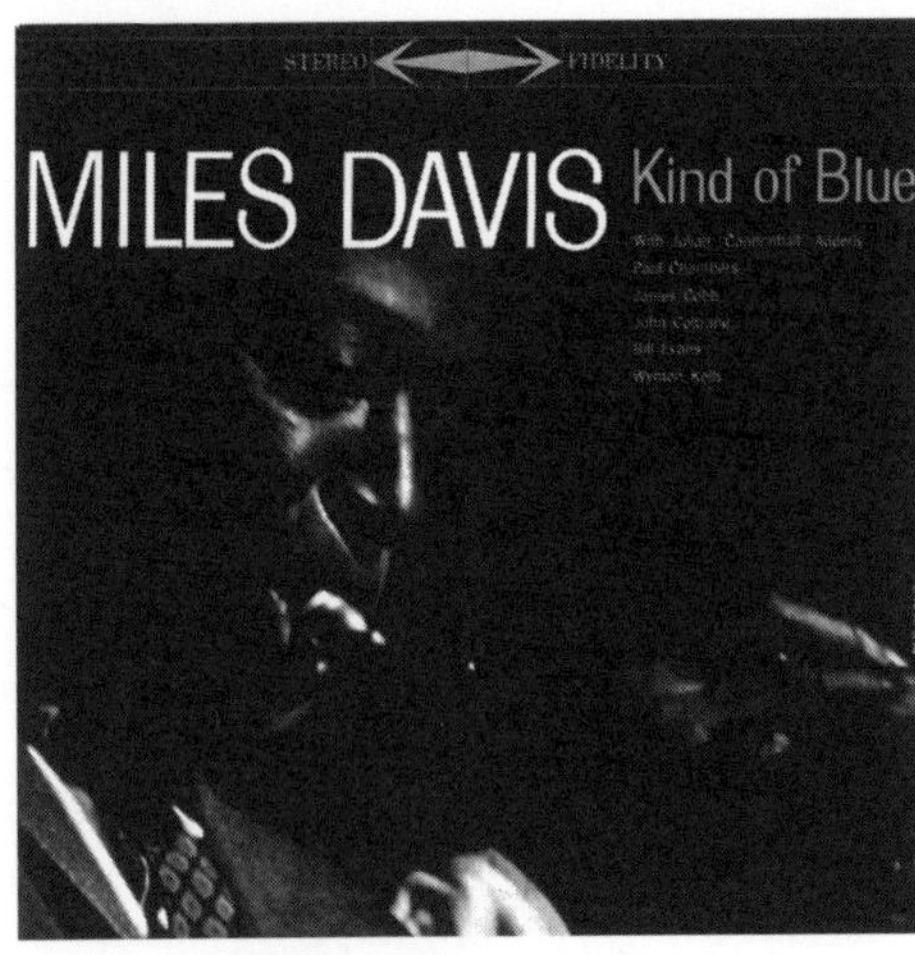

『カインド・オブ・ブルー』('59)
キャノンボール・アダレイ(as)／
ジョン・コルトレーン(ts)／
ポール・チェンバース(b)／
ジミー・コブ(ds)／
ビル・エヴァンス(p)／ウィントン・ケリー(p)
(ソニー・ミュージックエンタテインメント)

たとえば、こんなふうに考えられるのではないか。

おそらく『カインド・オブ・ブルー』は、マイルスやエヴァンスの思惑やアイデアを超えたところで、ひとつの生命をもった。

具体的にいえば、このアルバムには、まさに〝カインド・オブ・ブルー〟としかいいようのない色彩があり、空気が流れている。

そしてそれは、ソロをとっているミュージシャンが誰であれ、そのミュージシャンの個性を超越し、あるいは巧みに融合しながら、アルバム全体を雲のように覆っている。

その一貫したムードやトーンが、このアルバムをたんなる傑作、ただ名演が並ぶだけの名盤を超えた、真のトータル・アルバムとして成立させている。

五曲中、ビル・エヴァンスが四曲、ウィントン・ケリーが一曲と、二人のピアニストが参加しているにもかかわらず、さらにはキャノンボール・アダレイが参加していない曲があるにもかかわらず、まったく違和感を抱かせることがないのは、おそらくそのことと無関係ではない。

これこそがまさに『カインド・オブ・ブルー』の奇跡であり、マイルスとエヴァンスの邂逅もまた、やがて『カインド・オブ・ブルー』となるべき音楽が引き起こした奇跡のひとつだったように思える。

(音楽評論家)

BILL EVANS
HIRO
YUKI

対談 *dialogue*

ジャズ・スタイリスト・エヴァンス

エヴァンスに始まりエヴァンスに終わるかも？

通によし、ビギナーによし

後藤　エヴァンスというのは、ジャズを聴き始めた人が、まず入りやすくて聴きやすく、しかも中身の濃い内容のあるジャズはどういうのだろう、というようなときにぴったり。それでお客様からリクエストが来るケースが多いですよ。

寺島　この前、吉祥寺のディスクユニオン行ったんです。店長に「おたくにビギナーが来るでしょう。ビギナーが、『私はジャズの初心者ですけども、最初に何を聴いたらよいでしょうか』と言ってくるでしょう」と言ったら、「ええ、言ってきます」と。「そのとき最初に誰を勧めますか」と言うと、ビル・エヴァンスなんだよね。要するに、ビギナーに勧めるアイテムのマニュアルみたいなものができていて、アルバイトの人に、そういうときはビル・エヴァンスを勧めなよ、ということになっているらしいんだな。で、「じゃあエヴァンスの何を勧めますか」と聴いたら、まさしく『ワルツ・フォー・デビー』なんだよ。今やエヴァン

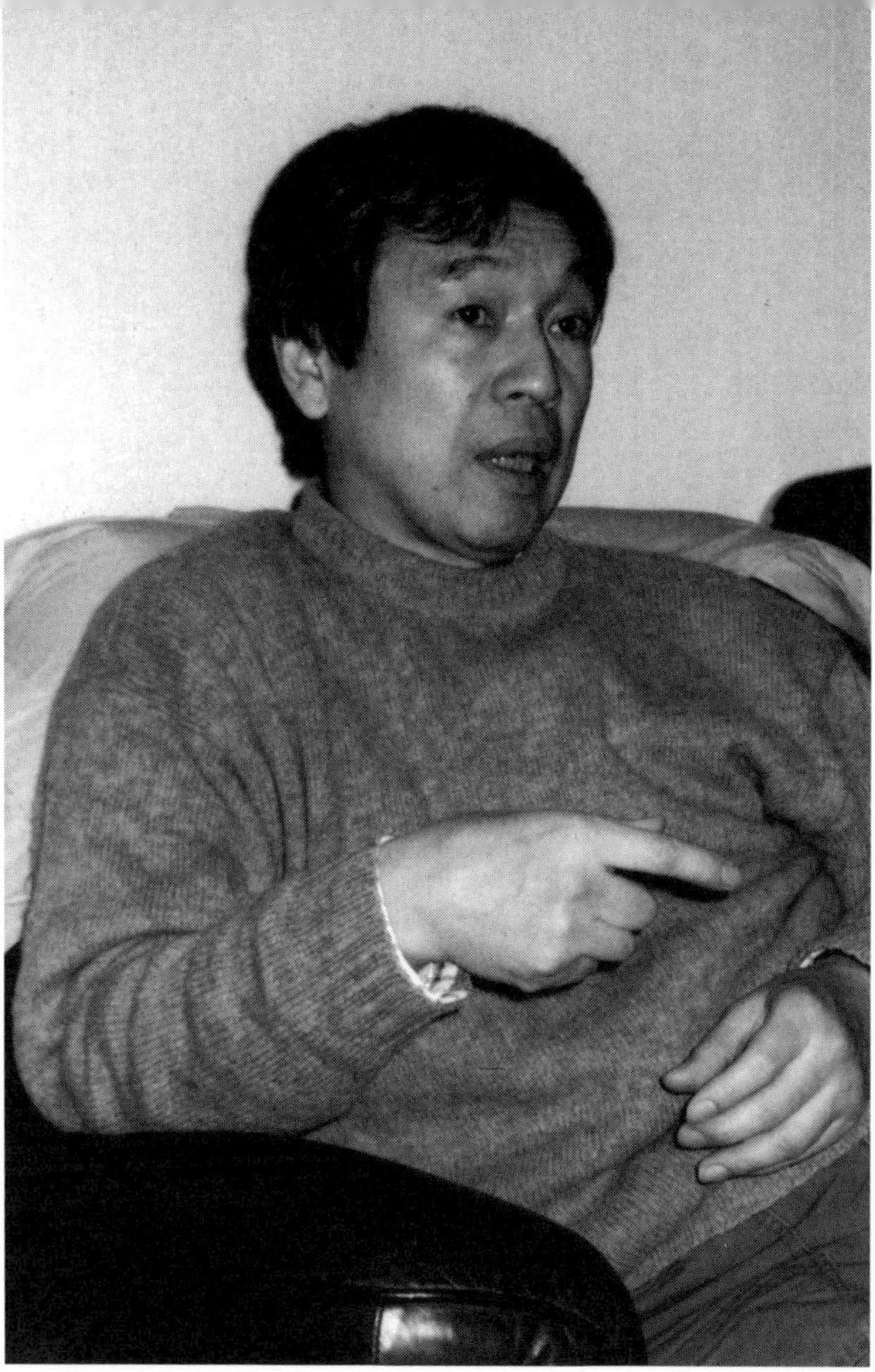

寺島靖国
後藤雅洋

Terashima Yasukuni
Gotô Masahiro

スはビギナー向けのファースト・アイテムになっているんだなあと、半分寂しいような……。この寂しいという気持ちはジャズファンならわかると思うんだけど、でも嬉しいような気持ちもあって、ちょっと複雑な感慨にふけりましたね。

後藤　寺島さんのおっしゃる気持ち、よくわかります。ただ、あまりジャズのこと知らない人は、何で嬉しくて寂しいのかわからないと思う。嬉しいというのは、いいものを聴いてくれてありがたいという気持ちだよね。で、寂しいというのは、何と言うのかな、エヴァンスというのは実は初心者向けのイージーなものではなくて、実は中身も濃いんだよ、という……。中身の濃いものを入門者が聴いて悪いわけじゃないけれども、マニアにとっても非常に大事な人だから、それを変に入門者向けの入口みたいに思われると、ちょっと寂しい。こういうお気持ちなんでしょう。

寺島　まさに、私の気持ちを分析していただいて(笑)。要するに、エヴァンスが今や入門者のためのミュージシャンになっちゃった、という話だよね。

後藤　ただ、お言葉だけど、実は昔からそういうところはあったんじゃないですか。だって僕自身がジャズを聴き始めたのは、かれこれ三、四十年前ですけれど、その頃やはり入門者向けというと、オスカー・ピーターソン、ビル・エヴァンス、MJQ（モダン・ジャズ・カルテット）と、みなピアノがらみで、割合フォーマットがかちっとして聴きやすい人達だった。同じピアノでも決してセシル・テイラーではないし、もう少しわかりやすいマッコイ・タイナーでもなかった。

寺島　まさしく、入門者用ということであると、まずピアニストが来るんだね。

後藤　それはある。これは結構大事なことね。今、無意識に言ったんだけど。

寺島　大事なことですよ。エヴァンスの前のビギナー向け第一人者は、まさしくオスカー・ピーターソンだったのよ。ピーターソンの『ウィ・ゲット・リクエスト』が『ワルツ・フォー・デビー』の先輩格だったの。

後藤　思い出した。そうですね。僕がジャズ聴き始めた頃には、それが入門者向けのファースト・アイテムだった。で、ちょっと新しめというのが『ワルツ・フォー・デビー』。同時にMJQも、どのアルバムというのではないけど、『ジャンゴ』なんてわかりやすいし。決して、マイルスでもない。コルトレーンでもない。

●ピーターソンvsエヴァンス

寺島　そうですね。ピーターソンがたまたま出たから、ちょっとピーターソンの話をしたいんだけど。ピーターソンとエヴァンスを並べることによって、エヴァンスがわかりやすく際立ってくるんじゃないかと思う。要するにピーターソンとエヴァンスと、全然タイプが違うんだよね。

後藤　そう、どちらも入門者向きでありながら、音楽の性格が違う。

寺島　ピーターソンというのは、エヴァンスが出る前までの入門者用の第一人者と考えた場合に、エヴァンスよりはすごくわかりやすいよね。

後藤　そう。どっちも入門者用みたいな言い方されているけれども、よりわかりやすいよね。

寺島　とすると、エヴァンスはわかりにくいんだよ。

後藤　確かにピーターソンという対立項を持ってくるとそうなる。

寺島　対立項にしてしまうとね。なぜエヴァンスが、ピーターソンに代わる入門者用の第一人者になったんだろう。難しいのにもかかわらず。……ここから、エヴァンス論に入ってくるわけよ。

後藤　どうなんでしょうね、思いつくままに言いますと、オスカー・ピーターソンという人が、入門者であれジャズファンにどういう形で注目されたかというと、ハイテクニックだよね。早く弾く。で、ノリがよい、楽しい。早く弾くという言い方はよくないか。でも、誰にでもわかるテクニックと楽しさとノリ。これはジャズファンでなくてもわかるでしょう。ジャズ全然聴いたことない人でも、特にジャズという捉え方をしなくても、ピーターソンの魅力はそういうわかりやすさ。

寺島　一言で言えば、ノリだよね。一方エヴァンスはノリかというと、ノリじゃない。

後藤　うーん、同じノリといっても、ピーターソンのように誰にでもわかるものじゃなく、もっと屈折してるよね。ノリはあるんだけど。

寺島　エヴァンスから入門してジャズを聴き始めて、人によって違うけど二、三年とか四、五年経たないと、その屈折感というのはなかなかわからないわけで。最初からわかるわけないいんだよね。いい本質でもありよくない本質でもある屈折感というのが、エヴァンスの特徴。何から聴けばいいんですかで『ワルツ・フォー・デビー』買って、うちに帰って、いきなりわかったとはならないよね。

オスカー・ピーターソン

後藤　それはちょっとわからないよね。

寺島　じゃあどうして、あれだけ屈折感があるにもかかわらず、店頭で、これを最初に、ということになるんだろうね。

後藤　それはまさしく、メロディですよ。「マイ・フーリッシュ・ハート」であり「ワルツ・フォー・デビー」であり。ビル・エヴァンスの名盤『ワルツ・フォー・デビー』の一曲目が「マイ・フーリッシュ・ハート」、二曲目「ワルツ・フォー・デビー」。この並び。メロディきれいですよね。ジャズの入門者はアドリブなんかわからないし、複雑な屈折したノリだってわからない。何がわかるかといったら、ポピュラーミュージックからの流れで、メロディラインだったら誰が聴いてもわかる。そのメロディラインは、「マイ・フーリッシュ・ハート」なんてもう絶妙なわけですよね。で、曲の流れが「ワルツ・フォー・デビー」と続く。これもものすごくいい曲で、それですよ。

寺島　そうね。その通りなんだけど、あともう一つ、今後藤さんが言ったのはエヴァンスの「絵」なんですよ。額縁的要素があると思ってる。どういうことかというと、ビル・エヴァンスというジャズ・ミュージシャンが持っている雰囲気なんだよね。

後藤　雰囲気というか、イメージということかな。

寺島　そういうことも含めてだけど、最初にまず、ビル・エヴァンスという名前ね（笑）。これがたとえば、ビル・エッシェンバッハとかだったら……（一同笑）。エッシェンバッハって「トニオ・クレーゲル」に出てくる名前です。少年に恋い焦がれる老年がエッシェンバッハですよ。ビル・エッシェンバッハだったら、これほどの人気を得たかどうかはわからないんだよね（笑）。

後藤　何だかよくわからないけど、そういうことにしましょう（笑）。

寺島　そういうことにしてもらって、つまり、ビル・エヴァンスというその有名な、誰にでも覚えられる、好まれる、ファミリアーなネーミングね。

後藤　それはあるかもしれないな。確かにミシャ・メンゲルベルクだったらちょっと身構えてしまうよね。

寺島　ミシャ・メンゲルベルクなんて言われたって困っちゃうわけよ。今、ウラディーミル・シャフラノフとか、ジャズメンの名前がものすごく難しくなっちゃって。ともかくビル・エヴァンスというのは、誰にでも覚えられる、しかも知性の香りを漂わせた名前だよね。

後藤　名前からそこまで思い浮かぶってのはすごい想像力だと思うけれど、そういうことにしよう。

寺島　たとえばブルーノート東京に行く手前に「エヴァンス」という時計屋があるのよ。知ってますか。ロレックスの専門店なんだけど、そのネーミングは秀逸だと思ったな。

後藤　確かにね。ピーターソンの時計というのよりは……。

寺島　ピーターソンというのは、いかにもアメリカ人って感じでしょ。

後藤　本当はカナダ人だけどね。

寺島　エヴァンスというと、ヨーロッパのような、古くさい香りみたいなものを感じさせる、何かサムシングがあるわけよ。ビルはクリントンもいるし、普通だけど、エヴァンスは。ずいぶん得してますよ。

後藤　それは確かに一理あるな。

寺島　それからやっぱり、『ポートレート・イン・ジャズ』に顔が……。

後藤　そうですね、写真が出てますからね。『ポートレート・イン・ジャズ』もそうだし、『サンデイ・アット・ザ・ヴィレッジ・ヴァンガード』にも出てるし。白人で眼鏡をかけてて知的な感じで。ちょっとひ弱な文学青年風。

寺島　ダンディで、かっこよくて、寡黙そうで。おれみたいにベラベラ喋らないで。女にもてる要素をものすごく持ってるんだよね、あの人は。見ただけで、それがぱっとわかるじゃない。

後藤　そうね。名前のことはさておいて、写真ね。あのジャケット写真のイメージ。あれと、彼のやる音楽がぴったり合っているのね。

寺島　そう！

後藤　それで一つの強烈なイメージを作ってしまってる。

寺島　そう、ぴったりなんだよ。

後藤　それは別にプロデューサーが意図したわけじゃないかもしれないけど、僕らははまったわけだ。

寺島　そうなんだよね。まあ結局おれたちって、ジャズのミュージシャンを語るときに、絵のことはなかなか語れないんだよね。

後藤　そういうこと言うとバカにされるから(笑)。

寺島　たとえば、エヴァンスというのはどういうピアノを弾くかとか、ノリがどうのとか、ハーモニーがどうのという話になっちゃったら、実際自分でピアノを弾かない限り、自信をもって言えないでしょう。

後藤　ジャズを聴き慣れた人なら、別にピアノが弾けなくても演奏の質の判断はつくと思うけど……。

● 楽器をやってみるかみないか

寺島　聖域に踏み込んでいくというのはなかなか難しいわけで、どうしても周辺でお茶を濁すみたいなところあるじゃない。

後藤　その件に関しては、おれはちょっと違う意見なんだけど。寺島さんは意外

ビル・エヴァンス

と、世間に与えている辛口の印象とは逆に、割合ミュージシャンに甘い。それは最近寺島さんがトロンボーンをやってらっしゃるということで、少し変わったのかもしれないけども、実際に音楽を演奏する実演家というものを妙に神聖視している、という感じがする。おれなんかは、自分はもちろんピアノは弾けませんし、ジャズを演奏できない、全くの単なるリスナーだけれども、優れたミュージシャンには、敬意は払うとはいってもその人の演奏技術みたいなこと——技術というのは譜面が読めるとか楽理を知っているということとか——に関しては、全然聖域化しない。これはたとえば文学でも同じです。自分は文学を書く能力がないけれども、読み手として、これは一流の作家だ、こいつはヘボだ、と言い切ってしまうだけの思い込みはあります。それはジャズでも同じ。まったく聴き手のサイドでいいわけです。

寺島　それは難しいや。その話になったら、最後にはケンカがあるわけで(笑)。

後藤　もういきなりそうなるの。もう少しあとにケンカしてよ(笑)。ここでケンカしたら話が先に行けないよ。

寺島　じゃあ、あまり俎上にのせない方がいいかもしれない、この話は。

後藤　だけど文学の話はさておいても、ビル・エヴァンスの話の場合、聴き手が自分なりの価値基準で判断すればいいと、僕は思いますけど。自分が演奏できるとかできないとかいうことと、それを聴いて音楽の内容を判断することは別物だと思う。

寺島　私は、リスナーサイドにはいつもコンプレックスがあると思う。隠れた形で存在するんだよね。

後藤　それは、はっきり言うけど、おれは、ない。

寺島　いやいや、一般論としても言ってるんだけれども。

後藤　そうかな、一般論でもあるのかなあ。そいつは僕にはわからない。

寺島　無意識のうちに、自分は楽器を触ったこともなければ演奏したこともないという……それは、リスナーを始めて十年や二十年ではそんなに感じないことなんです。つまりジャズという音楽の宝物を探し出して、それにのめり込んで、もうそれだけでも嬉しくなっちゃって、楽器自分でやるとかいう大それた考え方って持たないんだけれども、三十年、四十年経ってくると、おれ、このままリスナーで死んでいいのかな、という考え方が出てくるわけよ。

後藤　なるほど。

寺島　で、自分でやってみると、もう一つ、アナザー・サイド・オブ・ジャズというか、別の見え方が出てくるんですよ。僕の場合は、ジャズを聴いてきて、自分の聴き方に飽きたというところがあるのね。ジャズに飽きたんじゃなくて、自分の聴き方に。そうしたときに楽器に手を触れてみると、曲という存在が違うものになる。たとえば「オール・オブ・ミー」という曲があるけど、今までこの曲を何十年も聴いてきて、もう「あ、オール・オブ・ミーか」みたいなもんだった。ところが今度は実際自分でそれを演奏してみると、「オール・オブ・ミー」という曲が、急に、全く違う曲のように、別の光を放ち出すわけ。この落差というか、それまでとの変わり方、それが凄まじいんだよね。

後藤　それは想像つきます。しかし私の意見を言うと、僕は寺島さんよりちょっと年が若いというのもありまして、それでも三十年……もう四十年くらいジャズを聴いてきた。もしかしたらあと十年ぐらいしたら、寺島さんみたいに何か自分でも楽器をやりたいと思うのかもしれないけど、今の段階だとあまりそうは思わないんです。わからないことだから先のことはあまり断言したくないけど。ただ、反論するわけじゃないけど、今まだ、ただの聴き手としてぜんぜんジャズに飽きてない。自分でサックスでもやってみたら、それこそ「オール・オブ・ミー」でも、それに対する捉え方が変わるということはあるでしょう。ただ、これは憎まれ口覚悟で言うんだけれども、いわゆるジャズファンの中で、自分でも楽器を演奏したりする人たちの耳というのが、村井康司や藤本史昭のような一部の優秀な耳を持ったジャズ評論家が出て来て最近少しましになったとは言え、必ずしもそれほど優れているように思えない、という現象がかつてのフュージョン時代にあったわけですよ。誰というわけではないけれども。大学のジャズ研などの、明らかに僕よりも譜面も読めるし楽器もできる、その人がいいという演奏が、私の耳から聴いて、何これ？　あなた、音楽の質を判定する能力があるんですか、と言いたくなる。そういうケースが経験的にままあったわけです。つまり、なまじ楽器ができると、ほんとに些末なレベルでの演奏技術に関心が行ってしまって、音楽そのもののクオリティや表現の強度というものを聴き逃しているような人がけっこういるわけです。そこから言うと、これは自分でやったことがないから断言できないけれども、果たしてジャズという音楽を楽しんだり、理解したりするのにおいて、楽器を弾ける、譜面が読める、自分のジャズを演奏できるということが本当にポジティブなことなのか、ということに非常に疑問を感じている。

寺島　後藤さんは、楽器をやることがジャズの鑑賞にプラスになるかマイナスになるか、みたいなところへ話を持って行ってるけど、そこへ持って行く必要はないわけ。おれの場合はあくまでも、実際演奏に手を染めれば、ジャズの違う聴き方が必ずある、という単純なこと。それがわかったわけですよ。

後藤　それは僕にだって想像つきますよ。

寺島　でも、世界最高のレコードをずっと聴いてきたわけだから、音楽の蓄積的な現象として、こんなふうな演奏が自分にできるわけがない、という引っ込み思案の気持ちがない？　そういう気持ちがどんどん堆積してくるんだよね。それで遂に楽器に手を触れずに死んじゃう。

後藤　要するに、ミュージシャンはえらい、ということ？

寺島　えらいというんじゃなくて、――ジャズは音楽を聴くものなんだけど、もうちょっと掘り下げて、楽器個々の聴き方ってあるじゃない。音楽を聴くというのを、もっと掘り下げて楽器を聴くという……。

後藤　それは必ずしも音楽を掘り下げていることになるとは思わないけど、そういう現象はわかります。

寺島　おれの言い方では掘り下げなんだけどそういう世界に目を向けてみると、違う聴き方ができるわけよ。おれは自分でやったから鬼の首をとったみたいに言うわけじゃないんだけれども、それまでの自分のジャズの聴き方を、あえて言うとですよ、変えるために、あえて楽器をやってみる。そういうポジティブな感じなの。事実、変わったしね。

後藤　それは結構なことなんじゃないですか。それだったら僕もはっきり言うけど、そういう意味で言うと、私は変える必要をまったく感じないわけ。まあ、明日になったら変わるかもしれないけど。で、しつこいようだけれど、ごく一部の優れた耳を持ったリスナーを除いて、半端に楽器をいじった人の耳というのは、僕の音楽に対する評価の仕方からすると、表現の本質からずれた末梢的な技術論にばかり注意が向いてしまって偏っている感じがする。そんな場合が多かったですね、経験的に言えば。

寺島　まあ、ちょっと早まっちゃったね。早くも核心に来ちゃったというのがあるんだけど、要するに、後藤さんのジャズの聴き方というのがあって、世界があって、それを変えてみたら？　って、おれはサジェストしてるわけ。

後藤　それは有難く承っておきますよ。

心の隅に置いておく。

寺島　頭のど真ん中に置いておいてよ。

後藤　ご説ご拝聴しておきます。無視もしない。もしかしたら五年経ったら、寺島さんに言われたとおりだと思うかもしれないけれども、二〇〇〇年一二月一一日の今の時点で言うと、私は自分の聴き方を変える必要は、毛頭ありませんね。

寺島　後藤さんの場合はやっぱり……。

後藤　頑固だから。

寺島　頑固というより、インフルエンシャルな人なんですよね。

後藤　インフルエンシャルって難しいから、日本語に訳してくださいよ。

寺島　そういう人が本当に誤ったジャズの聴き方してて……。

後藤　そこに持って行かないでよ。

寺島　これからビギナーが……。

後藤　そんなに影響力なんてないですよ、私は。

寺島　いや、あるわけでね。そういう聴き方に染まっていくというのは……。

後藤　染まらないって。

寺島　おれ、耐え難いものがあるんだよね。

後藤　そんな。両方あっていいわけじゃないですか。

寺島　いやいや。両方あったって、正しい両方ならいいけど、誤った片方だったら困るんだよね(笑)。

後藤　それはおかしいわけで。おれも寺島さんの言ってること、間違ってるとは思わないですよ。それはそれでいいじゃないですか。そういう聴き方があってもいい。だけど僕はこういう聴き方。まあ、もう少しだけ言いたいことがあるんだったらおっしゃって下さい。

寺島　つまり二〇〇〇年代に入って、ジャズの、五〇年代、六〇年代、七〇年代とは違った感覚、違った聴き方というのを、ぜひ知らせたいと思うの。

後藤　それは寺島さんにお任せしましたから。

寺島　それじゃケンカにならねえじゃん。お任せしましたよ、なんて(笑)。

後藤　だって変えようがないんだから、僕は。でも、おれ、寺島さんのその意欲はすごく買うわけです。聴き方を変えよう、と。単に聴き方を変えようだけではなく、寺島さんの場合は音すら変えてしまおうと。ご自分のオーディオ装置で。普通の人ならピアノトリオだったらピアノを中心に聴くのに、シンバルを聴くドラムスを聴くという、こういう革命的な聴き方。寺島さんはレヴォリューションを起こしたわけですよ。DJと一緒だって村井康司さんが言ってたけどね。

寺島　DJと一緒って、どういうこと。

後藤　DJはアルバムの音のバランスを変えちゃうでしょう。具体的に言いますと、ピアノ、ベース、ドラムスってありますね。DJはそれを、クラブなんかで、ベースだけやたら強調して聴かせたり、ドラムスだけやたら強調して聴かせたりするわけです。寺島さん、あの本読んでたじゃない、この河出書房から出ている『ジャズの明日へ』。そこで村井康司さんが、寺島さんは現代のDJだって書いてたじゃない。

寺島　そこまで読まなかった。

後藤　だめですよ、自分のこと書かれてるのを読まないと。

寺島　ふーん。おれの聴き方が口惜しくてヤキモチ焼いているな。

後藤　いや、それは直接村井康司に言って下さい（笑）。要約しますと、自分の聴き方を変える、それだけじゃなくて、CDの音そのものも変えてしまうという過激な発想は、まさに現代の聴き方なわけよね。だから寺島さんが今ウケるというのはわかりますよ。今の時代の自己中心的な心情にものすごくフィットしてるから。

寺島　へーえ、そうなの。

●「マイ・フーリッシュ……」のテンポ

寺島　エヴァンスに戻りましょう。「絵のことはなかなか語れない」から、今の話に入ってきたんだけど。雰囲気とか、額縁とかに戻すと。

寺島　額縁ですね。つまりエヴァンスというのは、音楽的にはすごく高度な深いことをやっていながら、それと気づかせないというスキルを……スキルという言いかたは間違ってるな、彼はスキルとして出しているのではなく、本質として出しているわけだから。

後藤　いやあ、寺島さんいいこと言うね。その通りだよ。

寺島　そういう意味でエヴァンスは大したものだよね。だから本当はおれにもわからない難しいことやっているんだけども、難しいことを難しいと、ビギナーにも感じさせない。

後藤　それはある意味で、本当のスキルと言っていいかもしれない。いかにも私は技術があるんですよ、という形ではなくて。入門者が聴くと「マイ・フーリッシュ・ハート」は本当に「ああ、いい！」と思う。美しいメロディじゃないですか。すうっと身体に入ってきますよね。それはそれでいいわけです。だけど我々みたいに、十年二十年聴いて、改めてあれはものすごいと、万感の思いにとらわれる。凝縮された表現力が、あのピアノの音に際立っていると思うんです。そこですよ。聴く人が聴けば、これはとんでもない技だってわかる。だから奥が深い。しかし全くの入門者が聴いても、あざといスキルを感じさせないで、音の楽しさとしてすっとそのよさを共有できる。これはやはり一流ってことじゃないかな。二流はどっちかに行っちゃうんだよね。スキルだけが妙に浮いちゃったり、気持ちだけで先走っちゃったりね。これは「マイ・フーリッシュ・ハート」だけの現象とは思ってなくて、今、象徴的な意味で言ったんだけどね。

寺島　だからこそレコード屋さん、あるいは評論家が最初に薦めるものだと思う。だけど、あのピアノの切れのよさというのは、あの曲、あの盤に特有のものなんだ。そういう意味で他の盤を聴いてみると、とにかく音色はくぐもってるし、透明度は低いし、それから曲の崩しもエヴァンス流に……。

後藤　難しい。

『ポートレート・イン・ジャズ』（ビクター）

寺島　うん、曲を隠すというか、難しいよね。

後藤　たとえば、何だったかな、『ポートレート・イン・ジャズ』の「枯葉」なんか、めちゃくちゃ名演だけども、ちょっと聴くと「枯葉」なのかどうか、入門者にはわからないかもしれない。「枯葉」ならまだいい方。

寺島　まだいい方だ。たとえば『エクスプロレーションズ』の「ハウ・ディープ・イズ・ジ・オーシャン」とかね。

後藤　言われないとわかんないよね。演奏はいいんだけど、何の曲かと言われても、我々でもぼーっとしてるとわかんない。

寺島　入門者にとっては、そういうところってある種デメリットなんですよ。やっぱりスタンダードから入ってくる人多いから。

後藤　というか、やっぱり普通の人は音楽というと、まずメロディとして捉えるわけでしょ。スタンダードじゃなくても、聴いたことのない曲であっても、メロディラインを聴いていくわけでしょ。何であれそれが割合きちんと提示されていれば、安心しますよね。パーカーみたいなのは、よっぽど年季入らないとよくわからないかもしれないし。そういう意味で「ワルツ・フォー・デビー」はメロディのわかりやすいステージであって、初めて聴く人にとってはいい曲じゃないですか。

寺島　それから、「マイ・フーリッシュ・ハート」に話を固定すれば、テクニックだけじゃなくて、あのテンポね。

後藤　テンポも言えてるね。早すぎず遅すぎずというところかな。

寺島　テンポってすごく大事な要素。曲がやさしいときに、テンポによって緊張感って出たり出なかったりする。

後藤　それはあるね。早けりゃいいってもんじゃないしね。

寺島　そういうテンポがテンションを動かしていくわけで。

後藤　別の言い方をすれば、そのテンポを選べる能力が彼らの才能なわけですね。

寺島　そうです、そうです。

後藤　ビル・エヴァンス、ポール・モチアン、スコット・ラファロ……。

寺島　そうそう。そういう意味ではマイルスなんて、同じ曲をやるにしても、テンポを遅くしたり早くしたり。この前は遅くしたから今度は早くしようなんて、そんなテンポの捉え方だよね。

後藤　それは、マイルスは実験してるんだと思うよ。

寺島　それこそミュージシャンを尊敬してしまっている。そこまで深く読んでないと思う、ミュージシャンてのは。単に、この前遅かったから今度は早くしてみようとか……。ミュージシャンってそういうものなんだよね。なにしろジャズのミュージシャンというのは物を考えるのが面倒くさくてジャズメンになったのだから。

後藤　それはそうかもしれない。だけどマイルスの場合には、考えてやっているんじゃないかと思わせるところがある。

寺島　テンポというものは、楽曲というものに関連した言い方なんだよね。マイルスなんかは楽曲と思ってないから、演奏するときに。演奏の材料だと思ってるから。だからテンポなんて自在に変えちゃうんですよ。エヴァンスは「マイ・フーリッシュ・ハート」という曲をものすごく大事にしてますよ、あの演奏において。これは想像だけどね。「マイ・フーリッシュ・ハート」という曲を非常に尊敬して、ああいう演奏をしてるから、その力の込め方が、我々リスナーにとって感動的に聴こえてくる。「マイ・フーリッシュ・ハート」はエヴァンスの演奏の中でも特異だよね。

後藤　そうね。その辺はちょっと言っておいた方がいいと思うんだけど、入門者がそこから入るということに異存はないんです。あれはやはり名演だし、定番だと思う。けれども実はエヴァンスって、

『エクスプロレーションズ』（ビクター）

決してああいうふうに耽美的でメロディアスで美しいだけでなくて、結構暴力的なところもあるんだよね。がっつんがっつん弾いちゃう。たとえば今話が出た『ポートレート・イン・ジャズ』の「枯葉」なんて、かなりアグレッシヴで、テンポの設定だってけっこう早い。いわゆる普通の人がシャンソンの「枯葉」に抱いている、ゆったりとした抒情的な演奏ではなくて、急き込むように、叩き込むようにして弾いている。しかもフレーズもかなり先鋭的だし、即興性が強いですよね。そういう演奏、結構実は多いんですよね、エヴァンスというのは。

寺島　でも基本的には、「マイ・フーリッシュ・ハート」に代表されるような、沈み込んだような、自分の心の中に自分自身入り込んで行くような、ピアノにこう額をすりつけるようにして……「祈り弾き」っておれ言ってるんだけど、ああいうのが彼の本質だと考えて正しいんじゃないかと思う。アグレッシヴな演奏もすることはするけれども。そう受け取った方が、エヴァンスはわかりやすい。

後藤　入門者はそれでいいと思う。入門者はそこからしかわかりようがないからね。だからそれはそれで、いいも悪いもないと思うけれども。どっちが本質、というのは難しいけれど、実際に彼の演奏を聴いてみると、半々ぐらいでアグレッシヴ……、芯が強く強靭で、決してやわな柳腰でないような感じだね。単に情緒てんめんとしたタイプのジャズメンではない。その両方があるから、僕はやっぱりエヴァンスってすごいと思う。どっちか一つだとあまり……。

●ライヴより自己的なエヴァンス？

寺島　でもどっちか一つのジャズメンって、あんまりいないわけでさ。
　エヴァンスの公演は見たことある？

後藤　僕はないです。

寺島　僕は一九七四年に、東京のコンサートを見に行ってるんだけど。

後藤　そう。どうだったですか。

寺島　そのときおれは、居眠りしちゃったね。

後藤　へえ。

寺島　やっぱりマーティー・モレルと

……。

後藤　エディ・ゴメスですか。

寺島　その辺かもしれないな。とにかくエヴァンスって、すごく自己的なんだな。

後藤　ナルシシズム？

寺島　ナルシシズムというとすごくいい方向の捉え方だけど。

後藤　自閉的？

寺島　いや、自己的ですよ。悪い方の。自分一人で自分一人のために演奏してて、聴衆のことは考えないというような。

後藤　なるほどな。でもそれはあるんじゃない、あの人の音楽の一面には。だってさっきから誉めてる「マイ・フーリッシュ・ハート」だって、あれはものすごく名演だけど、聴きようによっては、寺島さんの言うところの自己的かもしれないよ。

寺島　あれは作品になっているから名演なんであって、実際ライヴで名演かどうかはまた別なんだよね。何が言いたいかというと、あの人はCDとかLPとか、要するにレコードの人なんだよ。ライヴの人じゃないの。一回の体験でこういうことというの危険だけど。

後藤　そうかなあ……。

寺島　だって『ヴィレッジ・ヴァンガード』だって聴いてる人はいないでしょう。皆酒飲んでるでしょう。

後藤　それは聴いてるやつの耳が悪いんじゃないの？　ライヴ行ってないからわかんないけど。

寺島　エヴァンスは、聴衆のことなんか気にしてないんですよ。

後藤　その点に関しては同感。少なくとも、あのアルバムを聴いた上で判断する限り、ビル・エヴァンスが、たとえばオスカー・ピーターソンのように聴衆の反応を意識して演奏しているようには聴こえない。

寺島　そうです、そうです。ピーターソンは聴衆の顔色を見ながら、利己的じゃなく、聴衆のために演奏してますよ。その違いはある。

後藤　全く僕はそれに同感だな。一番最初の話に戻るけれども、それがオスカー・ピーターソンとビル・エヴァンスの違いだよね。最も象徴的な違いで、だからこそいわゆる本当の入門者の場合はピーターソンの方が聴きやすいわけで、エヴァンスは結構きついんじゃないか。

寺島　レベルの高低は別にして、ビル・エヴァンスはピーターソンと比べて自己中心的な演奏だから悪いと、マイナス方向の意味で言ったわけ。たとえば金払って、八千円払ってブルーノートに行くとき、どっちを見に行きたいかというと、今のおれはピーターソンの方を見に行きたいわけ。というのはこの前、エヴァンス系の利己的なやつを見に行ったのよ。

後藤　ブラッド・メルドー。

寺島　そう、ブラッド・メルドー見に行ったわけよ。エヴァンス派だか知らないけど、まさしくあれはエヴァンスのそういうところを引き継いで、聴衆のことを一顧だにせずに、自己沈潜型で弾いてるでしょ。

後藤　おれいつも思うんだけど、現状認識に関しては、寺島さんと僕と、まあこう言っちゃおこがましいけど、お互い長年商売で聴いてるんだから、ずれっこないのよ。ただ、それに対する判断が違うんだな。ブラッド・メルドーの演奏見てると、確かに寺島さんのおっしゃるようにナルシシスティックで自己的ですよ。

ただ、おれはその演奏の中に、個性的で優れた部分を見出したわけ。おれだってもちろんピーターソンも好きですよ。この前ピーターソンがブルーノート東京でやったけど、ピアノのタッチ一つとっても凡百のピアニストが束になってもかなわない音出しててやっぱりすごいですよ。だからそういうの、両方あっていいと思うよ。どっちだからいい、どっちだから悪いと言われると困るんだよね。入門者にはピーターソンのようなタイプの方がわかりやすい、ということなんだろうけど。

寺島　なんかあんた、五十すぎてから、ものわかりのよい好々爺みたいになっちゃって、手応えが以前ほど感じられないんだけど(苦笑)。もうちょっとさ、少なくともやっぱり……。

　こういう言い方したらどうかな。まあおれとスタンスの違いなんだけど、後藤さんって、ジャズの研究家なんだよな。おれはジャズの楽しみの享受者なんだよ。

後藤　おれは別に、後藤雅洋像というのが世間でどうなってるのか関心ないし、研究者だと思う人がいたらいたで、それは結構です。そんなことどうだっていいんだ。でも仮に研究するにしても、根底に、その対象とするもの＝ジャズを楽しいとか面白いとか好きだとか、そういうものがなかったら、ばかばかしくてやってられないでしょ、そんなこと。

寺島　それはなに、自己弁護か？

後藤　弁護する必要はないでしょ。研究者だと言ったって、別に悪いことしているわけじゃないんだから。

寺島　おれは要するに一所懸命ケンカを売っているわけだけど、今の言い方というのは、研究者と言われるのが、若干自分としては辛いみたいなニュアンスを含んでたな。

後藤　別に辛くはないけどね。確かに研究してるところはありますよね、ジャズってどういうものか。私は、ジャズを楽しむ、音楽を楽しむ、それ自体はもちろん快楽だ。しかしそれと同時に、何かわけのわからないもの、自分を感動させてしまうものについて、これってどうなっているんだろうと探求することも、それと同じように面白がるタイプの人間なんです。

寺島　ああ、なるほど、そういう言い方はわかりやすいし、納得できるな。

後藤　だから研究者だと言われても、それはネガティブな評価だと思わない。それは実際そういうところあるから。でも、研究する対象ね。好きでもないもの研究しないよ。当たり前だけどね。ジャズが好きだし、面白いと思うし、ジャズを聴いている時は単に快楽的に享受してます。しかし、私の性格が、そういうものがなんで私を楽しませるのか、それ自体もまた同じぐらい面白くなっちゃう。

寺島　大変だよな、そういうことって。

後藤　そうかな。おれはむしろそうでない人より楽しみが一つ多いと思っているんだけど。

●ジャズ入門！

寺島　ジャズって何だろうとか、むずかしいジャズの教えみたいなものがあるじゃないですか。ジャズをこう歴史的、観念的に聴け、みたいな。そういうものを後生大事に守ってきて、そこから抜け出たときに、初めて自分の聴き方の楽しみが見出せる。そのタガが外れたときに、ジャズの楽しみが一層大きくなったのね。

後藤　寺島さんが言わんとしていることはわかるけど、単なるジャズ論議を「教え」というのは大袈裟なんじゃないの。

寺島　教えというのを具体的に言うと、たとえば四〇年代にビ・バップがあって、五〇年代にハード・バップが来て、六〇年代にナントカが来て、みたいな「お勉強」だね。そういう聴き方があったでしょう。いつもジャズファンの目の前にぶら下がってたでしょう。

後藤　そういうものをどう捉えても自由だけど、そんな難しいことじゃないんだから、知ってたっていいじゃないか、ぐらいなもんで。

寺島　まあ、そういう意味ではね。そうなんだよ。評論家とか、我々の先輩が、その程度のものとして提示してくれればよかったんだけれども、これがジャズの聴き方の本質だっていうニュアンスが、やっぱりあったよね。厳然として。

後藤　まあ、ちょっと難しいものだと思われてるところはあるよね。

寺島　そうなんだよ。難しい音楽を、余計に難しくしちゃったようなところがあるじゃない。そうすると、これは最初の話に戻って行くと思う。これからどうしていけばいいのか、というね。

後藤　結局、ビギナーにどういうふうにジャズを提示するかって、とても難しい問題だと思うんだよね。たとえばの話、どういうものを聴かせれば、とりあえずそれを受け止めてくれるか、というのはそれほど難しくないですよ。そういうものは、僕らは長くジャズを聴いているわけだから、提供することはできる。だけどそれは、本当に入口なんだよね。その入口からどうやってもう少し中に引き込むか、というところが難しいわけ。入口に、言い方は悪いけど撒き餌をする、これはわりあい簡単なんだよ。だけどその、撒き餌に食いついたジャズファンを、魚釣りではないけれどそろそろそろーっと引っ張り上げる、食いついたものをうまく引き寄せる技術、それが難しいんだ。それが僕はなかなかうまくいかないね。

もう少し今の話の流れに即したところで説明すると、ビル・エヴァンスの『ワルツ・フォー・デビー』はいいんだけれども、そこでエヴァンスに興味を持ってくれたお客さんを、どういうふうにして、たとえば『ポートレート・イン・ジャズ』の「枯葉」の面白さ、そこまで引っ張って行くかが難しい。

寺島　難しいというなら、ビル・エヴァンスの「マイ・フーリッシュ・ハート」そのものに食いつかせるのがもっと難しいと思う。「マイ・フーリッシュ・ハート」の、あの緊張感とか間とか、メロディアスみたいなものがわかったら、あとはもう簡単だと思うのね。

後藤　そうなんですか？　ちょっと聞くけど、今寺島さんは「マイ・フーリッシュ・ハート」に食いついたらもう大丈夫って。でも、そういう言い方するってことは、もっと手前があるっていうこと？逆に言えば、寺島さんの発想だと、「マイ・フーリッシュ・ハート」「ワルツ・フォー・デビー」に食いつきゃ、もう勝ちだ、と。

寺島　いや、そういうことじゃない。「マイ・フーリッシュ・ハート」が一番手前だということで、我々は今話しているわけだから。

後藤　じゃあ、その手前に食いつきゃ、あとはずうっと大丈夫っていうこと？

寺島　いや「マイ・フーリッシュ・ハート」まで行くのがもう大変ってこと。あれを一番最初の前提として設定しての話で、そこまで行くこと自体が大変なんだよ。つまりジャズっていう音楽、私たちにも聴けるのかしら、というそういう「こわさ」をいかに取り去るか。

後藤　普通の、ジャズのジャの字も知らない人の話だよね。

寺島　そうそう。

後藤　ジャズを聴かすということが大変だということ？

寺島　馴染ませ方が大変なんだよね。つまり我々は、ある程度の歳までいって、もうそろそろいろんな意味で、ジャズファンを育てていかなきゃいけないような立場になっちゃったわけですよ。そうしてみると、ジャズという入口で足踏みしていて、どういう行程で行こうかと迷っている人を、これだけ素晴らしいジャズという音楽にどうやって取り込んだらいいか、というところにいると思うんだよね。そういうときに一番僕が気をつけたいのは、ジャズは難しいもんだという言い方をしたとき、彼らは一体どういう反応を示すか、ということ。

後藤　それは、ごく単純に戦略として言えば、ジャズは全然難しくありません、と言ったほうがいいに決まってるじゃない。

寺島　いや、そうでもないな。

後藤　どっちなんだ(笑)。

寺島　だって彼らは、ジャズを難しいものと思い込んで来てるわけだから。

後藤　じゃあその戦略を聞かせてよ。おれはその辺がわからないから、いつも考えちゃうんだよ。言い方は悪いかもしれないけどダマしてやさしいと言ったらいいのか、本音で難しいと言ったらいいのか。

●意外にゴタクを聞きたがるんだ

寺島　この前たまたま、日野市の中央公民館から、ジャズの講座をやってもらえないかという話があった。全四回、一回二時間、日野市民にジャズの楽しさを伝えてもらいたいと。僕は、よろこんでお引き受けしますと。そのときの体験だけど、やっぱりまず、ゴタク並べるより曲を聴かせちゃったほうが早い。
後藤　うん、そりゃそうだ。わかるわかる。そのとき、何聴かせました？
寺島　ゴタクは……。
後藤　それはいいけど、何を聞かせました？
寺島　これから言うけど、ゴタクが多いの(笑)。ジャズにまつわる、いろんな。
後藤　ゴタクってどういうこと？　歴史とかそういうこと？
寺島　全部含めて。だから、ゴタク抜き。いきなりミュージック。これ、最良の方法ですよ。
後藤　それはわかる。正解なのよ、そのやり方が。で、何を聴かせたの？
寺島　ズート・シムズの〝パブロ盤〟。一曲目に「ブラームス・アイ・シンク」という曲が入ってるの。これは、ブラームスの子守唄なんだよね。それを「ブラームス・アイ・シンク」と曲名を変えて。
後藤　じゃあもともとブラームスの曲なんだ。
寺島　ブラームスの子守唄なの。それをソプラノサックスで、スウィンギーに、あのメロディを吹くんだよね。
後藤　ああ、わかったわかった、ソプラノのあれか。
寺島　そうすると皆、これがジャズですか、という感じなのよ。つまり皆その原型のメロディを知ってるわけですよ。♪ラリラリーラ、ラリラリーラ、ラーラララララー、というやつね。そうすると、一発でわかるんだよね。つまり、あのクラシックの曲が、こんなふうに形を変えて、と。
後藤　いい教え方じゃないですか。
寺島　つまりやっぱりメロディから行くしかないの。クラシックのあのメロディが、ジャズでやるとこういう形になるんですよ、と言いたいのね。
後藤　それは大正解だ。すごくわかりやすいんじゃない？
寺島　だからまず、また言いますけど、ゴタク、これを取り払う。
後藤　それはごもっともなんだけど、僕も実際カルチャーセンターでやってるわけですよ。一クール四回、一回二時間でやってるんです。僕はいろいろアンケートをとるの。お客は何を望んでいるか。そうすると、これも意外なんだけど、結構ゴタク聞きたがるんだよ。
寺島　そうなんだよ。そう。おれもその事実知ってるの。一部の人たちにそれがある。
後藤　歴史を教えてくださいって言うのよ。
寺島　つまりジャズという音楽を、一つの知的アクセサリーにしたいんだよね。そういうのがその人たちの中にあるんです。それから、せっかくお金を払うんだったら、教養的なものを身につけたいみたいな、何かさもしい気持ちもあるのよ。

後藤　さもしいってこともないけど(笑)、お客さんだからそういうことは言えないけど、わかるよ、それはある。

寺島　おれだって、好きでやってるわけでしょう。そうすると、やめてく人がいるわけだ。

後藤　やっぱりいる？　いやだよね、そういう時の気持ち。おれも知りたいんだ、やめた理由を聞いてみたいよ。

寺島　結論から言うと、うちのクラブに来てやめてく客が、おたくに行けばいいんだよ。

後藤　とんでもないこと言うな、もう(笑)。で、こっちでやめたのが、そっちに行けばいいって言うんでしょ。

寺島　そうなんだよ。つまりおれのやり方は、ゴタク抜きね。楽しく聴きましょう。

後藤　それはいいと思う。

寺島　いいんだけど、すべての人じゃないけどやめてく人にはダメなんだ。ゴタクがないから。

後藤　うーん、あり得る。

寺島　そういう経験して、わかったんだな。ジャズとは何かという、教養主義的な部分を身につけたいというのはあるんだ。一応そういうのが背景にないと不安なのかな。

後藤　おれが一所懸命、聴いてくれって言っても、メモ取ってるやつもいる。ノートとるのやめろとは言えないから、音楽聴いてるときはやめろと。だから、両方でいいじゃない。楽しみ路線が寺島さんで、少しは教養的なことを言う後藤路線で、役割分担。

寺島　教養的なこと言うのって、恥ずかしいですね。

後藤　その気持ちもわかるよ。だけど、その恥ずかしいこともあえて引き受ける役割意識が必要なんだよ。おれだってそんな、えらそうにカルチャーセンターの先生やってる自分を、たいしたもんだなんて思ってないですよ。だけど我々は、その役割を今強いられているのよ。

寺島　普通はやれないよ、センセイづらするのが恥ずかしくて。でもいろんな人たちと接すると面白いからね。

後藤　だけどけっこう疲れるよね。おれ、どの辺のレベルに合わせて話せばいいのか気疲れして。

寺島　おれは全然、気使わない。うちはとにかく、いきなりビール とか飲みながらやってる。

後藤　いいねえ。それはすごくいいことだと思うよ。

寺島　そうすると本音が出てくる。で、皆に訊くの。どうだった、って。

後藤　素晴らしい。ちょっとその辺の話してよ。どんな答えが来るの。

寺島　面白いですよ。さっきの「ブラームス・アイ・シンク」をかけると、「クラシックの名曲が、こんな形でこんな音で出てくるんだったら、私はやっぱり、

ズート・シムズ『Sombody Loves Me』

ジャズはクラシックに劣ると思います」とか、そういう発言が出てくる。ものすごく面白い！

後藤　それは面白い。ジャズファンからは絶対聞けない意見だね。

寺島　そう。だから、あなたはそうおっしゃるけど、ジャズは本当はこういう下品な音楽なんですよ、って言うわけよ。すごくいいよ。おれは、そういうふうに持っていくように努力してるの。

後藤　えらい、えらい。えらいなんて言っちゃ失礼だけど。

寺島　そうすると自分が楽しいし楽だから。とにかくやるんだったら楽しみたい。

後藤　ずるいな（笑）。

寺島　一九二〇年にニューオリンズにアフリカからの黒人が移ってきて、それでシカゴに移って、なんて、そんな子引きマゴ引き恥ずかしくて言えないですよ。汗出ちゃうよ。

●「巨人」？　なにポストモダン？

――各時期にトップに立ったとされる存在がいるでしょう。パーカー、パウエル、マイルス、ロリンズといったような並びで、教養主義的には。そういう意味では、エヴァンスは、トップに立ったという感じと違うと思うんですが。

寺島　ジャズファンの間ではエヴァンスはトップになれなかったんだけど、ジャズでない、普通の音楽の世界で逆にトップになったんじゃないですか。

後藤　確かに、いわゆる普通のジャズファンのイメージの中では、バド・パウエル、セロニアス・モンクはジャズ・ジャイアンツ。だけどビル・エヴァンスはジャズ・ジャイアンツじゃない。そういう印象はあると思うのね。その辺、僕面白いと思うんだけど。あの時代、ビル・エヴァンスが日本で紹介された一九六〇年代は、モンク、パウエルといういわゆるジャズ・ジャイアンツが、事実モンクはもちろん生きてたし、パウエルも六四年まで生きてたわけ。だから、ジャズ・ジャイアンツというのが「今、すごい人」だった。だけど、そういう人たちに比べると、もう少しエヴァンスは親しみやすいというか、まだそこまで行っていないというか、新人扱いだった。

寺島　そういうのもあるけど、ジャイアンツなんて、恥ずかしいんだよね。いわゆる一つのアートの中で、巨人なんていう言い方、鳥肌が立つほど恥ずかしい。モンク、パウエルをジャイアントなんて言って、一つの像を作っちゃって、そしてそういう形でジャズが言い伝えられて来て、これでいいのかなというときにエヴァンスが出てきた。もうジャイアントという言い方、やめにしたいのね。エヴァンスをその中に取り込みたくないし。

後藤　うーん、だけど、なんで巨人というのが恥ずかしいの。

寺島　短絡なのよ。それから言葉そのものが恥ずかしいよね。

後藤　そんなこと言ったって、仕方ないじゃない。『ジャズ・ジャイアント』っていうアルバムもあるじゃない、バド・パウエルに。

寺島　巨人というのはジャズファンの間だけの符丁みたいなもので、それだけで満足しちゃうようなところあるでしょう。

後藤　そんなこと言えば、文学だって美術だってクラシック音楽だって、言い方は知らないけど、それに類する言い方はあるんじゃないでしょうか。文豪とか巨匠とか。

寺島　それも同じで恥ずかしい。

後藤　要するに教養主義は全部恥ずかしい。

寺島　うん、そうそう。

後藤　でもおれに言わせれば、それも裏返しの衒いなんだよね。

寺島　よくわからないけどさ。

後藤　だって、簡単な話じゃない。ジャズにしろクラシックにしろ、日本にとっては輸入文化なわけよ。こんなもんどういったって、恥ずかしいに決まってるんだよ。それをどう自分に移入するかというところで、わかりやすくビッグ・ネームをピックアップして、それにヴァーチユオーソって言ってみたり巨人といってみたりする。それは単なる言葉の問題で、それを恥ずかしいというのは……。まあ、それなりに僕は寺島さんの気持ちを尊重するけれど。

寺島　だからその商業主義みたいなものに……。

後藤　商業主義っていうより、単なる啓蒙主義。

寺島　いや、おれが言っているのは啓蒙主義じゃなくて、市場性みたいなものがもっと絡んできてると思うな。つまりレコードメーカーサイドとか、売る方側の言い方というか。巨人といえば泣く子も黙るみたいな。

後藤　両方あるでしょう。こういう言い方ができると思うんだ。現代の商業主義は本当に身も蓋もない商業主義だけれども、一九五〇年代とか六〇年代とかというのは、ジャズファンの啓蒙ということと商売ということが、実はリンクしているんだけど、やってる方はそんなに金もうけのためにやっているという意識がなかった、ということがある。それにプラグマチックなことを言ってしまえば限られた予算と時間でジャズに接しようとしている入門者にジャズを紹介するに当っていわゆる「ジャズ・ジャイアント」からというのはそれなりの合理性があったと思う。

寺島　五〇年代も六〇年代も、現代も形は変わらないと思う。だって今も澤野工房みたいに、昔のブルーノートみたいなクオリティの高い形でジャズを売ってるところもあるんだし、人間の気持ちって年代で変わらないと思う。

後藤　ふうん。澤野工房に関しては特に志が高いというように考えたことはなかったけれど……。要するに澤野さんという人は自分の好きなことをやってるだけで、もちろん志が低いとは思わないけど、特に高いとも思わない。志がどうこうというより、好きなことを一所懸命やって、それがたまたま売れて結構ですね、ってそれだけでさ。

寺島　澤野さんは五〇年代のブルーノート、プレステージと同じ志の高さなんだね。

後藤　話を元に戻すと、啓蒙主義的な言い方が恥ずかしいというのは、よくわかりますよ。それは寺島さんの自意識だからおれはどうこう言わない。だけれども、知らない人に何か教えるというのは、しょせんどうやったって啓蒙には違いないんだよ。どういう言葉をつかおうと。

寺島　啓蒙っての頭(ず)の高い言葉だよ。

後藤　じゃあ、紹介だっていいじゃないですか。

寺島　紹介はいいな。

後藤　じゃあ寺島さん、こういうことにしましょう。何か全然わけのわからないジャンルがあるとする。それを人に紹介するとき、どうやって紹介するか。わかりやすいくくりでもって紹介した方が楽でしょ。それをたまたま巨人といっているだけの話で、大した問題じゃないんだよ。

寺島　あのね、巨人という言い方が恥ずかしい、ということに気づかない感性が、ジャズファンとして、いや、人間として、恥ずかしい。

後藤　わかった、じゃあ、提案してよ。寺島さんはどういう言い方がいいの。

寺島　それは簡単よ。使わなきゃいいの、そういう言葉を。それは名盤とか名演という言い方にも関係してくる。同じ言い方なんだ。わかりやすいんだよね、すごく。

後藤　じゃあ、どうするんですか?

寺島　おれ自体としては、そういう言い方をなるべく使わない。

後藤　おれ寺島さんのそういう考え方、よーくわかるんだな。すごく今様なんだ。八〇年代以降的な、ポストモダン的な考え方なんだよ。物事を全部平面にならして、優劣の格差をつけない。全部網羅的にやる。決して悪い意味で言ってるんじゃないけど、ものすごくポストモダン的。

寺島　おれはポストモダンだなんて意識もないし、平面化なんて一切考えないで言ってるんだけどね。そういう分析的な考え方は、おれにとっちゃどうでもいいの。

後藤　でも世間の人は、寺島さんの書いたものをポストモダンだと思ってると思うよ。

寺島　そんなふうに思って読んでる人なんかいないよ。そんなの、あなたとあなたの一派だけだよ。大体そういうこと考える人は、おれの本読まないよ。

後藤　うーん、そうかもしれないね(笑)。

寺島　そういうことです!　おれの本読む人は平民の人たちだから。

後藤　それがいいとか悪いとかじゃなくて、物事の評価の価値基準の上下をつけたくない、という感じね。

寺島　そう。たとえば文章書くときに、「素晴らしい」と書いちゃったら終わりだよね。

後藤　じゃあ何て書くの。

寺島　そういう形容詞を使わないようにして、他の言葉で言い換えようとするじゃない。

後藤　それは僕だってそうだよ。

寺島　それと同じなんだよ。名演、名盤って言っちゃったら、それでもう考える過程をはぶいちゃっているわけ。

後藤　何かを説明するときに、イージーな符丁としての巨人、という発想を否定する感覚ね。それはおれもよくわかる。しかし、人に何か紹介するときに、すべて網羅的にベタに紹介すると、紹介される方はわけがわからなくなっちゃう。

寺島　その中間もあるし(笑)。すべて平面じゃなくて、少し起伏をつけてってのもあるよ。まあ名演ぐらいはしょうがないにしても、巨人とかジャイアンツとかいうのはもうやめようよ。野球だけでいいよ。

後藤　だから、それはいいんだよ。否定のことを言っていないで、その代わり、そのくくりに相当するような人たちを、あなたは何て言うの?

寺島　あえて名前をつけて呼ばなくても

いいじゃないか。

後藤　……それはそれでいいんだけどさ。

寺島　確かにそうだよなあ。五〇年代、六〇年代は皆巨人とか巨匠って呼ばれるんだけど、それ以降九〇年代に至るまで呼ばれてないよね。

後藤　それに相当する人、出てないから。

寺島　あっ、いけない。墓穴掘っちゃった。そうではなくてあまりにもその頃に巨人名称を大量に使っちゃったから、それ以降の人たちはもういいというのがあるんじゃないかな。あきちゃった、と。

後藤　いや、僕の言ってることと寺島さんの言ってることのどっちが正しいか読む人が判断すればいいんだけど、僕の考えでは、巨人という言い方がお気に召さないとしたら、代わりに言い換えるとして「ジャズの歴史において非常に優れている人」、長いけどそういう言い方をする。そういう人が、五〇年代、六〇年代はいた。しかし七〇年代以降いなくなってる。僕はそういう現状認識だけどな。

寺島　きたな。でも、三十年たったらわからないですよ。

後藤　でも、それを今言ったってしょうがないじゃない。

寺島　物事はすべて後世の判断が正しいと思うのね。ミュージシャンの問題だって、三十年経たなきゃ評価はわからないことなんだから。

後藤　でも、人間ものを言う時は、どんな場合でも、今、この場での判断しか言いようがないじゃない。

寺島　将来において変わるかもしれない。

後藤　そんなの当たり前じゃない、どんなことだって。

寺島　三十年後に、八〇年代、九〇年代のミュージシャンを、五〇年代、六〇年代のミュージシャンと比べたときに、僕は同列に並ぶと思ってるの。

後藤　多分そうなんだろうね、寺島さんは。まさしくそういう価値判断をなしくずし的にするものの見方を、私は、ポストモダン的だと言うわけ。

寺島　おれはそんなのどっちだっていいんだけど、一つだけ言えることは、さっきも言ったけど一九五〇年代のジャズミュージシャンは、あまりにも、二〇〇〇年の現在までの五十年間、巨人だジャイアントだって言われすぎた。で、その言葉がジャズファンの頭の中にインプットされて、増幅、拡大されて、巨人が超巨人になった、という傾向がある。その反動として、今の若いミュージシャンたちが非常に損しているというか。巨人がいて、その人たちとの比較対照の上で、これからどうなっていくのかわからない若い人たちが、非常に矮小化されて見られているというか、本質を捉えられていないというか、そういう傾向はありますね。

後藤　そういう意味でも、巨人という言い方は嫌なんだな。

後藤　いいんじゃないんですか、寺島さんのお考えですから。僕の持論を言わせてもらえば、今のミュージシャンで、百年経ったって、たとえばエヴァンスに勝てる人なんていないですよ。せいぜいキースぐらいだな。でも完全に格差があると思う。それが寺島さんには見えていない。おれは見えている。

寺島　どういうところから、勝てない、という非常に強い判断になるの。

後藤　勝てないというのは良い言い方じゃないかもしれないけど、演奏の質あるいは表現の強度、別の言いかたをすれば固有の存在感が今の若手には希薄だということですよ。

寺島　それはどこでわかるの。

後藤　わかる人にはわかるし、わからない人にはわからないですよ。

寺島　あなたはわかるんだ。

後藤　そうでなきゃジャズ喫茶のオヤジなんて訳の分んないこと三十年もやってらんないよ。

寺島　演奏の質ってのは、一般的な認知もそりゃあるけど、受け取る人によって違うんだよね。その人の体調、趣向もあるしね。教条的な演奏至上主義というのも、おれの言ってる巨人というのと同じことなんだよ。

後藤　そういう発想がすでに価値判断を宙吊りにしてすべてを同列視しようとする意味でポストモダン的なんだよね。

寺島　ああ、それならポストモダンに賛成だ。

後藤　音楽を聴いて個人的に楽しむ分にはそれでも良いかもしれないけれど、ジャズを人に紹介するにあたっては演奏の質を弾く人によって違うでかたづけてしまっちゃどうしようもないんじゃないかな、ジャズについて語る意味がなくなっちゃう。そもそも価値についての判断を放棄すれば文化やアートの意味は崩壊してしまうんじゃないの。

寺島　音楽を語る意味なんて大したもんじゃない。

後藤　だったら、寺島さんがジャズについての本を書くのは矛盾しているんじゃない？

寺島　おれが語るというのは、あくまで自分というものを全面に出して、おれはこういうふうに感じる、という提示なわけだ。それがおれの語りなんだね。

後藤　ジャズの語りじゃなくて。

寺島　そう。ジャズのことはあまり語りたくないの。自分のことを語りたいんだよ。自分のことを言う中にジャズが幾分かある。それがおれは自分の書き方だと信じて疑わない。

後藤　私は、ジャズに絡めて自分のことなんか語りたくない。ジャズについて語るとしたら、ジャズについて語りたい。そう言いつつ自分のことも語ってはいますけどね。いるけれども、自分のことを語るんだったら、関係ないところに行って語りたいとは常日頃思っております。

寺島　関係ないところで自分のこと語るのって、すごく難しいんだよね。

後藤　だから語らないわけですよ。

寺島　ジャズが外れた自分のことなんて、本当は誰も読みたくないかもしれないね。

エヴァンス派とフレーズ

――エヴァンスの話に戻りましょう。

寺島　これはさっき後藤ちゃんの言ったことなんだけど、ジャズミュージシャンの中には、国会の中のお祭りのように、結構流派があるんですよ。その流派も勉強の対象みたいになっちゃうんだけど、エヴァンスに関して言うと、エヴァンス派というのがある。すごく嫌いな言い方だけど、便宜的に使うと、エヴァンス派という若い人たちが何十人か、今出てきているわけですよ。

後藤　そんなにいっぱいいる？

寺島　いる。白人のピアニストは今、ほとんどエヴァンス派ですよ。

後藤　そう言われてみるとそうだ。

寺島　原因を考えてみると、やっぱり、バド・パウエルじゃあまりに過去すぎるんですね。

後藤　そりゃそうだ。今パウエルの弾き方が流行るとは思えないもんね。

寺島　今一番近いところの流派でいうと、エヴァンス。あとはキースとか、そっちに行くよね。

後藤　キースは大きな流れで言えば、エヴァンス派になっちゃうかもしれないね。

寺島　リスナーが、もうパウエルじゃないんだ、と思ってるということだよね。でもおれは言いたいんだけど、パウエルのような、いわゆるジャズのフレーズを重ねて行くタイプのピアニストというのは永久不変ですよ。ジャズピアノの一つの普遍ですね。

後藤　それはどういうこと？　パウエル派の中にはウィントン・ケリーとかトミー・フラナガンとかソニー・クラークとかいっぱいいるけれど、そういう人がよかったということ？

寺島　そうです。そしてああいう人は「フレーズ」なんですよ。大きくくくればね。

後藤　確かにパウエル派と言われている人たちの名残りはそうかもしれない。エヴァンスはフレーズじゃないもんね。

寺島　これはいわく言い難いんだけど、「意識の流れ」じゃないけど……エヴァンスのフレーズって実体感がないんだよね。フレーズは実体感だよね。

後藤　わかりやすくいえばね。

寺島　そこがおれにとっては、今いちエヴァンス派といわれる若い人たちに対して不満を抱くところなんだな。なんかある種の感覚みたいなものが乏しい。

後藤　感覚というのは本当に、ある人には出せるけどない人には出せないという、考えてみれば簡単なことなんだよ。

寺島　エヴァンスは出せたんだよ。感覚は真似できないからね。

後藤　そう、真似できない。スタイルはある程度できるけど。

寺島　いや、フレーズ。フレーズは真似できるんですよ。感覚は真似できない。だから面白くないんだよね。もっと言えば、おれは、パウエル派と言われる人たちにもっと出てきて欲しいの。たとえばウィントンのところのエリック・リードだって、エヴァンスとは別の意味ですごい人気だしね。ちゃんとした普遍的なジャズ・ピアノのフレーズ弾いてますよ。

後藤　おれ、最近一つの現象として面白いと思うことあるんだけど。ジャズの大きな流れではエヴァンス派というべきキース・ジャレットの、今出ている『ウィスパー・ノット』というすごくいいアルバムがあるんです。非常に優れた演奏なんだけど、もう一つ興味深いのは、キースはバド・パウエル意識していますよね。曲も「バウンシング・ウィズ・バド」だとか、「グルーヴィン・ハイ」とかバップ・ナンバーで、なおかつ、明らかにパ

Keith Jarrett
Whisper
Gary Peacock
Not
Jack DeJohnette
Live in Paris 1999
ECM

キース・ジャレット『ウィスパー・ノット』

ウエルに対してのオマージュというか、ジャズの起源を確認しようという動きが感じられる。特に、「恋とは何でしょう」なんかの演奏では、かなり意識的に、今まで絶対キース・ジャレットが見せなかった、パウエル的なフレーズを入れてるんだよね。これは面白い。そしてそういうふうにやった演奏がものすごくいいわけです。かといって、言っちゃなんだけど最近の、パウエルのフレーズをパクっているような、どうしようもない若いミュージシャンとは全然違う、キース・ジャレットのオリジナリティがある。オリジナルな感覚で、パウエルのフレーズをちょっと借用しているところが明らかにあって、しかも演奏もいい、と。こういう面白い現象がある。

寺島　パウエルのフレーズというのは、やっぱりジャズのピアノの基本形だね。そう認めた方がわかりやすい。そういう意味でエヴァンスのフレーズというのは、おれに言わせれば異端なんだよな。

後藤　まあ、異端かどうかわからないけれども。そりゃ難しいですよ。だから、ジャズを形として捉えると、パウエルのフレーズ、それからパーカーのフレーズが出てくるけれど、実は僕はジャズというのは形じゃないと思うんだよね。やっぱりそれはある種のとぎすまされた感覚であるし、演奏の強度だと思うわけ。そうすると非常に今というのは、そういうジャズの本質に照らした場合に、ミュージシャンの優劣の選別がはっきり出てきているわけでね。

寺島　そこで質問するけど、フレーズと演奏とどう違うの？

後藤　演奏は言葉の通り演奏だけど、その中の、人間で言ったら短い口調の断片とか、喋りくせですね、それをフレーズという。

寺島　フレーズって、演奏そのものだよ。

後藤　そうとは限らないですよ。

寺島　フレーズ弾かなきゃ演奏にならないからね。躍動的なリズムのうねりの上にフレーズ乗っけたのがジャズの演奏だと思うな。

後藤　それはそうだけど、フレーズというのは……。今ジャズファンが多様なニュアンスをこめて使っているフレーズという言葉の定義を論争しようとは思わないですよ。

寺島　思わないけど、これを読む人は、じゃあフレーズって何、感覚って何？　それはわからないですよ。そうした場合やっぱり明らかにしておく必要がある。

後藤　フレーズというのは、ジャズを演奏する中の、短い断片とか、決まった音の並びみたいなもの。たとえばパウエルのフレーズといったら、パウエルに特徴的な音の並び方。そういうことですよ。ブラインド・フォールド・テストなんかで、あっ、パウエル派だって判別がつくのも、この「フレーズ」あってこそでしょ。アドリブだけじゃちょっと分らない。

寺島　そこがジャズ研究者の陥りそうなところなんだけど、フレーズというのは音楽そのものだよ。だって我々もフレーズの連続で喋ってるわけでしょ。話し言葉そのものが話そのものだもんね。

後藤　フレーズというのは真似できるけど、ことばで言えば話の内容や真実性そのものに相当する演奏の質というのはなかなか真似できないでしょう。

寺島　演奏の質ってなんなの。

後藤　わかんない人にそれを説明しても

しょうがない。

寺島　わかるように説明してよ。そのぐらい可能でしょ。

後藤　それじゃ言いますけど、口調というのはある程度真似することができますね。だけれども、本当にそれを自分で会得した人の口調なり語り口と、たまたまそれを借用した人の語り口とは明らかに違うでしょ。

寺島　それは、そうだ。でもフレーズが演奏の核になるわけでしょう。ましてジャズ・ファンの九〇%はフレーズでジャズを聴いているわけだから。

後藤　フレーズだけじゃなくてさ。だってフレーズ奏でりゃ音楽になるってもんじゃないでしょう。

寺島　勿論そうです。でもフレーズというのを、演奏と別のもの、違うものとするのはどうかな。

後藤　違うものとは言ってないですよ。だって当然フレーズは演奏の一部なんだから。言ってないけれども、パウエルのフレーズは、ピアノ弾ければ誰だって弾けるでしょ。だけどそうやって借用したフレーズは、音楽の強度としてパウエルの表現力に比べ物にならないわけですよね。

寺島　パウエルという人はジャズ・ピアノのフレーズというのを発明したわけですね。それで巨人とか言われている。そしてそれ以後の人はああいうフレーズ弾きたいと思ってジャズ・ピアノを志したわけでしょう。だからパウエルのフレーズがパウエルの音楽そのものなんですね。

後藤　うーん、もう少し詳しく説明すると、バド・パウエルという人が特別のフレーズを発明したとかいうより、彼は自分のスタイルでピアノを演奏しているわけですよ、とりあえず。そのうちの、ある特徴的な音の配列、人間のことばで言えば、決まり口調みたいなものってあるでしょ。

寺島　口調というんじゃなくて、その人の言語と考えられない？　その人そのものの、その人の言葉。

後藤　言語というと、全部になっちゃうからね。その人の言ってること全部になっちゃう。

寺島　うん、おれはそう思ってるんだよ。言語というのはすごくわかりやすい。

後藤　ええー？　パウエル派と言った場合、ソニー・クラークにせよウィントン・ケリーにせよ、似ているのはパウエルの全部じゃないよ。ある特徴的な部分だけだよ。

寺島　もちろん、それを言ってるんだよ。

後藤　その特徴的な部分を、おれはフレーズと言ってるんだよ。パウエル・フレーズって。

寺島　なんだ、やっぱり分けてるな。

後藤　分けてますよ、もちろん。だって、パウエルの全体そのまま引き写すようなことはできないんだから。

寺島　おれは、あなたが言ってるフレーズという言葉を、言葉であると思うし、アドリブの本質だと思うし、すべてだと思ってる。それを演奏という言葉で表したのがフレーズなんだよ。

後藤　寺島さんがそう思うのはいいんだけどさ……。

寺島　これは別に一致しなくていいんですよね。

——はい。これは難しい根本的なところですね。後藤さんはフレーズを、割り切って言っちゃえば「クセ」ぐらいと考えている、ということかと思いますが。

後藤　そう。

寺島　おれは言葉と言ってるの。その人自体の言葉と。

――でも言葉と言ってしまうと、演奏全体とあまりにもイコールになってしまうのでは。

寺島　イコールです。それが初心者にいちばんわかりやすい演奏の説明です。

後藤　僕はフレーズというのを、もっと限定的な意味で使ってるの。決まり文句、口ぐせみたいなものだと。

寺島　おれは言いたいことそのものだと思ってる。大体フレーズという言葉が軽すぎるんだ。

後藤　反論ももうしないけれど、言いたいことそのものだとすれば、例えばバド・パウエルの言いたいことがフレーズだったら、それ以降の人がバド・パウエルと同じことをやっていると、バド・パウエルとソニー・クラークが言いたいことは同じ、ということになる。でもそんなことはない。単に口調を真似ただけで、その中で言ってることは、ソニー・クラークはソニー・クラークでオリジナリティがある。

寺島　当然ですよ。彼らはパウエルのフレーズから自分たちのフレーズ、つまり言葉を作り出している。

後藤　だったら言ってることと同じではなくて、単なる語り口だけでしょう。

寺島　もっと大事なものだと思うんですね。

後藤　それは読者が判定してくれればいいんだけど。

●「感覚」のエヴァンス

それで言うと、エヴァンスはその語り口みたいなものが、なくはないんだけど、バド・パウエルほど明快な、定型的なものとしてはない。その代わりあるのが、感覚なんですよ。感覚というのを真似しようと思ったって、そりゃできないわけだ。フレーズというのは、その中身に関しては寺島さんと若干の意見の相違があったけれども、仮に口ぐせだとすると、その中の感覚的なものまでコピーしようったって、そりゃ無理なんだ。

寺島　だからエヴァンスは、バド・パウエルに代表されるような、フレーズで行こうとしたわけじゃないんだよね。新しい感覚を打ち出すときに、パウエル的フレーズを絶対に使わないと、そういうことを自分の一つの新しさにしたわけでしょう。それに代わるハーモニーだかなんだかよくおれはわからないけど、新感覚的なところを売り出したから、やっぱりバド・パウエルと違うと見られて、皆から注目されたわけ。だから当然バド・パウエルのフレーズは出てこない。でもよく聴くと、ビル・エヴァンスのフレーズってちゃんとあるんだよね。それはパウエルのフレーズに慣れたリスナーの耳には、すごく奇異に映ったから、わかりづらいわけですよ。おれは好き嫌いで言ったら、パウエルのフレーズの方が好きだし、ジャズを感じるけど、エヴァンスのフレーズにはジャズを感じないんだよね。なんか変なんだよ。モダンクラシックみたいな、そういうフレーズに聴こえてくるんですよ。

――今エヴァンス派と言われる人たちは、今はもうパウエルはできないから、エヴァンスの感覚的なものにすごく憧れて、しかもこれは何か今っぽそうだと。で、それを継承したいと……。

寺島　継承とかそういうんじゃないんだよね。ジャイアントばかり聴いているとすぐ継承とかお勉強の方へ話が行っちゃうけど、本当はただああいうふうに弾きたいというだけなんだよ。憧れて、ああいうふうに弾ければおれは最高だ、と。我々はすぐそういうのを「パクった」とか、継承したとか言うけど、そんなんじゃないんですよ。やりたい、と。ああいうふうに弾けたら死んでもいい、みたいなもんですよ、ミュージシャンというのは。

『アット・シェリーズ・マンホール』（ビクター）

　そう、今思いついたよ。ジャズ・ジャイアンツとかじゃなくて、エヴァンスという「スタイリスト」なんだよ。独自のスタイルを築き上げた人。

後藤　スタイリスト――。それはすごくわかります。今の個人的なエヴァンスについてのスタンスを言えば、僕はふだんからよく聴いている、自宅で。要するに、職業的でなく聴いているジャズと言えば、ビル・エヴァンスなんです。それから、店で、啓蒙的な意識でもなく、商業的な意識でもなくかけているのは、ビル・エヴァンスね。アルバムでいうと、自宅で一番よく聴くのは、たまたまそれが置いてあるということでもあるけど、『ワルツ・フォー・デビー』と同じ時に録音したアルバムで、『サンデイ・アット・ザ・ヴィレッジ・ヴァンガード』。それから、店で一人でいるときに、あまりものを考えないで手が出るのは『アット・シェリーズ・マンホール』。私はやっぱり、見る人が見たらビル・エヴァンスを研究してると思うかもしれないけど、日常的に一番よく聴くのがビル・エヴァンスだということは言っておきたい。何故かというと日常的に聴いていても抵抗がなくあきないし、しかも奥が深いから。

　それから、個人的には、ビル・エヴァンスに対する評価はどんどん上がってくんだよね。どういうことかというと、僕がジャズ喫茶を始めたのは一九六七年。その頃のビル・エヴァンスは、新譜も出してたけど「なかなかいいな」ぐらいの感じね。生きてる人ってあまり有難い感じしないでしょ。死んだバド・パウエルなんて完全に神格化されるわけね。さっきの「ジャズ・ジャイアント」論争じゃないけど。ジャズ・ジャイアントとは言われてなかったです、ビル・エヴァンスは。我々の日常的なミュージシャンの一人。今だったらハービー・ハンコックとか、キース・ジャレットとか、そういう人たちの一人として聴いてたんです。もちろん好きだったし、いいと思ったけれど……。

　実は僕、ジャズを聴き始めた頃は、ジャズって全然何だかわからなかった。それこそ、カルチャーセンターに来る生徒さんと同じレベルですよ。そういうレベルで聴いてもすごく受け入れやすかったんで、ビル・エヴァンスを聴いてた。それから何だか近頃はたまたまジャズについて語る役割もやらせられたりもしているのだけど、ことあるごとに改めて聴いてみても、ビル・エヴァンスってやっぱりすごい。かつて思ったよりどんどん自分の中で彼は大きな存在となっているんですね。比較でいうと、バド・パウエルは最初から、神様みたいな人。セロニアス・モンクもよく分らないけどすごい、みたいな……。それらに対して当時はビル・エヴァンスは、日常の人、隣にいるおじさんとかお兄さんとか、そういうものだった。だけど、ずっと聴いていると、どんどん良くなって行く。今になってみると、それを乗り越える人ってなかなかいないという感じ。そういう意味でいうと、ものすごく評価は上がってって、未だに落ちてないというか。だから僕は、まさに現代のジャズのスタイリストはビル・エヴァンスだと、そういう感じ。

寺島　質問していい？　後藤ちゃんて、何人ぐらいのジャズメン聴いてる？

後藤　ちょいと勘定できないけど。仕事だから、数多いよ。少なく見積もっても、リーダー作だけで言ったって、五百人やそこらは常時聴いているんじゃないかな。

寺島　いや、何人ぐらいをメインに聴いてる？　どういうことかというと、おれはかつてビル・エヴァンスに憧れて聴きまくった。でも、今はもうほとんど聴いてない。おれにとっては過去の人なの。そういう自分と比べて、後藤ちゃんはいまだに聴いてて。

後藤　悪いか(笑)。

寺島　ますますよさがわかってくるというのは、ひょっとするとこの人、十人ぐらいのジャイアントと言われる人を聴いていてそのうちの一人がエヴァンスなのかな、と感じたわけよ。

後藤　それに対して答えるのは非常に簡単な話です。私はジャズ喫茶を今でもやってて、寺島さんと違って毎日七時間ぐらい店に出てます。新譜は自分で買うのもあるし、レコード会社から送ってくるのもあって、正確にはよくわからないけど、年に平均すれば三百タイトルぐらいは聴いている。それを三十年商売でやっている。そういう意味で言えば、聴いている数はとんでもない数ですよ。その中で勝ち残ったのがビル・エヴァンス。

寺島　勝ち残った。

後藤　私の中ではそうなんです。

寺島　すごく象徴的な言い方だよね。つまり、勝ち残り合戦的ジャズ鑑賞法なんだな。ははあ……。

後藤　勝ち残りという言い方がなんだったら、どっちがいいか。そうすると、エヴァンスよりいいミュージシャンって、今はあんまりいないと思うの。簡単に言っちゃえば。

寺島　では、頂上にいるミュージシャンをメインに聴くという、そういう聴き方のスタンスなんだね。

後藤　いや、それは結果としてそうなったんだよ。

寺島　なるほど。優れたジャズを聴くというのは、後藤さんの場合は、優れたミュージシャンを聴く。そういうことなんだね。

後藤　おかしなことを聞きますね、つまらない演奏を新しいからって聴くより当然その方が面白いじゃない。お言葉返すようで悪いけど、おれ、素人じゃないから、そこらの好きなものだけ聴いていればいい幸せなジャズファンと一緒にされちゃ困るんだけど。ごくごくつまらない五分で捨てたくなるようなものも含めてたいがいのものは聴いてますよ、商売だから。

寺島　毎日そうやって聴いてるんだ。

後藤　聴いてますよ。当たり前じゃない。

寺島　それは失礼しました。おれは、かつてビル・エヴァンスをものすごく聴きましたよ。今、ビル・エヴァンスを聴くんだったら、たとえエヴァンス派と言われている人たちの演奏であっても、新しい人を聴きたいです。つまり、何が起こるかわからない。この男どういうふうにスタンダードを解釈してるんだろうとか、未知のものに対して、いろんな好奇心がわくわくじゃない。既存のものに対しては、新しい好奇心ってわかないんだよね。だからそういう面でいうと、演奏が優れてるとか優れてないとかいうことは、時にはどうでもよくなっちゃう。時にはとにかく新しいものを、演奏がどうであろうが、それを聴きとるのがおれの耳だという……。それも含めて、とにかく新しいもの、未知のものを聴きたいという気持ちがあるわけ。それが一つ。

もう一つは、たまにエヴァンス聴くことがあるわけ。それはどうしてかというと、たとえば「バット・ビューティフル」とか「フォア・オール・ウィ・ノウ」とか、そういう、いわゆるB級C級のスタンダード曲ってそれこそ山のようにありますよね。そういうもののよさが、二十年前三十年前にわからなかったけれど、今はわかる、というのがあるわけです。年を重ねるごとに、地味なB級C級のスタンダードミュージックがわかってくる、という現象が誰にもある。それはおれにもあって、「フォア・オール・ウィ・ノウ」だったら、どこのレーベルの何ていうタイトルの中で、ビル・エヴァンスがやってるというのがわかったら、矢も盾もたまらず聴きたいんですね、つまりビル・エヴァンスは「フォア・オール・ウィ・ノウ」をどういうふうに解釈するのかな、という興味が今現在あるわけ。そういう意味で例を一つ挙げると、『トリオ64』ってあるでしょ。

後藤　地味な歌だよね。

寺島　うん、そういう評価で、おれもあまり今まで聴いてなかったんだけど、『トリオ64』の中に「アイル・シー・ユー・アゲイン」という曲が入っている。それをいま凄く気に入っているのね。三〇年たってようやくわかった美しさなのよ。一曲のために急にアルバム全体が輝き出したのね。エヴァンスに対しては、現在はこういうアプローチの仕方。

後藤　いいんじゃない、すごくよくわかるよ、寺島さんの発想というのは。おれと全然違うけど、両方がいるからいいんですよ。

寺島　もう、大人になっちゃって(笑)。

(2000.12.11)

(てらしまやすくに　ジャズ評論家・吉祥寺「メグ」)
(ごとうまさひろ　ジャズ評論家・四谷「イーグル」)

エヴァンスは半音をよく使う。そうして彼が弾きはじめる歌は音域の上り下りの多様な変化から、彼だけにしかない魅力が生まれることになる。
——ウォーレン・バーンハート

エッセイ

ビル・エヴァンスとクラシック音楽

石田一志
Ishida Kazushi

チャーリー・ミンガスがエヴァンスを批判したところに居合わせたと、悠雅彦さんから聞いたことがある。ミンガスとエヴァンスが交互にステージをつとめていて、何ステージ目かに、エヴァンスの演奏が熱気を発したころ、彼のピアノはジャズじゃないという声があり、その主がミンガスだったということだ。

デビュー期にエヴァンスはチャールズ・ミンガス・ジャズ・ワークショップに参加したことがあるし、その意味ではミンガスはエヴァンスの音楽性をいち早く見抜いた先輩であったはずである。しかし、その白人嫌いが有名で、マックス・ローチの《ウイ・インシスト》と並ぶ黒人意識を剝きだしにしたプロパガンダ・ジャズの名作《ファーバス知事の寓話》を発表しているミンガスのことだから、その後のエヴァンスの進出にはやはりどこか苦々しい思いがあったのかもしれない。

何がジャズか、どのような音楽がジャズと認められるのかということは、時代によっても異なるところがある。ちょうど、五〇年代後半から六〇年代というエヴァンスが頭角をあらわし、頂点をきわめることになる時期は、ブラック・パワーの全盛時代であった。その時点においては、ジャズはやはり白いアメリカの黒い音楽という考え方が基本であったのだと思う。ジャズの発展は、アフロ・アメリカンの心情とアメリカ文化との間の相互関係、あるいは緊張関係のなかで展開しているという認識がその時点ではリアリティがあったからである。そしてその心情にあたるところにはアフロ・アメリカンの根源的な表現としてブルースがあるという考え方である。

エヴァンスは、ではどう考えていたのだろうか。「ザ・ユニヴァーサル・マインド・オブ・ビル・エヴァンス」のなかで、彼はクラシック音楽では失われた即興音楽の芸術性をジャズと呼んでいる。瞬間の音楽を演奏する能力をもつものがジャズメンだというのである。ここでジャズと対立するのは「書かれた音楽」になってしまったシリアス・ミュージックであり、対立の構図は方法論にだけあることになる。むしろ、ジャズの可能性をポスト・クラシック音楽としてみているともいえよう。

即興演奏の絶対視ということだけみれば同じ白人のレニー・トリスターノもそうであった。しかし彼の場合にはブルースを含めたジャズの常套的手法を徹底的に避けること、あるいは誇張の多い音の身ぶりを退けることに特色があったわけで、クラシック音楽を意識したという姿勢はない。エヴァンスの場合、クラシック音楽のしっかりした教養が、前述のような発言となったともいえるだろう。

いうまでもなく、エヴァンスがジャズ・ピアノのソノリティを変えてしまったこと、とくに音色の幅を広げ、バップ奏者たちの手首による打鍵と異なったレガート奏法を用い、ノン・ペダル奏法に対して見事なペダリングを聴かせことや、洗練された和音を響かせるといったことは、もちろんクラシック音楽におけるピアノ奏法のごく自然な応用である。

それではエヴァンスはどの程度、クラシック音楽を学び、またどの程度それを愛していたのだろうか。

ピーター・ペッティンガーの「ビル・エヴァンス」伝はいろいろな面で詳しい内容をもっているが、エヴァンスのクラシック音楽の関係についてもいくつかの具体的な記述がある。日本のジャズ・ファンの多くにはあまり興味ないことかもしれないが、自身、ピアニストでもある著者にとっては、深い意味があったことなのかもしれない。

エヴァンスはサウスイースタン・ルイジアナ・カレッジを一九五〇年に卒業しているが、ここで彼はモーツァルトとベートーヴェンのソナタ、シューマン、ラフマニノフ、ドビュッシー、ラヴェル、ガーシュイン（ピアノ協奏曲ヘ長調）、ヴィラ＝ロボス、ハチャトゥリアン、ミヨーなどの作品を学び、大学二年の時の演奏会ではバッハの『平均律クラヴィーア曲集』第一巻から前奏曲とフーガ変ロ短調、ブラームスのカプリッチオ作品一一六、ショパンのスケルツォ第二番変ロ短調、カバレフスキーの前奏曲集を独奏し、最後にピアノ協奏曲第三番を先生と共演したとある。モーツァルトからラヴェルまでは、ピアノ専攻の学生なら、どこの国でも学ぶ内容だが、ガーシュイン、ブラジルのヴィラ＝ロボス、ロシアのハチャトゥリアン、それに戦中アメリカに亡命していたフランス六人組のミヨーといったところはいかにも当時のアメリカの趣味を思わせる。それよりも興味深いのは二年生の演奏会のプログラムで、これはなかなか渋い選曲といえる。バッハは、『平均律』のなかでも内省的な美しさをもった曲だし、とくに前奏曲は和声的な響きのバランスが、またその五声のフーガも声部間のバランスが大事とされるもので、そうした繊細な響きのコントロールに、当時からエヴァンスが関心と自信とをもっていたことがわかる。またブラームスの晩年の燻銀（いぶし）のような小品集から選曲していることも重要だ。暗い曲想のなかに確固とした律動を刻まれる曲である。ショパンのスケルツォの第二番はシューマンが「その優しさ、大胆さ、愛らしさと激しさはバイロンの詩に比べられる」と評した作品で人気が高い。クライマックスへの高揚感が幅広い表現のなかで追求されること、また美しい旋律が縦横に織り込まれている。こうした多彩な性格の作品を選び、さらに平易明快な当時の現代曲にあたるカバレフスキーと格調高いベートーヴェンの協奏曲を組み合わせているわけで、相当の水準にあったことが想像できる。

一九五五年、エヴァンスはニューヨークの八三丁目西に小さなアパートを借りるが、居間のほとんどはクナーベのグランド・ピアノに占領されており、楽譜立てにはいつもショパン、ラヴェル、スクリャービン、それにバッハの『平均律』が置かれていたという。そして勉強の仕上げにダウンタウンのマナーズ音楽大学で三学期間、作曲を学んだという。この時、一二音音楽も学んだとされている。ここで、作曲家としてスクリャービンが加わっていることと、一二音音楽を学んだことも論じる必要がある。

一般に七〇年代をスクリャービン・ルネサンスというように、今では広く演奏されているこのロシアの神智主義作曲家は、第一次大戦前に大流行したものの、両大戦間には支持を失い忘れられていた時期がある。この当時、彼を重要なレパートリーとしていたのは、ロシア縁のホロヴィッツと世紀末音楽に特別な関心を抱いていたグールドぐらいだった。

スクリャービンはショパンの影響から出発するが、晩年の一九一〇年代には、「神秘和音」と呼ばれる不思議な響きを基礎に色彩的で官能的、かつ神秘的な音楽を書いたことで知られている。二〇世紀初頭のシリアスな姿勢をもった作曲家の多くは、半音階和声の発達、増殖、不協和音の解決の遅延や解決の放棄などによって揺るぎだした調性を前にして新しい音楽語法の探求や開発を重要な課題としていたが、そうした作曲家たちのなかにあってももっともユニークな響きを開拓したひとりといえる。

ずっと後のことになるが一九七八年の『ニュー・カンヴァセイションズ（＝邦題「未知との対話」）』のためにエヴァンスが書き下ろした《ソング・フォー・ヘレン》は、スクリャービンの遺作にあたる《五つの前奏曲》作品七四の「苦しみ、苦痛な」という指示をもった第一曲を手本にしている。冒頭の三音フレーズを微妙に和声的なニュアンスを変えながら執拗に繰り返すバラードで、スクリャービンの専売特許である「神秘和音」こそ避けているものの、曲の構想や意図はそっくりで、エヴァンスの曲のなかでももっとも凝った和声語法を示している、その味わいを活かす即興演奏を展開している。

一二音音楽はこのスクリャービンの合成和音の系譜にたつロシアのロスラヴェッツによるもの、古代中国の礼楽思想に魅せられて易経をヒントに一種のアルゴリズム的作曲法として打ち立てたウィーンのハウアーによるものなど、いくつか種類はあるのだが五〇年代に知られていたのはもちろんシェーンベルクとその楽派の一二音音楽であった。シェーンベルクが没した一九五一年が、日本では最初の一二音音楽が入野義郎によって作曲された一二音音楽元年になっているが、アメリカはシェーンベルクの亡命先であっただけに、かなり広範な一二音音楽の受容と応用がみられた。日本の作曲家たちがその後、もっぱら参考にしたのはヨーロッパのダルムシュタット派による展開であり、アメリカでの進展はほぼ無視された。しかし、今日、二〇世紀最大のシステマティックな音楽理論と呼ばれる

「ピッチ・クラス・セット・セオリー」は作曲家バビットの一二音音楽の研究から生まれたものであるし、セッション、ストラヴィンスキー、コープランド、カーター、ウォルペ、ウォリネン、ローレムなど世代的にも作風や美学の点でも異なる多くの作曲家たちの応用がある。よく知られているようにバーンスタインは一九五七年の「ウェスト・サイド物語」の《クール》で応用しているわけで、エヴァンスが五〇年代半ばに学んだのも時代状況であったといえよう。

　先のスクリャービンの場合もそうだが、七〇年代のエヴァンスは自分の音楽的キャリアを振り返っているようなところがある。七一年のアルバムで発表された《T.T.T.（一二音旋律）》、あるいは七三年にこの曲と一緒に東京で発表された《T.T.T.T.（一二音旋律第二番）》もそうした例であろう。とくに《T.T.T.T.》は、音程的な緊張感の形成と解決を含んだなかなかすぐれた音列であることと、ベースとしてリディア旋法の下降ラインを組み合わせていることが興味深い。リディア旋法は、やはりサイド・メンとしてデビュー期のエヴァンスが深く影響を受けたジョージ・ラッセルのジャズ理論の基礎だからだ。ラッセルの「音組織のリディア旋法に基づく半音階的技法」を武満徹が高く評価していたことが思い出されるが、無調とは異なる一種の汎調性的な語法を話題にしているわけで、調性回帰に向かった七〇年代後半以降のいわゆる「武満トーン」をこの理論で分析することもできるかもしれない。それはともかく、エヴァンスの音楽的背景は複雑で、時代を反映しているところもあれば、時代を先取りしているところもあったということになろう。ついでにいえば、六〇年代早々にサティの《ジムノペディ第二番》を演奏しているのもスクリャービンの場合同様の流行の先取りである。

　こうしたクラシック音楽の素養や演奏能力が、エヴァンスにとってその後ジャズの新境地を開くことの一助となったといえるが、彼のデビュー当時、そうした高い素養や能力のあるジャズ・ミュージシャンが一部で求められていたことも事実である。先にブラック・パワー全盛の頃とはいったが、ジャズの芸術性を求める動きがその一方で顕著であり、とくにガンサー・シュラーの提唱した現代音楽とジャズの出会いによる「サード・ストリーム・ミュージック」の呼びかけにはかなり多彩な音楽家たちがかかわった。たとえば一九五七年のブンダイズ大学の芸術祭ではシュラーを芸術総監督にして、ジャズ界からラッセル、ミンガス、ジミー・ジュフリー、クラシック界からシュラー、バビット、ハロルド・シャピロの六名の作曲家が作品を提供するサード・ストリーム・ミュージックの演奏会が開かれ、作曲家たちのスタイルの違いから、どのスタイルでも弾きこなせるピアニストとしてエヴァンスが選ばれたという。エヴァンスの面目躍如といったところだろうか。

　とくに読譜と演奏ということでは、バビットの難しさは有名で、クラシック系のピアニストでも普通敬遠する。当時のバビットは厳格なミュージック・セリエルの作曲家として注目されていたのだが、結局、演奏がしてもらえないということで、この作曲家は六〇年代には初期のシンセサイザーを使ったテープ音楽に進んだりした。具体的にはリズムが一番難しいのだが、そうした作品もこなしたという意味では、エヴァンスのリズム感ももっと話題にすべきかもしれない。たとえばエヴァンスの極端にシンコペートして刻まれる左手、拍子感の感じられないほどの断片化などは、その後フリー・ジャズのピアニスト達によって発展されることになる。また、拍を弱化するさまざまな連音符の使用、《アンダーカレント》でのジム・ホールとのデュエットに聴かれるようなスリリングなまでに密度の高いリズム法やインタープレイなどは、むしろクラシック系の一部の現代音楽の重要な特徴の応用といえよう。

自分のキャリアを振り返ったような作品があるといった七〇年代はじめに、エヴァンスはジャズの未来について次のように語っている。「技術は今よりもっと複雑になる。作曲家にとっては、技術に精通しながらも自分の直感的なアプローチを維持することは挑戦となるだろう。即興者によっては、これらの技術を習得しながらも、ジャズの直感的でアーシーな風格を維持するというのが挑戦になるだろう」（相川京子訳）。彼はその上で、具体的にはジャズは民俗音楽に根ざしているので、無調を迂回して汎調性、汎リズミックな時代となると断言している。この発言はまさしく、ポスト・クラシック音楽である現代音楽のまた七〇年代以降のポスト・モダンの方向と重なるところがある。

ところで、ペッティンガーの情報によればエヴァンスのクラシック音楽の教養と愛はまだまだ広がりをもっていたようだ。

六〇年代半ば、ヘロインから手を切ろうとしていた頃、エヴァンスはバッハの二声の《インヴェンション》、三声の《シンフォニア》を盛んに弾いていたそうだが、そのすべてを完全に暗譜していたという。また友人のピアニスト、ウォーレン・バーンハートとはモーツァルトとベートーヴェンの交響曲を連弾し、とくにモーツァルトの《ジュピター》を好んでいたという。当時のレパートリーにはラフマニノフの交響曲第二番も含まれていたそうだが、この大規模な交響曲は九〇年代に入ってから世界的に再評価された曲だ。また日本ツアーでJVCのレコードを贈られたエヴァンスは、いつも移動中にある種の命綱のようにして、ラフマニノフの自作自演の《パガニーニの主題による狂詩曲》とピアノ協奏曲第四番をイヤホーンで聴いていたともいう。

さらに興味深いのは、大好きな作曲家としてエヴァンスは晩年、バルトークとストラヴィンスキーの名をあげていることである。とくに、『コンセクレイション』のCDに収められているキーストンコーナーでのポール・サイモンの《アイ・ドゥ・イット・フォー・ユア・ラヴ》には、これらの作曲家たちとの関係が指摘できるような濃厚な民族色や打楽器的なピアニズムが聴けるだけに、新たな方向の探求があったことが想像されるのである。もっとも私自身が一番好きなエヴァンスの作品は《インタープレイ》であって、ブルースでありながら凝ったリズム感、バッハを思わせるような旋律線のなかに、すでにこうした方向性は準備されていたと考えている。（音楽学）

だれでもよく「なんだい、カクテル・ピアノじゃないか」と最初に言うが、次第に判断を訂正しないではいられなくなる。
——ジーン・リース

インタヴュー

黄金期のビル・エヴァンス・トリオの一番重要な部分をモチアンが語ってくれた

〝黄金トリオ〟のドラマー

ポール・モチアン Paul Motian

聞き手・構成＝**小川隆夫** Ogawa Takao

ビル・エヴァンスがニューヨークに出てきたのは兵役を終えた五四年のことだった。ニューオリンズのサウス・イースタン・インディアナ大学で音楽を専攻し、卒業後ハービー・フィールズ楽団で演奏していた彼は、そこでダンス音楽に飽き足らず、シカゴにあった軍楽隊に志願する。

その間にローカルのジャズ・クラブでも腕をみがいていた彼は、五四年になってようやく出身地のニュージャージーに近いニューヨークへと戻ってきた。ニューヨークでエヴァンスが参加した最初のバンドはジェリー・ウォルドの楽団である。しばらく経ってエヴァンスはウォルドのバンドに入ってきたドラマーと出会う。それがポール・モチアンだった。

★名ドラマー、ポール・モチアンが語るトリオ結成のいきさつ

『ぼくたちは同じ時期にニューヨークにやってきた。ぼくは彼より少し遅れて五五年にウォルドのバンドに参加したんだけれど、彼とは最初に会った時から意気

投合したね』。当時の二人はウォルドの楽団以外でもあちこちでセッションに参加している。『ウォルドのバンドを皮切りに、トニー・スコット（cl）のコンボやコマーシャルな仕事なんかもたくさんしたものさ。ジャム・セッションにはしょっちゅう出かけていったし、仕事がない時はビルの家でいつも演奏していた』。

モチアンが語るには、一度もエヴァンスは、自分のバンドに入ってくれとは言わなかったそうだ。『彼は一度だって自分がリーダーとは思わなかったんだ。トリオはいつもメンバー全員がリーダーという気持ちだった。だからビルが仕事を持ってくるのではなくて、メンバー個々がそれぞれやりたい仕事を持ってきては全員に意見を聞いて、それからOKを出していた。もっともトリオの仕事なんてそうあるわけじゃないから、現実にはくる仕事は何でも引き受けていたよ』。

やがてエヴァンスはベーシストにテディ・コティックを迎えて最初のレコーディングを行なう。『リバーサイド・レコードからオファーがきたんだ。トリオでアルバムを作らないかって。ぼくたち三人はその時ジョージ・ラッセルのオーケストラでリズム・セクションを担当していたから、このトリオで吹込むことにした』。その作品、すなわち五六年九月に録音されたエヴァンスの初リーダー作「ニュー・ジャズ・コンセプション」からは、まだ後のインタープレイを重視した演奏は認められない。

『レコーディングのためのトリオだったし、このメンバーで単独に仕事をした経験もなかったからね。あまり売れなかったはずだよ。知名度もほとんどなかったし』。評論家筋からは高く評価されたものの、「ニュー・ジャズ・コンセプション」はエヴァンス・トリオとして独立できるほどのインパクトをシーンに与えられなかった。そうこうしているうちに彼はマイルスのグループに参加する。『半年ぐらいの短い期間だったけれど、ビルは確実にマイルス・バンドに入って変わったね。音楽を深いところで捉えるようになったと言えばいいかな』。マイルスのセクステットを辞めた直後にエヴァンスは初めてレギュラー・トリオを結成する。そのときのメンバーにはジミー・ギャリソン（b）とケニー・デニス（ds）が参加し、「ベイズン・ストリート・イースト」にセミ・レギュラーの仕事を得たのだった。当時のジャズ・クラブは多くが二バンド制で、エヴァンスと対になるグループはベニー・グッドマン・セクステットという豪華なもの。『クラブ・オーナーは当然スターのグッドマンに力を入れていた。それに不満を感じたのか、ある日デニスがトリオを抜けてしまった。そこでビルから電話をもらったのがぼくというわけさ』。

『スコット・ラファロはその当時近くにあった別のジャズ・クラブに出ていた。休憩時間によくぼくたちのトリオに飛び入りしてたんだ。とにかく最初から彼を入れたトリオでの演奏はシックリいっていた。ビルもスコットもぼくもすぐにそのことに気付いたよ』。こうして待望のエヴァンス・トリオが結成されることになる。時は五八年も暮れに迫っていた頃だとモチアンは遠くを懐かしむような目付きで語ってくれた(エヴァンスのディスコグラフィーによれば、五八年夏に行なわれたシグネチュアのトニー・スコット・カルテット名義のセッション——現在まで未発表——にこのトリオは参加しているとされているが真偽は不明)。

トリオは「ベイズン・ストリート・イースト」を舞台にして、あっという間にあの見事なインタープレイを披露するまでにグループ・サウンドを発展させていく。『別に誰が何を言うわけでもなかった。ただ最初からインスピレーションみたいなものがどんどん湧いてきたんだ。それまでのトリオというのは、言ってみればピアノとリズムという感じだった。ベースとドラムはピアノの従属的な楽器だったんだ。それがぼくたちは対等に演奏することで、何か新しい可能性を見い出せたように感じた。これだ!って演奏中に何度思ったかしれやしない。それはビルもスコットも同じだった。今日はどこまでこのトリオで行けるんだろう、って演奏する前は当事者の自分たちがワクワクしていたほどさ。それくらいあのトリオは音楽的に充実していたし、互いをわかりあえていたんだろうね』。

★トリオの方向性については一度も話し合わなかったな

異常に高いレベルで相互理解をしていたバンドだった、とモチアンは回想する。『便宜上はビルがリーダーだったけれど、三人がともにリーダーの気持ちで演奏していたからだろうね。ビルはいつだってぼくたちにそう接してくれたし、ぼくたちもビルに使われているなんて感じたことは一度もなかった。あらゆる点でお互いが対等だったんだ。こんな気持ちで演奏ができたことは後にも先にもないからね』。加えてトリオのなかにはいつも自由な空気が流れていたことをモチアンは指摘する。『一度も音楽について喧嘩したことはなかったけれど、よく互いに意見は交換した。サジェスションの場合もあれば、こうやったらどうだろう、といった類のアイデア交換はしょっちゅうだった。ただ音楽をこういう方向に持っていこう、といった話は一度も出なかったね。たとえばぼくがこうやるから君はその時こういう感じで弾いてくれ、なんていうことは誰も言わなかった。演奏になってしまえば本当に自然のなすがまま、といった風でね。だからこそあんなに自由なインタープレイができたんだと思うけれど』。

この三人だからあのようなインタープレイが可能だったと語るモチアンは、三人のなかからひとりでも欠けていたらああいった演奏は成立しなかっただろうとも言う。『よくぞ集まったという感じ。これだけ暗黙の内に互いの気持ちがわかりあえること自体ちょっと考えられないことだろう。特別な場所に特別な人たちがものの見事にはまったっていうことかな。大体リハーサルなんか一度もしたことがないからね。それでもステージに上がると初めての曲だってピタリと合ってしまった。やっている自分たちの方が怖いものを感じた』。

マイルス・バンドを辞めて独立したエヴァンスは、その後コンスタントにリバーサイドにリーダー作を吹込んでいく。

ただし当初はレコード会社の意向もあってか、レギュラー・メンバーではなく、すでに名を成したミュージシャンたちとのレコーディングだった。しかしトリオが結成されてから一年が経過した五九年一二月録音の「ポートレイト・イン・ジャズ」によって、このトリオはレコーディング・デビューを飾り、それと同時に決定的な評価も併せて獲得する。

『サンデイ・アット・ザ・ヴィレッジ・ヴァンガード』

★店にはお客がまだ三人いるじゃないか、帰っちゃダメだよ

『トリオのピークを記録した作品は誰もが認めるところの「ビレッジ・バンガード」でやったライブだ。ビルもスコットも神がかり的だったね。何をやっても最良のものができてしまう。本当に凄かった。あの頃は「バンガード」も二バンド制だったけれど、レコーディングの時だけはぼくたちのトリオしか出演しなかった。せっかくのムードを壊されたくなかったし、レコーディングの機材も入っていたからセッティングを変えたくなかった。通常はマイルスのクインテット、チャールズ・ミンガスのグループ、ジョン・コルトレーン・カルテットや、詩人とかコメディアンとかアイリッシュ・バンドなんかとも組まされることがあったよ。覚えているのはMJQとの交代でビルがソロ・ピアノをやっていた時のことだ。あんなに美しいソロ・ピアノはそれまで聴いたことがなかった。これだけのピアニストと自分が一緒にやっているんだと思ったらすごく誇らしい気分になったね』。

　史上名高い「ビレッジ・バンガード」でのライブ・レコーディングは六一年六月二五日に行なわれた。この時の模様は現在「ワルツ・フォー・デビー」「サンデイ・イブニング・アット・ザ・ビレッジ・バンガード」他の作品に収録されているが、録音されたものは全部で二三曲、

『長い一日だった。何せマチネーもやったからね。まず五時から八時までに二回のセットを録音して、一〇時からのナイト・ショーで夜中の二時までに三回のセットをこなした。全部で五セット演奏したんだからたいへんだった。けれどさっきも話したように、トリオはその創造性においてピークに達していた。疲れを感じるよりも自分たちで何と凄い演奏をしているんだろうと感動していたことをいまでもはっきり覚えている』。

　この作品によってエヴァンスの名は永遠にジャズ・ファンの心に刻まれることになったが、それまでの彼およびそのトリオは不遇に甘んじていた。これだけの凄い演奏ができたにもかかわらずである。

『「バンガード」ではよく演奏したもんだ。時には人が少なくてめげてしまったこともあるけどね。こんなこともあった。二

セット目が終わってもうお客さんがほとんどいなくなってしまった。そこでビルがオーナーのマックス（・ゴードン）に言ったんだ。今日はこれで終わりにしたいんだけど、ってね。そうしたらマックスが、まだ三人いるじゃないか、帰っちゃダメだよ、って慌てていたのがおかしかったね』。

　不遇時代を「バンガード」のライブによってようやく抜け出したエヴァンスおよび彼のトリオではあったが、成功の美酒に酔う前にドラマチックなアクシデントに見舞われる。天才ベーシストと呼ばれたスコット・ラファロの突然の死だ。『夜中にビルから電話があった。ぼくは寝ぼけていて彼の話がよく理解できないまま再び寝てしまったんだ。翌朝になって、確かにビルから電話があったことは覚えていたんだが、それが何の話だったか思い出せない。スコットが死んだ夢を見たような気がして、胸騒ぎを覚えた。ビルに電話したら交通事故で昨日彼が死んだというじゃないか。あれは夢じゃなかったんだ』。

　エヴァンスはラファロを失ったショックからしばらく演奏ができないほど精神的なダメージを受ける。『何か月か彼はほとんど抜け殻のような感じでいた。気力を失ってしまったっていうかね。とにかく周りが何を言っても彼は耳を貸さなかった。ぼくとしてはほうっておくしかなかったよ。そんなある日、ビルから電話がかかってきた。トリオでツアーに出るぞ、ってね。明るい声だった。でベーシストは誰？　って聞いたんだ。チャック・イスラエル、知ってるかい？　こうしてぼくたちは新しい時代に向けて次の一歩を踏み出したのさ』。

■ビル・エヴァンスおもしろ雑学

▼ビル・エヴァンス・トリオが結成されたのは五八年一二月のこと。ポール・モチアンとはジェリー・ウォルド楽団で共演し、スコット・ラファロはエヴァンス・トリオが出演中の「ベイズン・ストリート・イースト」によく飛び入りしていたベーシストだった。彼らはなかなか単独の仕事がなく、かなりの期間「ビレッジ・バンガード」や「ハーフ・ノート」でチェンジ・バンド（メイン・グループの休憩時間に演奏するバンド）として活動している。

▼「バンガード」でのギャラは、モチアンによれば当時一人一晩でわずか一〇ドルだった。ジャズのみの仕事では生活できず、各種のパーティーでもエヴァンス・トリオは演奏をしている。一番多かったのは結婚式での演奏。映画「バード」をご覧になった方はパーカーたちがユダヤ人の結婚式で演奏しているシーンを覚えているだろう。まさしくエヴァンス・トリオはあの映画と同様にユダヤ人のパーティーでしょっ中演奏していたという。

▼彼らが初めて単独でクラブ出演したのは史上名高い〝バンガード・セッション〟が行なわれた日。この日は日曜とあってクラブも一番ヒマで、だからオーナーのマックス・ゴードンもライブ・レコーディングを許したという。CDに耳を傾けていると、クラブ・ノイズが結構聴こえる。あまり真剣に演奏が聴かれていなかった現実を伝えるものだ。また拍手も非常にまばらである。いかに人が入っていなかったかの証拠だろう。

▼実際いまでこそラファロの入ったエヴァ

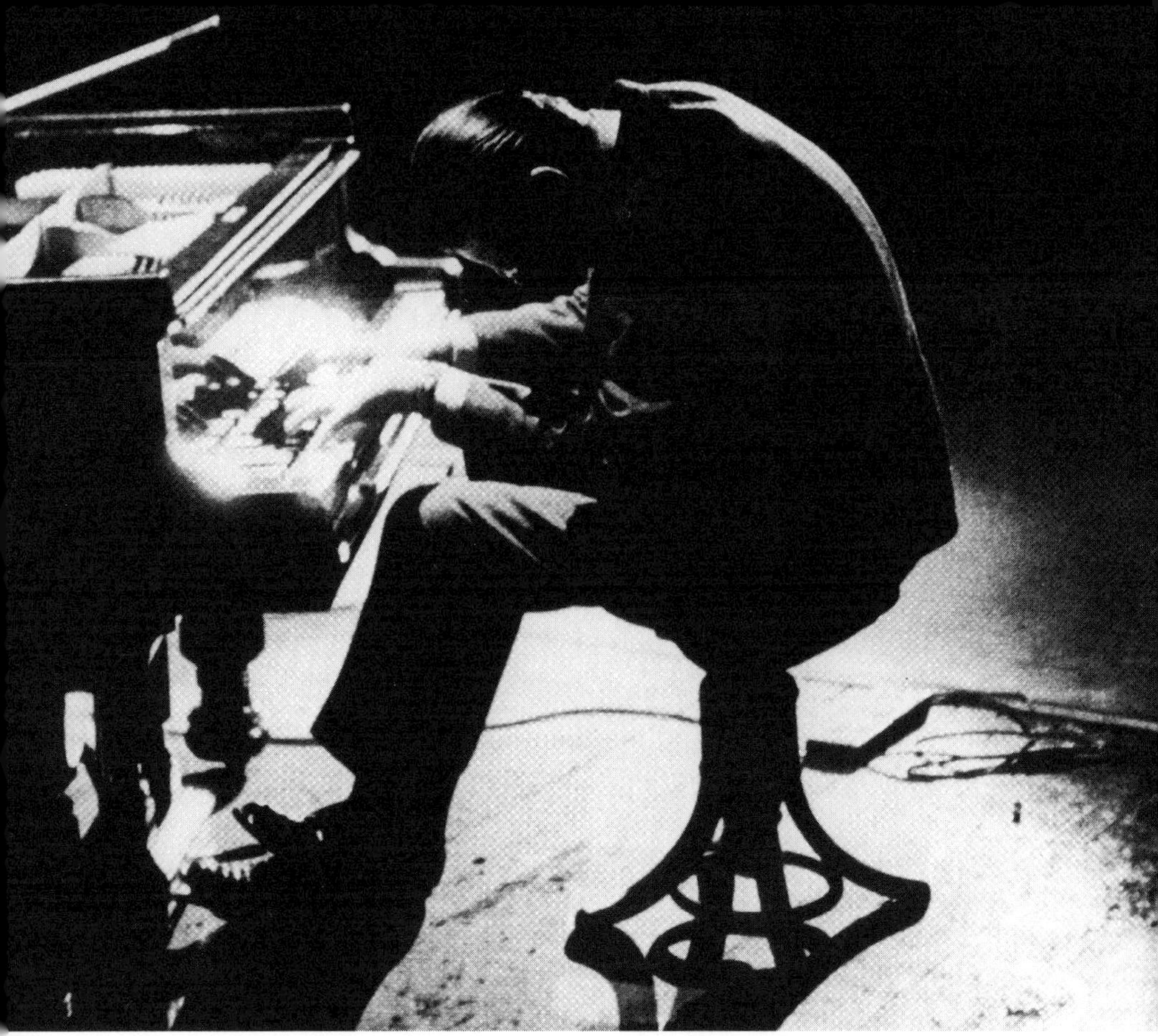

ビル・エヴァンス

ンス・トリオはジャズ史を飾る名コンボだが、実在していた当時はどうだったのか。クロウト筋には受けていたのだが、「バンガード」のライブからもわかるように、一般ジャズ・ファンの間では、まだまだ知名度は低かった。モチアンによれば、エヴァンス・トリオが評価されるようになったのは、ラファロの死後、エヴァンスがバーブにアルバムを吹込むようになってからだという。
▼ラファロの死後、エヴァンスは約半年間ほとんど抜け殻のようになっていた。その彼が再びやる気を起こした真相は、借金に首が回らなくなったからだ。当時の彼は悪しき習慣に身を染めており、常に借金取りがクラブの楽屋に押しかけていたほど。ミュージシャン仲間からも借金を重ね、いよいよ困窮した時、運良く彼は満足できるベーシストに出会う。それがチャック・イスラエルだ。もしイスラエルと出会っていなければ、彼はそのまま暗黒の彼方へ消えていたかもしれない。

（ジャズ・ジャーナリスト）
（『スイングジャーナル』'90・5月増刊号初出）

インタヴュー

ビル・エヴァンスは競馬が好き

ビル・エヴァンス

聞き手・構成＝諸岡敏行 Morooka Toshiyuki

撮影・市川幸雄

九月にはいったある日、ビル・エヴァンスとマネジャーのヘレン・キーンさんは、ホテルのロビーでにこやかにぼくらを迎えてくれた。キーンさんのほうは初対面の五年まえとおなじように快活だったが、エヴァンスのもつムードはがらっとかわっていて、まずびっくり。表情はみちがえるほど明るくなり、その病的な指先のむくみも、いまはすっかり消えていた。「エヴァンスさん、あなたはごじぶんの音楽やキャリアについて、これまでにうんざりするほど質問を受けたことでしょうね」

とたんに彼は吹きだした。なんでも、べつのインタヴューがすんだあとで、「またおなじ質問をくり返されるんじゃたまらないな」とため息をついたばかりだったそうだ。「それで、ここは音楽とまったく関係のない話を中心にうかがいたいんですが、いかがでしょう」

エヴァンスは、不十分な説明にとまどいながらも、こころよく受けいれてくれる。「心もとない記憶ですけれども、レコードのライナーか雑誌の記事のなかで、チェス・ボードのかたわらに立ってらっしゃるあなたの写真があったように思うんです。チェスはお好きですか」

　筋書きというのはこうだった。チェス好きのジョージ・スタイナーがいっていたように、チェスと音楽には何か共通するところがあるらしい。もしもそれが本当だとしたら、エヴァンスの音楽にべつの角度からアプローチできるのではないだろうか。と、ここまではかっこよかったのだが。

「たぶん偶然のいたずらじゃないかな。最初の妻がチェス好きでね、いつも盤にむかっていたから、それでカメラ・アングルにはいったのかもしれない。ゲームとしてはおもしろいと思うけど、じぶんじゃチェスはやらないんだ。教えてくれるというなら、もちろん、よろこんでお相手するよ」

　一転、ひどいショック。

　エレインさん、というのがまえの奥さんの名前である。物静かで生まれながらの気品を感じさせる、知的な、美しいひとだった。待望久しかったビル・エヴァンス・トリオが初来日したとき、彼女はいつも、後方の座席でじっと演奏にききいっていた。七三年一月のことだが、ぼくには鮮明な記憶がある。帰国まもない三月のすえ、そのエレインさんが事故（と伝えられる）で亡くなったのだから。

　これでは、どうにもしようがない。インタヴューの時間は短く、容赦なくたっていくのに、ぼくはといえば、チェスを想定した紙くず同然の質問メモに目をやるばかり。どこでどうまちがって、彼の趣味はチェスだなどという確信をもったのだろう。

　しかし救いの天使はどこにでもいるものだ。ぼくにつきそってくれたお嬢さんが、とっさに助け舟をだす。

「エヴァンスさんにはどんな趣味がおありですか」

「わたしの趣味らしい趣味はというと、ホース・レースだね」

「競馬ですって」

　ぼくはとうにリタイアしている。あとはふたりの会話をまとめればいい。

「そう。もっとも、ふつうの競馬じゃないんだよ。騎手は二輪のカートに乗っててね、それを馬が引いて競争するんだ」

「わあ、おもしろそうですね」

「うん、しかもレースでは、馬をギャロップにさせちゃいけない。ペースはつねにトロットを保つんだ」

「いつごろから好きになったんですか」

「もう四年になるかな。ひまをみては競馬場にでかけていってね、レースを楽しむんだよ」

「どんなことところが気にいってらっしゃるんです」

「いちばんいいのは、日常の生活とか仕事をまったく離れられることだ。そこでは、現実の世界とは全然べつの、もうひとつの世界にはいりこめるんだ。じぶんが住んでいる世界からは完全に遮断された世界だね。逃避という言葉をつかってもいいんだけど、でも、そこはまた、わたしじしんの世界とはまるで別個の法則やなんかに支配され、動いていると思えてくる世界でもある。たしかに競走馬がこの世に生まれ、飼育され、調教され、レースに出場し、子供を生み、そして死んでいくという過程は、われわれの世界と大差ないかもしれない。しかし、そこにはいりこんでみるとよくわかるんだけど、まったく違う世界なんだね。そうとしか思えなくなるんだ」

「胸に競走馬のバッチをつけてらっしゃるほどですから、たいへんな打ちこみようなんですね」

「これでも共同で馬をもっているんだよ。日本にくる一週間ばかりまえのことだけど、ウディ・アレンのマネジメントをしている男から馬主にならないかって誘われてね。彼はわたしよりずっと馬に詳しいし、とてもいい友人なものだから、一も二もなくとびついたんだ」

エヴァンスの持ち馬は、昨年一月に生まれたという。そろそろペース・コントロールなどの調教にはいる時期だ。ふつうの競馬とおなじで、途中脱落する馬も多いのだが、順調にいけば、来年の六月か七月にはベイビー・レース（新馬戦）でデビューできるだろう。そのさきは三、四歳のビッグ・レースが待っている。

「日本にこの種のレースがあるのかどうかわからないけど、欧米では盛んなんだ。スウェーデン、ノルウェイ、フランスなんかでね、国際レースも開催されている」

「いまから成長が楽しみですね。ええと、なんという名前の馬だったかしら」

「わたしも知らないんだよ。なにしろ急な話だったからね。どんな馬なのか、まったく知らないんだ。日本に着いたときにね、ホテルにむかう途中で競馬場がみえて、それで、とたんにわくわくしたんだけど。はやく会ってみたいな」

「お気持ちはよくわかりますよ。ところで、ごじぶんの趣味を音楽と結びつけて考えたことはありますか」

「そうねえ、音楽と結びつけて考えたことはあまりないな。現実的な意味あいでいえば、たしかに、音楽と共通する面があるかもしれない。たとえば他人と競争し、他人をしのいでいい音楽をつくるといったところがね。それに、私は調教師にしろ騎手にしろ、そういった仕事に従事するひとびとをみなアーティストとみているからね。でも、わたしにとっては、いまもいったように、じぶんの世界とはまったくべつの世界に浸りきれるというのが楽しみであるわけだから、とりたてて音楽と関連づけたりはしないんだ」

ステージのうえのエヴァンスは、外界から切り離され、スタイナーのいう「とざされて結晶した」世界に浸りきっているかのような印象をあたえる。この印象が、彼にはチェスがふさわしいと思わせることになるのだが、エヴァンスじしんは、じぶんの音楽をそのようなものとはみていなかった。

「競馬に夢中になるまえは、どんな趣味をおもちでした」

「以前のわたしには、これといった趣味

はなかった。読書とか、まあ、せいぜいそんなものだったね。というのは、じぶんの趣味に没頭できるだけの余裕なんて、なかったからなんだ。しょっちゅう演奏旅行にでかけていたし、いろんなことがあったし、とうてい無理だった」

　それは、ひとりエヴァンスにかぎったことではない。多くのすぐれたジャズ・ミュージシャンのキャリアをふり返ってみればわかるように、名声と「余裕」とはたいていのばあい一致しなかったのだ。

「過去のことはとにかく、いまのわたしは音楽と家族と馬が生きがいなんだ。このトライアングルのうえに成りたっているんだね。それと、もちろん」

　エヴァンスはいたずらっぽく微笑んだ。

「美しい女性も大好きだよ」

　女性はこうい科白に弱いらしい。パドックをでて、話題をちょっとかえなければ。

「お嬢さんたちは音楽に関心をもっていますか」

「うえが娘で、今年十二歳になる。学校でフルートかなんかをやっているようだけど、音楽の道に進むかどうかはまだわからないね。下の子は小さいんだ。二つかな。男の子でね。たまにピアノをいたずらしているよ」

「あなたとおなじころ、アール・ハインズの日本公演が予定されているんですが、彼は三つのときには母親の弾くオルガンに伴奏のまねごとをしたそうですよ。だから、あなたのお子さんもひょっとすると」

「ははは、それはどうかな」

「お子さんたちといっしょに演奏を楽しんだりなさいますか」

「いやいや、べつにそういうことはないんだ」

　当初の予定ではかっきり四十五分間あったのだが、じっさいに話がきけたのは、そのうちの二十分足らずにすぎなかった。ぼくが愚かにもチェス・セットをとりに寄り道して遅くなったのと、市川さんに写真撮影の時間枠を約束してあったためだ。インタヴューのあと、ぼくらは連れだってホテルの外にでた。カメラのまえのエヴァンスは、ふたたび、以前とは別人のようにみうけられた。こころよく市川さんの要求にこたえて、横断歩道を何度も行き来し、ときにはストップ・モーションでおどけてみせた。ステージを離れたエヴァンスは、いつもこうなのだろうか。それとも、何かが彼をかえたのか。

（『ステレオ』'78・11月号初出）

ジャズはWhatではなくHowであり、もしWhat（何か？）であるなら、それは静的なものであって、けっして成長しないだろう。

——ビル・エヴァンス

エヴァンスの手

諸岡敏行
Morooka Toshiyuki

手もとに一本の古びたネクタイがある。そのいちばん幅のひろいところに黒いしみのようなものがついている。よくみても、しみかどうかははっきりしない。もちろん、なんのしみかはだれにもわからない。

そのしみは一九七三年にビル・エヴァンス夫妻がつけたものだ。ふたりがはじめて日本にきたときのことで、たまたまサインをしてもらった。ネクタイは茶色の地に黒っぽい織り柄があって、サインペンは水性だった。ふたりのサインは書くそばからにじんで、ただのしみになり、織り柄の一部と化した。

ほら、ごらんなさい。みえやしないわ。エヴァンス夫人はあきれ顔だった。サインももらいなれていないと、こういう始末になる。

その夜、つよく印象にのこったのはビル・エヴァンスの手の大きさだ。じっさいに大きかったかどうかは知らない。わたしの手よりも大きいか小さいか、たしかめたわけではないし、これについて知りあいのエヴァンス・ファンに意見をあおいだわけでもない。しかし、どういう理由かリンカーンの像なみに手が大きく、指の長いひととして記憶されている。

七三年のときは何度かコンサートにいった。つけくわえるまでもないだろうが、全身がふるえるようなピアノ表現を期待してのことだ。エヴァンスの演奏のイメージは心のなかでふくらみにふくらみ、ふつうのミュージシャンのものではなくなっていた。これはなにも、わたしひとりにかぎったことではない。

しかし、そのコンサートにはうっとりするものはあったかもしれないが、きらきらするもの、わくわくするもの、ぞくぞくするものはなかった。七三年のエヴァンスはふつうのミュージシャンだった。

ビル・エヴァンスはもっとまえに来日していてもおかしくないひとだ。できることならスコット・ラファロ（ベース）、ポール・モチアン（ドラムス）とのトリオできてもらいたかったし、そうなっていたら、どんなにすてきだったろうか。エヴァンスは六〇年代のはじめに最高のパートナーだったラファロを亡くしてから、かわりのベーシストをさがして旅をつづけたが、みつからなかった。やがてエヴァンスじしんのピアノも、自分の演奏をなぞることのほうが目立つようになったと思う。

サインをもらうとき、わたしはぼんやりしていて気づかなかったが、ビル・エヴァンスのきき腕はどちらだったろう。もしも自由自在に両手をつかうことができたなら、いっぽうの手でラファロのベースのように思いがけないサウンドをつくり、もういっぽうの手にはたらきかけて、もっともっと、きらきらし、わくわくし、ぞくぞくするものを生みだしていたかもしれない。そしてうっとりするものも、とりわけソロ・ピアノで。

おぼえていますか。なんとかインタヴューがすんだあと、わたしは持参したLPレコードをビル・エヴァンスにみせた。これは七八年の話だ。

エヴァンスはちょっとのま考えて、いった。ああ、こういう吹きこみがあったことはおぼえている。おもちじゃないですよね。そう、もっていない。わたしからのプレゼントです。きょうはありがとうございました。

わたしがおしつけたのはフランク・ミニオンという歌手のアルバム（ベツレヘム盤）で、ビル・エヴァンスら、マイルス・デイヴィス（トランペット）のグループゆかりのミュージシャンが何曲か伴奏にあたっている。自分がリーダーになったものではないから、ひょっとすると、エヴァンスはもともともっていなかったかもしれない。どちらかといえば、めずらしいのがとりえの吹きこみだが、にこにこ顔でうけとってくれた。

（アメリカ文学）

黄金トリオ

スコット・ラファロ

エヴァンス・トリオ伝説のベーシスト

坂本 信
Sakamoto Akira

スコット・ラファロは、「ひとりがソロを取り、他のふたりが伴奏するのではなく、三人が同時にインプロヴィゼイションを繰り広げる」というビル・エヴァンスのコンセプトが最初に実現した、伝説的な「ファースト・トリオ」の文字通り1／3を占めたベース・プレイヤーだった。

一九三六年四月三日、ニュージャージー州ニューアークに生まれたスコット・ラファロが音楽活動を始めたのは、クラリネット兼テナー・サクソフォン・プレイヤーとしてだった。ベースを手にしたのは一九五三年に高校を卒業したばかりの頃のことで、彼はその後イサカ音楽院で学び、R&Bのバンドでしばらく活動した後、トロンボーン・プレイヤーのバディ・モロウが率いるダンス・バンドに加わった。そして、一九五六年にトランペット・プレイヤー兼ヴォーカリストのチェット・ベイカーのグループに加わったのをきっかけに、いわゆるジャズの世界でその名が知られるようになった。その後のラファロの躍進ぶりには目覚しいものがあり、エヴァンスのトリオ以外で彼が一九六一年までに参加したアルバムは、バディ・デフランコの『ライヴ・デイト』（ヴァーヴ）、パット・モランの『ベヴァリー・ケイ・シングス・ウィズ・ザ・パット・モラン・トリオ』および『ジス・イズ・パット・モラン』（共にオーディオ・フィディリティ）、ヴィクター・フェルドマンの『ジ・アライヴァル・オヴ・ヴィクター・フェルドマン』（コンテンポラリー）および『ラテンズヴィル』、『カル・ジェイダー・スタン・ゲッツ・セクステット』（ファンタジー）、マーティ・ペイチの『ブロードウェイ・ビット』（ワー

キープニューズ、ラファロ、エヴァンス、モチアン

ナー）、ハーブ・ゲラーの『ジプシー』（ATCO）、『ブッカー・リトル』（タイム）、ガンサー・シュラーの『ジャズ・アブストラクション』（アトランティック）、オーネット・コールマンの『フリー・ジャズ』、『トゥウィンズ』および『オーネット！』（アトランティック）、ハンプトン・ホーズの『フォー・リアル！』（コンテンポラリー）トニー・スコットの『サング・ヒーローズ』（サニーサイド）、および、ラファロを含むカルテットの演奏を三曲収めた『ウェスト・コースト・デイズ』（フレッシュ・サウンド）と幅広い（註：以上のアルバム列挙については、杉田宏樹氏作成の資料を参考にさせていただいた）。さらに、レコーディングは残されていないものの、バーニー・ケッセルやアイラ・サリヴァン、ベニー・グッドマンなどのグループでも演奏し、形態としてはヴォーカリストの伴奏からコンボやビッグバンドまで、スタイルとしてはスウィングからハード・バップ、実験的なものまで、当時のジャズのほとんどあらゆる状況を経験したと言っても過言ではない。

こうした八面六臂の活躍ぶりが評価されたラファロは、一九五九年にアメリカ、「ダウンビート」誌の批評家投票で、「ニュー・スター」部門の第一位に選ばれている。この時点で彼はまだ二三歳。ジミー・ブラントンやオスカー・ペティフォード、チャールズ・ミンガス、ポール・チェンバース、エディ・ゴメス、最近ではチャーネット・モフェットやクリスチャン・マクブライドと、ティーン・エイジャーの頃から（モフェットは七歳から！）プロとして活動しているベース・プレイヤーはそれほど珍しくはないが、ベースを始めてわずか三年目から六年目までの間に、ジャズ界でもっとも注目されるベース・プレイヤーのひとりとされるようになったラファロの才能や習得力は、やはり並外れたものと言うしかない。現在の視点からすれば、スコット・ラファロは偉大なビル・エヴァンスのトリオに参加したことで名を残したような印象を受けるが、上記の経緯を踏まえれば、一九五九年の結成当時のエヴァンスのトリオは、実はラファロがいることでより多くの注目を集めたのではないかとさえ思えてくる。エヴァンスのトリオへのラファロの参加は、まさに満を持してのものだったのである。そのファースト・トリオが本格的に始動するきっかけになったのは、エヴァンスがジミー・ギャリソンのベースとケニー・デニスのドラムスとで、ニューヨークのクラブ、ベイジン・ストリート・クラブにベニー・グッドマンのビッグバンドと交替で二、三週間出演するという仕事を受けた際に起きたトラブルの連続からだった。ジャズのクラブ側の待遇の悪さに我慢できなくなったギャリソンとデニスが相次いで辞め、エヴァンスが立てた代役も次々と交替し、最後に落ち着いたのがラファロとモチアンとのトリオだったというのだが、何とも皮肉な話である。ちなみに、一九五六年にラファロがチェット・ベイカーのオーディションを受けた際には、エヴァンスとモチアンが伴奏を買って出たとのことで、この時点ですでにファースト・トリオのメンバーが共演していることになる。また、トニー・スコットの『サング・ヒーローズ』は、ラファロとエヴァンス、モチアンが、一九五九年一〇月に初めてレコーディングを共に行ったアルバムである。

さて、ベイジン・ストリート・クラブでのゴタゴタから一ヶ月あまり経った一九五九年一二月二八日、ファースト・トリオは記念すべき最初のアルバム『ポートレイト・イン・ジャズ』のレコーディングを行うが、たとえばここに収められたステレオ、モノラル両ヴァージョンの「オータムン・リーヴス（枯葉）」の演奏だけを取ってみても、ラファロがすでにトリオにおいて重要な存在であることが感じられる。ステレオ・ヴァージョンでは、リズムにひねりをきかせたイントロに続いて、エヴァンスがややフェイクしながらテーマを弾いた後、いきなりラファロがひとりになる。これは形式的にはベース・ソロだが、音楽的にはむしろ、「枯葉」というスタンダード曲をこの先どう持っていくかが、すべてラファロの手に委ねられていると受け取れる部分でもある。エヴァンスのソロも、ラファロのラインに絡む形で展開されている。モノラル・ヴァージョンも基本的には同じような方針で演奏が進められるが、こちらはエヴァンスがテーマを弾いているときからすでに、ラファロはまるでソロを取っているようなラインを弾いており、ステレオ・ヴァージョンの解釈が、より圧縮された緊張感の高い形で表現されている。また、「ホワット・イズ・ディス・シング・コールド・ラヴ（恋とは何でしょう）」のベース・ソロの後半では、ピアノとドラムスが束になってベースに挑みかかるようなリフが聴かれるが、これなどはまさに、ラファロのベースが従来の「縁の下の力持ち」的な立場から、「大黒柱」的な地位へと躍進を遂げた

スコット・ラファロ（1936-1961）

ことを証明するかのような場面である。上述のチェット・ベイカーのオーディションの際に初めてラファロと共演したエヴァンスは、ラファロが溢れんばかりのアイディアをまだまだ制御しきれていないという印象を持ったとされるが、ファースト・トリオの発足に際して、そのような懸念はすでに無くなっていたと思われる。繊細なタッチを駆使し、抑制の効いたベース・ラインを弾くラファロの能力は、「ブルー・イン・グリーン」で遺憾なく発揮されている。とくに「テイク2」では、冒頭部で積極的に取り入れられたハーモニクスや和音奏法が印象的である。『ポートレイト・イン・ジャズ』をレコーディングした翌年、ファースト・トリオはアメリカ横断ツアーに出て、トリオの方法論をさらに発展させる。彼らが二枚目のアルバム『エクスプロレイションズ』をレコーディングするのは一九六一年二月二日のこと

だが、そのほぼ直前の時期に、ラファロはエヴァンスとはまったく違った意味で革新的な存在だった、オーネット・コールマンのレコーディングに参加している。一九六〇年一二月二一日の『フリー・ジャズ』および翌六一年一月三一日の『オーネット！』がそれである。ダブル・ホーン、ピアノレスのカルテットが前者は二組、後者は一組でコレクティヴ・インプロヴィゼイションを展開するが、オーネットのフリー・ミュージックは個々のプレイヤーが生み出すメロディー・ラインを基本にしたもので、エヴァンスのトリオでラファロが打ち出したスタイルにも一脈通じるところがある。とりわけ、『フリー・ジャズ』の終盤で四人のホーン・プレイヤーが抜け、ふたりのドラマーの抑えたシンバル・ワークを従えて展開されるラファロとチャーリー・ヘイデンのベースによる対話は興味深い。ラファロはここで、

トレモロのような奏法を試みている。『エクスプロレイションズ』に話を戻すと、当初このレコーディングにはただならぬ雰囲気が漂っていたようである。ラファロとエヴァンスの間には感情的な行き違いがあり、おまけにラファロは愛用のベースを修理に出していたため、慣れない代用の楽器でレコーディングに臨まなければならなかった。とはいえ、このときのセッションからも珠玉の名演が生まれたことは間違いない。白眉と呼べるのは「エルザ」で、テーマの最初のコーラスで、ラファロはワルツの三拍目と一拍目だけに音を置くことで、エヴァンスのピアノと微妙な距離感を創り出し、えも言われぬ空間を演出している。その後ピアノ・ソロに入っても、ラファロはビートがずれて感じられるような場所に音を置き、エヴァンスのピアノと危うい関係を生み出している。続く「ナーディス」のベース・ソロの部分

では、「エルザ」におけるふたりの立場が逆転したような演奏になっているのがおもしろい。これら二曲以外にも空間をたっぷりと取った演奏が多いのは、エヴァンスがピアノの音域のまさに1／3をベースのために明け渡し、ベースと音がぶつからないように配慮したのが効果を上げているからである。ニールス・ペデルセンがオスカー・ピーターソンと共演する際に、自分の鳴らすベース音がピーターソンの左手のそれとぶつからないように、ピアノの鍵盤を目でも確認できるような立ち位置を常に確保しなければならなかったのとは対照的である。

『エクスプロレイションズ』で豊かな空間を演出し、音の奥行きを増したファースト・トリオだったが、その命脈は本稿の主役であるラファロの突然の死によって、あと四ヶ月余りで断ち切られることになる。そして、ラファロの白鳥の歌を収めたのが、すでに当時のニューヨークで三〇年近くの歴史を誇っていたクラブ、ヴィレッジ・ヴァンガードで六月二五日にレコーディングされた二枚のライヴ・アルバム、『サンデイ・アット・ザ・ヴィレッジ・ヴァンガード』と『ワルツ・フォー・デビー』である。悲しい結末を目前にした演奏だが、喜ぶべきは『サンデイ～』にラファロのオリジナル曲が二曲収録されていることと、この日のラファロが絶好調と言える演奏を聴かせてくれたことである。「グロリアズ・ステップ」はまさに、ラファロが自分の能力を存分に発揮するために書いたような作品で、とりわけ「テイク2」のベースはソロも含めて圧巻である。「テイク3」の方がやや荒っぽい演奏なのに比べて、「テイク2」はそれに負けず劣らず大胆でありながら、より完璧にコントロールされている。いっぽう、楽曲としての「グロリアズ・ステップ」は、最初の二小節で明るく微笑んだかと思うと、次の二小節では一転して憂いのある表情を見せるなど、複雑な感情が織り込まれた奥行きを持っている。もう一曲の「ジェイド・ヴィジョン」もやはり、ベースによるコード奏法を発展させた作品で、ヴァンガードでのライヴの最後に演奏された曲でもある。作曲家としてのすぐれた才能を存分に開花させるだけの時間が与えられなかったというのが、ラファロにとって最大の悲劇のひとつだったと言えるかもしれない。いっぽう、『ワルツ・フォー・デビー』で注目すべきは、タイトル曲でラファロがエヴァンスと発揮する一体感である。とりわけ「テイク2」のイントロおよびアウトロ（註：「前奏」を意味するイントロに対して「後奏」を意味する）のアンサンブルの部分でふたりが聴かせている音からは、単なるベースとピアノの組み合わせを超越した、何か新しい楽器のような印象を受ける。もちろん、こちらのアルバムにも、「グロリアズ～」に負けない鮮烈なベース・ソロが収められている。「マイ・ロマンス」の「テイク1」がそれである。

ライヴ・レコーディングというのは往々にして良い音質を保つのが難しいものだが、ラファロのベースに関する限り、これらのライヴ盤の方が先行する二枚のスタジオ盤よりもむしろはっきりした音で捉えられている。モダン・ジャズ・カルテットのベーシストで、ラファロも敬愛していたパーシー・ヒースから、「そんなに苦労するぐらいなら、いっそのことギターを弾けばいいじゃないか。」とからかわれたこともあったラファロは、より高度な演奏テクニックを取り入れやすくするために、弦が指板（左手で弦を押さえる部分）に近くなるようにブリッジを低めに調節していたというが、これらのライヴ・アルバムで聴かれる弦が指板にカツカツと当たる音は、そのことを裏付けている。もちろん、力強い演奏ばかりでなく、たとえば「サム・アザー・タイム」の終盤で聴かれる、繊細なダイナミクスによる空間表現もしっかりと伝わってくる。

ファースト・トリオがその能力を昇華させ、もはやピアノ、ベース、ドラムスの区別がつかなくなるほど一体化したアンサンブルを聴かせてからわずか一〇日あまり後の一九六一年七月六日、両親の住むニューヨーク州ジニーヴァへ車で向かう途中のラファロは、夜道で運転を誤り立木に激突した。即死だった。この知らせが彼の両親はもちろん、残されたファースト・トリオのふたりにとってどれほど大きな衝撃だったかは、その後のビル・エヴァンスの状態がもっとも良く物語っている――ラファロの死を知らされてから約一年間というもの、エヴァンスは人前で演奏する気力を取り戻せないでいた。家にいるときでさえ、ピアノに向かうことができない状態が半年ほども続いたという。

スコット・ラファロがビル・エヴァンスのファースト・トリオで活動した期間は約一年半。それはあまりにも短く、あまりにも輝かしかった。そのせいか、ラファロ以降にエヴァンスとのトリオで演奏したモンティ・バドウィックやゲイリー・ピーコック、チャック・イスラエル（イズリールス）、エディ・ゴメス、マーク・ジョンソンといったベース・プレイヤーたちはみんな、程度の差こそあれ、ラファロ以上には評価されていない。彼らがファースト・トリオの創り上げた世界に後から入っていったのはたしかだが、とりわけピーコックとゴメス、ジョンソンは、エヴァンスの音楽のさらなる発展に寄与し、その後は独自の世界を築いている。決してラファロに引けを取ることはない。

（ベーシスト）

J・Jエッセイ

きょうは朝っぱらからずっとビル・エヴァンスなんだ

植草甚一
Uekusa Jinichi

編集部からビル・エヴァンスの資料がどっさり届いた。時計をみると十時半だ。まだすこし眠いなあ。資料は古い雑誌と新しい雑誌が九冊あって、その雑誌はジャズ・レビューとダウン・ビートとジャズ・オットの三種類だが、バック・ナンバーの古い順から調べてみると一九六〇年の八月から六五年の六月までが七冊、そこで飛んで一九七一年と七二年が三冊あった。さてこの九冊に出ている記事を、どうやって読んでいこうか。

ぼくは最初に一九六〇年八月号のジャズ・レビューに出たドン・ヘックマンのレコード評から始めて、最近の記事というふうに発展段階による勉強のしかたに中心を置こうと考えた。これが上記のような資料がそばにあると、ふつうの方法になってくる。そうしてレコード評は「ポートレイト・イン・ジャズ」で、ベースはスコット・ラファーロだった。

そのころのラファーロのベースときたら、いまでもぼくの記憶から音が浮かんでくるくらい新しいものだった。それがレコード評とは別な欄にマーチン・ウィリアムズのスコット・ラファーロ紹介の記事がのっていた。編集部でもエヴァンスといっしょにラファーロのことを書くと面白いだろうといった。

二つの記事を読んだあとで、いちばん新しい資料に、ざっと目をとおした。それは一九七二年四月号のジャズ・オットに出た対談で、エヴァンスの相手は、ぼくのすきなフランソワ・ポズティフである。そのとき新しい記事から古い資料へと逆にやってみたほうが面白そうな気がした。時計を見ると午後一時である。よしこっちのほうでいこう。すこし腹がへってきたぞ。

ゆうべ残したカレーライスをたべながら、この対談の紹介ではフランソワ・ポズティフの質問を、そのまま生かしてみようと考えた。いつもは対談記事の紹介のとき、質問のしかたが下手くそなので、その質問を抜かしても、前後がうまくつながってしまうのだった。けれどポズティフの質問は、いい線をいっているので、その点でも参考になると思ったからである。たぶん質問と答にいちいち名前をいれなくてもわかるだろう。カレーライスをたべたあとでコーヒーを飲みながら、ひと休みした。

——こないだのＯＲＴＦホールでコンサートがあったとき、こんなことを考えました。まえよりもあなたのスタイルがずうっと、堅くならないで美しい音を出そうという探究に向かっているようだ。それを意識してやってるわけじゃない。それもわかったことですが、いままでは新しい音の探究にあったと思っていたからです。ぼくの聴きかたは間違っているでしょうか。

——ミュージシャンが自己分析をやるのは、とてもむずかしいことなんですよ。自分のピアノの音になると、そのときのことは記憶にないので、自己分析は不可能になってしまうんです。そこでぼく自身の立場から言わせてもらうと、ぼくには理論がいちばんだいじだったのです。どんな音をピアノから出すかということはアルティザン（職人）としての問題になるんだ。その点でぼくはアルティザンにすぎない。

ですから音の美しさとか、ぼくの演奏のできぐあいのことは、あなたまかせにしたいんです。そうして音のよしあしになりますと、それがぼくの音楽の要素なのに、ぼくには音がコントロールできない。たぶんその音を出すとき、音のことは考えないからでしょう。そうした演奏中あたまにあることはというと、理論にもとづいたストラクチュアなんです。だから音そのものでなく、ぼくの音楽的言語に解決を見出そうということになり、それがミュージシャンにとっては先決問題といつも考えているんですよ。

といって演奏の成果がどうだっていいというわけではありません。それについては根源的な立場から考えたくなるのです。それでぼくはピアニストではなく、教会の建築家だといってしまう。教会をつくるには特殊な建築学の知識が必要で、それがなければ教会はできません。音楽のストラクチュアもおんなじだといえるでしょう。ストラクチュアを完全に組み上げなければ教会も音楽もつくれないんです。

そうして目のまえにあるできあがった教会をながめて精神に安

らぎを感じるのは、それを建設しているときの気持とは、これがまったく違うんです。個人としてのエモーションとか、そのときの感情の度合いなんかとは離れた荘厳なものだといっていいでしょう。

ところがORTFホールのピアノは飛び切り上等なものでした。あそこの音響効果もよく計算されていますね。ぼくはいい気持になって、ふだん使わない音をかなり出してしまったようです。あまりよくないピアノにぶつかったときは、音質で勝負しようという気持がマイナスになって、ピアノの弱点をカバーするためパーカッシヴな音を出すようになるんですよ。

——つまりピアノがあなたのアイディアの指揮者として二流になることがよくあるんですね。

——そうなりますね。そんなときは途中から、ピアノの能力を差っ引きます。ミュージシャンの皮膚にいつもくっついているのが楽器ですが、ピアノは唯一の例外で、トランペットやベースそのほか、ミュージシャンは自分のものだから知り抜いているし、それと結婚したのとおんなじなんですけれど、ピアニストにとってのピアノは、毎晩かわるフィアンセなんですよ。これはプロとして出発したときまず直面する問題で、それからは絶えずそれを解決しなければならないという重荷をしょって歩いていく。これは一流になったピアニストにとっても毎日がそうなんですよ。

ぼくは演奏があるときピアノに注文をつけることができるようになったけれど、ふつうこういう特権はみとめられないから、若いミュージシャンはかわいそうです。最近ではエレクトリック・ピアノをいつも持ちはこぶミュージシャンがいるけれど、エレキ・ピアノは中クラスのピアノより性能がおとるんです。ピアノ会社のPRになるおそれがありますね。

——最近発表されたCBSの「ビル・エヴァンス・アルバム」は一九七一年五月の録音ですが、スタインウェイ・ピアノとフェンダー・エレクトリックを使っていますね。このレコードはあなたがすきな一枚ですか?

——とてもすきなんです。その理由は録音がいいからで、CBSのスタジオに売却された教会があって、ぼくのセック(乾いた)な音がそのまま録音されるし、きらいなエコーもともなわないんです。マイルスやジョージ・ラッセルやガンサー・シュラーやミシェル・ルグランと共演したのに、あの教会のスタジオでやったのがあります。

——あなたの作曲には、あなた自身でも演奏するのにとっても困難だと思われるようなのがありますね。こんどのアルバムの〈T・T・T〉(十二音階調)がそうです。

——〈T・T・T〉は三回に二回は失敗します。まったく格闘しているみたいだなあ。うまくいったなあと思ったときは、魔法にかかったような気持だけれど、またそんな気持でいこうとしても二回つづけて格闘が再開されるってわけでね。この〈T・T・T〉は、理解しやすいテーマの展開だと思われなければ意味がないんです。そこが格闘になる原因なんですよ。

ほかに格闘が繰りかえされる曲を四つばかりあげてみますと、最初が〈アンレス・ツー・ユー〉Unless to You、それから〈ワン・フォー・アラン〉One for Alan、なかでも〈ウォーキング・アップ〉Walking Up は指の操作との格闘になります。〈タイム・リメンバード〉Time Remembered はリズムを生かしたデリケートな曲ですがスロー・テンポで加速度を加えるようにしなければならないので、いつも困難な演奏になりますね。

けれどレパートリーにした曲目が多いから、そうテクニックのうえで困難はかんじません。問題は肉体的な面と心理的な面とが合致して、一つの流れとなり、聴衆がぼくの内面的苦痛をかんじないような演奏にしたいから、そこがむずかしいんです。

その日の頭の調子や、からだの調子がよくないと、てきめんに格闘がはじまる。政治家だって選挙演説で毎日おんなじような話をブチながら似たような経験をすると思いますよ。

——あなたのレコードを聴くと、どのアルバムも商業主義とは妥協していないのを感じますよ。

——むしろ甘やかされたんですよ。いままでに六十枚くらいのアルバムがあって、半分がぼくの名前になっているけれど、そのなかですきなのがリヴァーサイド盤です。「アット・ザ・ヴィレッジ・ヴァンガード」「エクスプロレーションズ」「ワルツ・フォー・デビー」「ポートレイト・イン・ジャズ」「エヴリバディ・ディグズ・ビル・エヴァンス」がそうです。みんな赤字だったそうですが、オリン・キープニューズは黙っていましたよ。それからMGMのセッションが気にいっているんです。

ぼくのレコードをあつめてくれているファンにも注意が向かわないだろうし、それが当りまえですが、ぼくが古いレコードから順々に聴いていくと、ともかく進歩はしているんですね。じぶんのアイディアが、だんだん突っこんで表現されるようになったなあと思うんです。

——あなたは完全主義者なんだ。ところがあなたの指はピアニストらしくなく太いですね。

——もっとふくれて痛くなるときがある。肝臓がわるいせいなんです。けれどそう苦にはしてません。オスカー・ピーターソンは関節炎の持病があるでしょう。ホレス・シルヴァーはリューマチだし、二人とも痛くて困っちゃうそうですよ。ぼくの場合は痛みはそれほど感じない。適当に仕事を休んでいれば直ってしまうんです。

ところで指の使いかたですが、二つのテクニックがあります。伸ばすのと曲げるのとですね。ぼくは若いころは指を伸ばして弾いていましたが、若ければエネルギーがありあまっているから力ずくでいくには、このテクニックでいきたくなるわけです。けれど年をとるにしたがい指を曲げて弾くほうがいい。くたびれないし、テクニックの種類をへらしても、それだけの表現ができるじゃないか。たとえば、モーツァルトやハイドンやバッハのものは指を曲げて弾くようになりました。とくにバッハのフーガのときに、それがいいってことが分るんですね。

むかしは毎日ピアノから離れたことはなかったけれど、最近はなまけ者になりました。音階の練習やおなじ曲の繰りかえしということで、ピアノの勉強は飽きやすい。だからぼくはテーマでいくんですが、六つのときにピアノの勉強をはじめたのはいいが、十三のときまでジャズは知らなかった。大学を出ても楽団に入る気がしない。ピアノは自分をよろこばせるためのものだからです。

兄貴が二つ年うえで、彼がピアノをやりだしたときに、ぼくはそれを聴いて頭でおぼえました。両親とも音楽家ではなく、音楽ファンだった。ピアノのほかにも何かやれというんで、兄貴はトランペットを、ぼくはヴァイオリンをやった。ところが十二のときにヴァイオリンはとてもだめだと気がつき、ピアノを勉強しながらフルートとピッコロにかえた。カレッジと軍隊でも、この楽器をずっとやりアルト・サックスまでいじった。けれどやっぱりピアノがいちばんいい。オルガンはきらいだった。ピアノは水晶のようなもので、その水晶が歌っているようだし、その歌はつかめないけれど、香水のにおいのように空気のなかでひろがっていくような気がした。

――七年もいっしょに仕事をしているベースのエディ・ゴメスのことを話してください。

――エディ以前にはスコット・ラファーロとチャック・イスラエルズがいましたが、エディの奏法は二人とは違うんです。ともかくすばらしいベーシストですよ。こうやってくれというと、カンがいいんですかね、うれしくなっちゃう。ぼくとはスタイルがちがうミュージシャンとやってもピタリ注文どおりにやっちゃうテクニックを持っている。

ぼく以外にエディが付き合ったのはフリー・ミュージックの人たちが多かった。ぼくはフリー・ジャズはやらないし、いままで聴いたものに感心したのはあまりなかった。ぼくにはフリーが違う音楽言語に聴こえてくるんですよ。

いったいグループ演奏でフリーということがありうるんでしょうかね。彼らがやっていることは無から出発している。根底になるものも理論としてのストラクチュアもない。音楽による自由な議論だというけれど、めくら滅法にやっている。もしスタートから考えさせるものがあって、それがしだいに狂的な興奮となり、ついでメロディックな休息的状態となり、こんどは違うストラクチュアのものとなって発展する。そういうフリー・ジャズにぶつかったときは面白いと思ったが、ほんの例外にすぎません。

――理論的にやっていかなければ、すぐれた音楽は生まれないんでしょうか。

――理論的にあたらしくするわけなんだが、フリー・ジャズのように、すべてを破壊するのは考えもんだなあ。繰り返すようにぼくは理論主義だけれど、音楽を自由にしたい気持は、もちろんぼくにだってあるのだ。十二年ほどまえだが、この問題にまじめな気持でぶつかったことがあったっけ。というのも精神的な緊張をほぐしたかったからだが、ぼくの性質には合わなかった。

ぼくは自分をたのしませるために演奏してきたけれど、もう限界にたっしたし、これ以上の発展性はのぞめないと見切りをつけるようになりました。それも理論主義なせいだろうが、その意味でぼくは画家のことを考えるんです。できあがった絵画にたいする批評は、主として構図とか色彩とかいった細部のテクニックに向けられるでしょう。けれど画家が描きはじめるときはフィーリングであり、それは人間的なものです。ぼくはフィーリングで弾きはじめますよ。そうして人間的なものが生まれるとき、理論から考えたものと現実とは違うなあ、けれどそうなった根底には理論があるからなんだと自分を納得させることになります。

——ブルー・ノートのモンクのレコードを聴いて痛感したことですが、テクニックなしでもいいという時期がミュージシャンにはあるんではないかな。

——ぼくはモンクの曲はずいぶん弾きましたよ。モンクのものでは〈ベムシャ・スイング〉〈リトル・ルーティ・トゥーティ〉なんかユーモアがあっていいですねえ。

——そういうユーモアがあなたのものにはないですね。エレガントで純血なもの、とてもまじめで尊敬にあたいするもの、つまりあなたの個性をかんじさせることになります。

——じつはユーモア精神の持ち合わせもあるんですよ。まじめなユーモアということになりますかな。それが作品にあらわれたことは絶対にありません。聴衆がそういうぼくをみとめてはくれないでしょう。だから怖いんです。

ただ小品のなかにユーモアとはいかないまでも軽い気持で演奏したもの、たとえば〈リトル・ルル〉Little Lulu、〈サンタクロースが街へ〉Santa Claus Is Coming to Town がありますが、聴く人にとっては、まじめな作品になってしまうんですよ。シェリー・マンと〈ウィズ・ア・ソング・イン・マイ・ハート〉With a Song in My Heart を録音したときですが、あとでレコードに入れる計画なしに、気分をほぐすために勝手気儘なことをやったんです。それが「アフターシックス」The Aftersix という題で編集されたが、これが長い演奏でね。ぼくのものでは一番こっけいなんだけれど、それさえマジメに受けとられてしまい、そのうえケナされてしまった。

——チック・コリアが、〈ビル・エヴァンスのためのテーマ〉というのを作曲したという話を、なんかで読みましたが。

——知りませんよ。チックのやってることはみんないいと思います。ハービー・ハンコックとキース・ジャレットとで新人三羽鳥ですね。

——あたらしいアルバムは?

——ジョージ・ラッセルのオーケストラで、ぼくもかなり意見をのべ、それが実現したんです。

——トリオとオーケストラとどっちがすきですか?

——柔軟性の点でトリオです。ぼくの考えどおりのフォルムになるから。オーケストラがバックで続きどおしなのはすかない。ほんとうはベースとの二重奏がいいですね。ところが聴衆はスペクタクルの要素としてドラムを要求するわけです。

——ベースとギターとのトリオは?　たとえばフレディ・グリーンのようなギタリストをえらんで。

——それはいいアイディアですが、フレディのような一流だと困ることがあるんです。ピアノとギターは音域とハーモニーを似たように使うし、そのため聴衆に不快感をあたえることがあるんです。まあそれは別として、そのうちやってみましょう。

それからドラマーのことですが、やはり問題が生じるんですよ。トリオの場合、ドラマーはつい強く叩くようになる。そのため、演奏からやさしい感情が失われてしまう。いままでグループでいちばんすきだったドラマーはデンジル・ベストでした。あんなにブラッシュ・ワークがうまかった人はいまちょっと見当らないでしょう。

　ブラッシュ・ワークは、いまや失われた芸術になりかけているんです。マーティ・モレルはブラッシュがうまいんですが、デンジルよりモダンになっていて、そこが気にいりません。ぼくがあるパッセージをとくに印象的にしたいとき、ドラマーのほうでも心得てくれていて、そのときはよかったなあと思うんですが、あとでそのときの強さが残っていて、それからうまくいかなくなることが多いんですよ。けれどぼくはポール・モチアン、アーノルド・ワイズ、マーティ・モレルといったすぐれたドラマーにめぐまれてきました。

　ぼくがグループの編成替えをめったにやらないのは、最初たのんだとき、彼らの才能を徹底的に研究してみるからです。知らないスタジオ・ミュージシャンとやって気にいったレコードができたこともありましたが、これは偶然の幸運なんです。地方公演がつづくときに痛感することで、いまのグループは四年ちかく続きました。フランスから帰ったら編成替えをしますけれど。

——最後の質問ですが、どうしてレパートリーにブルースがないんですか。

——初期のころはブルースがすきだったのですが、べつにたいした理由なしに、ブルースから離れていった。それでもときどき演奏するんですよ。ブルースのフィーリングはたいせつなものですから、レパートリーに入れなくても、ふだん忘れずに演奏しなければなりません。

　以上の対談はエヴァンスの個性をよく感じさせたので長めに紹介してしまった。こんどは一九七一年五月二十七日号のダウン・ビートに出た記事で、この号では「ウェザー・リポート」の登場が話題となっている。ビル・エヴァンスはゴメスとモレルのトリオでサンフランシスコのクラブ「エル・マタドール」に出演した。そのナマ演奏をサミー・ミッチェルというのが批評したのが、以下のようなもので、とてもいい批評だと思った。

　ビル・エヴァンスのピアノには吸血鬼的ロマンティシズムが濃厚で、それがジャズの血である中身を吸ってしまい、フレーズの進行がちょっぴり貧血症を起こすことが多い。

　メロディックなラインに彼が陶酔しているとき、それがよく起こるのであるが、こんどもWho Can I Turn to や My Romance や What Are You Doing the Rest of Your Life を弾いているとき吸血鬼ロマンティシズムをかんじさせた。もうすこし説明を加えるとこれはうっとりさせる気持のいいバラードだが、彼は音の砂金をフルイでこすようにしながら印象派的な霧のなかへと、ときどき入り込んでしまうのだ。けれどその霧の中の沼地にエヴァンスといっしょにいると、足を突っ込んでしまう不安が、たのしくさせるのだから不思議だ。

　いっぽうバラードは、どれにも違う味があるだけでなく完全なタッチではこばれていき、Midnight Mood や Like Someone in Love を聴いていると、エヴァンスの真価が光をはなっているし、とても美しい。弱々しい衰弱した美ではなく、デリケートであっても、こわれたりなんかしない。ひかえめな表現なのに言いたいことはいいつくしているんだ。

そんなとき激情をトランプの切り札みたいに見せびらかすことはしない。最近のジャズ・ピアニストの傾向としてフォルテシモを繰りかえし、そこへの出入りがはげしいのでイヤになることが多いが、そんなふうに耳がフォルテシモ的になったとき、エヴァンスを聴くと耳の病気をなおしてくれたような気持になってくる。そうしてアップ・テンポになったときも都会的な洗練された味はなくならない。ビートは外へはじき出されるというよりは、心という部屋のなかへ案内されるようになっているし、エヴァンスふうなスイングはそのために強まったりなんかもしないのである。

ともかく大見得をきろうとはしないピアニストで、そのことを Very Early や Green Dolphin Street では活気をおびて上下するテクニックから、聴いている者をよろこばせうることもあって、ここで特筆しておきたくなった。

四拍子になったときも、軽やかにスイングしながら上品なワルツとなり、彼としては天使の純潔さで最高のテクニックを前面に押し出してみせる。ふざけて遊んでいるんじゃないか、といった面白さが天使をかんじさせることになるのだ。

I'm All Smiles も Emilyも Someday My Prince Will Come もいい。そして Round Midnight でも、そのユーウツなムードは避けるように急いで通り抜ける。ふつうは涙もろい感情にさせる曲だが、エヴァンスがミディアム・テンポで、まったく新しい感情を引き出してみせるあたり、彼のレパートリーのなかの絶品だといっていい。

それからT・T・Tをやった。セリアル技法をつかった彼の作曲のなかの問題作だが、シェーンベルクが考えてもみなかったようなワインとバラがイメージに浮かびあがり、その点でとてもロマンティックだが、軽く知的にスイングしていくあたりは何ともいいようがなかった。

ベースのエディ・ゴメスは、かなりソロをとったが、太いトーンから面白いパターンがいくつもあらわれてきた。エヴァンスのあとをうけて同じフレーズを聴かせるあたりもすばらしい。ドラムのマーティ・モレルは絶えず控えめだったが、それもエンパシー（感情移入）のためには、だいじなことだった。

こんどは一九六五年にさかのぼって、ジョン・タイナンがダウン・ビート六月七日号に書いたエッセーを、ざっと読んでみよう。

オスカー・ワイルドではないが、スタイルがないところに芸術は生まれない、メンバーどうしのユニティがないところにスタイルは生まれない。そうエヴァンス・トリオを特色づけることができる。チャック・イスラエルズのベース、ラリー・バンカーのドラムス。ぼくはシェリーズ・マンホールで三人と話し合った。

三十五歳のエヴァンスは地味な服を着ていて、それに似たような渋い顔つきで、鍵盤に向かって頭をかがめたまま、ピアノとベースとドラムとのあいだにある秘密のメッセージのほかなにも考えていないようだ。そういう演奏のあいだに、インヴェンションをふくめた発展がはじまっていくそうだ。そうした演奏のまえに言葉による打ち合わせをしないのが彼のルールになっている。だからリハーサルをやったことがない。ひまなとき音楽的一般論を三人でやるだけなのだ。

このエッセーの題は「自然の流れ」となっているが、その意味は以上のとおりだと思う。エヴァンスの行きかたは可能なかぎり単純なフォルムにもっていくことなのだ。ラリー・バンカーは昨年からエヴァンスのグループでドラムを叩くまで、ハリウッドきってのヴァイブ奏者だった。だがヴァイブとピアノとでトリオを編成すると困難が発生する。音域がヴァイブとピアノとは似ているからだ。レパートリーを組むのは、それを繰り返すときに新しい工夫からくる新鮮さを発見するよろこびがあるからだ、と彼は語った。

「カンヴァーセイション・ウィズ・マイセルフ」のアルバムを彼は気にいっている。ほかに「タイム・リメンバード」と「ニューヨークにヒバリはいない」をあげた。二十九歳のイスラエルズもエヴァンス同様に地味な格好をしているが、それほど無口ではない。この五年間でもっとも才能のある若手ベーシストだと思った。彼がいうにはエヴァンスは左手でベース音を出さないから、それだけやりいい。おなじようなことをベースにやらせてくれた者は、ジェリー・マリガンとスタン・ゲッツとゲイリー・バートンだけだったと彼は語った。

ラリー・バンカーはカリフォルニア生まれで三十六歳。一九六三年に、ほんのしばらくエヴァンスと共演したことがあった。こんどグループに加入するまえに四年にわたるエヴァンスのレコードを全部聴いて研究したそうだ。こんどシェリーズ・マンホールで演奏するのも加入早々だが、ながいあいだの友だちと一緒にやっているような気がするそうだ。

『エヴァンスはもっとも調子づいているときに、なんだか戸惑っているような印象をあたえるんだよ』とバンカーはいった。『エヴァンスぐらい音をトチらないピアニストも珍しいんだけれど、そんな印象をあたえることがある。ぼくときたらトチってばかりいる。その点で、まえのドラマーのポール・モチアンはすばらしい。ぼくは自分を制御しすぎる癖がある。それがいけないんだ』

演奏は〈枯葉〉となり、テンポの早いインタープレイとそこから生まれてくる緊張の度合いには、苦痛さえ感じさせるものがあった。エヴァンスが鍵盤に顔をつけるようにして弾きつづけているのを見ていると、あとで肩をゆっくり撫でてやりたいような気持になった。

朝っぱらから机にかじりついて、ここまでやるのに三日たっぷりかかった。まだ材料がだいぶ残っている。どうしたらいいのだろう。

（エッセイスト）

（＊『スイング・ジャーナル』73・1月号初出、現在『植草甚一ジャズ・エッセイ大全2』所収）

インタヴュー

ビル・エヴァンス・トリオ最後のベーシスト

ビル・エヴァンスの曲は一生かけて演奏し続けるつもりだ

マーク・ジョンソン Marc Johnson

聞き手・構成＝熊谷美広 Kumagai Yoshihiro

「グッドバイ・ポークパイ・ハット」はとても特別な曲

――今回は、あなたの新作『2×4』と、ビル・エヴァンス・トリオ時代の思い出などについてお聞きしようと思います。

マーク・ジョンソン（以下MJ）オーケイ。

――今回の新作はすべてデュオによるものですが、デュオの相手はどのようにして決めたのですか？

MJ はじめは、ジム・ホールみたいなギター・プレイヤーとやりたいと思っていたんだけど、様々な事情で参加してもらえなくなったので、ほかをどんどんあたっていくうちに、ゲイリー・バートン（vib）がぜひやりたいと言ってくれて、そこからこういう形になった。マコト（小曽根真、p）はゲイリーとの関係もあったし、ピアノとベースのデュオを入れたかったし、日本で出すということで日本人のマコトを選ぶのも悪くないと思ったし、僕自身マコトのアルバムに参加したこともあったから、そういったいろいろな理由で参加してもらうことにした。歌手のルーシー・クレインはあまり知られていないけど、どうしても参加してほしかった。とてもいいシンガーだからね。トゥーツ・シールマンス（harm）はビル・エヴァンス・トリオ時代に知り合ってから、何度も一緒にやっているから、彼ともぜひやってみたかった……といった感じで決めていったんだ。

―― アルバムの選曲はすべてあなたが？

MJ いや、ゲイリー・バートンがすすめてくれたものもある。「ディナー・フォー・ワン・プリーズ、ジェームス」なんてそうだ。あと、「ワン・フィンガー・スナップ」はレコーディング当日に決めた曲で、ちょっとアップ・テンポの曲を探していたところで思い当たったのがこれだった。「モンクス・ドリーム」もゲイリーが持ち込んだ曲だったな。ゲイリーとやってる曲はほとんど当日決めたものばかりだ。でも、他のものはレコーディングまでにアイディアを用意していた。「グッドバイ・ポークパイ・ハット」は特にそうだった。それから、僕の曲がひとつ入っているけど、これは僕の家族のために書いたものだ。

―― 「グッドバイ・ポークパイ・ハット」が特別だというのは、どうしてですか？

MJ ウーン、やっぱりチャールズ・ミンガスの曲ということで伝統的意義があるし、物悲しい雰囲気や、ベース音とメロディだけでいいサウンドになるところも気に入っている。この曲はたしかレスター・ヤングに捧げた曲で、僕とデュエットしてくれているトゥーツはレスターとも親しかったと思う。五〇年代に一緒にツアーをしているはずだ。まあ、そんなわけで、関わり合いのある人達や伝統に対する様々な思いが込められているんだ。この曲はこれからももっと弾き込んで、生涯にわたって僕のレパートリーにしていきたい。

僕は今でもビル・エヴァンスとのつながりを意識している

―― このところ、あなたがビル・エヴァンスの曲や、彼にゆかりのある曲をプレイするのをよく耳にするようになったと思うんです。例えばこの新作では「タイム・リメンバード」や「スパルタカス？ 愛のテーマ」などがそうですし、最近のジョン・アバークロムビーの作品でもそういった曲を数多く取り上げていますね。これには何か特別な理由があるのですか？

MJ ウン、僕は今でもビル・エヴァンスとのつながりを意識しているからね。ビルは若いプレイヤーだった僕の成長に大きな影響を及ぼしたし、それは僕が彼のトリオへ加入してからはなおいっそう大きくなった。だから、こういった曲を取り上げる、何ていうか、〝必要性〟のようなものを感じているんだね。だから、これから一生、こういった曲を弾き続けると思う。「スパルタカス――愛のテーマ」や「ビューティフル・ラヴ」、そして「タイム・リメンバード」……この曲はビルとやって以来だったんじゃないかな……、こういった曲からは、とても情緒的なものを感じる。

――間もなく発売されるCDで、マリアン・マクパートランドがビル・エヴァンスにインタヴューしたラジオ番組をそのままCD化したもの（『ピアノ・ジャズ・インタヴュー』ビクターVDJ-25045 九月一五日発売）があるのですが、その中に面白い会話があるんです。ちょうどあなたがビルのトリオに参加した頃で、ビルが〝いいベーシストが見つかったよ。マーク・ジョンソンと言ってね……〟という感じでマリアンにあなたのことを紹介しているんです。

MJ （笑）……その頃のことについては話しておいた方がいいな。その頃、ビルは音楽的にとてもいい時期にいて、将来が楽しみでとても幸せそうだった。そのインタヴューのことは僕も知っているけど、僕としてもとても嬉しかった。まあ、お世辞半分だったかも知れないけど（笑）。でも、その一方で、彼は自分の感じていることに対する責任というものを意識していたと思う。とにかく彼は意欲的だった。

――最近、あなたが参加していたビル・エヴァンス・トリオの演奏が、いろいろなレーベルから発表されていますが、それらはもともとレコード化するためのものではなかったわけですよね。

MJ ウン、そうだね。

――そういったものがレコード化されている事実について、当事者としてはどのように感じているのでしょう?

MJ 多少困ってはいるね。例えばアルファの『コンセクレイション』はサンフランシスコの〝キーストン・コーナー〟での、ビルが亡くなる直前のライヴなんだけど、あの演奏はレコード化される予定が全くなかったもので、記録されることすら考えていなかった。ビルが生きていたとしたら、発表することを承知しなかったんじゃないかな。まあ、歴史的記録として、大学の図書館なんかで聴けるようにするぐらいなら話はわかる。でも、レコード化されて発売されるというのは、フェアとは言えないかも知れないね。

――でも、ファンとしては、ぜひ聴きたいわけで……。

MJ そのあたりがむずかしいんだよね。

ビルとの共演は毎日が成長だった

――では、一〇年前のあなた自身の演奏を今聴いてみてどう思いますか?

MJ （笑）結構青いね。『コンセクレイション』は僕も聴いてみたけど、まあ、エネルギッシュな面はいいとしても、まだまだいい加減なところがある。イントネーションも変だし、ビルの演奏にくっついてまわっているだけだし、どの曲のソロも同じようなアイディアばかりで、ヴォキャブラリーの不足が目立つ。

――なかなか手厳しいですね。

MJ まあね。……でも、ビルの演奏を毎晩聴くことができたのは、本当にいい

マーク・ジョンソン（ph. 熊谷美広）

経験だった。バンドの中で偉大な巨匠を目のあたりにしていたんだから。もう、それこそ、あらゆる影響を受けたよ。

――以前、ポール・モチアンにインタヴューした時、（本誌八九年一月号）、彼は〝ピアニスト〟と聞いただけですぐにビル・エヴァンスを思い出すほど印象が強くて、ビルほどのピアニストはそうやすやすと見つけられないから、彼のバンドにはピアニストがいない、ということを言っていたのですが、あなたのバンド〝ベース・ディザイアーズ〟にピアニストがいないということも、ポールの言葉と共通する部分があると考えていいのでしょうか？

MJ　そうだね。確かにそういうことはある。ポールの言うことはよくわかるよ。あと、ダンス・ミュージックやロックのサウンドのコンテンポラリーな要素を担っているのがギターのサウンドで、僕がそれに魅力を感じているからとも言えるね。だから〝ベース・ディザイアーズ〟にはギタリストがふたりいるんだ。……でも素晴らしいピアニストだって何人か出てきているよ。ケニー・ワーナーやジム・マクニーリ、それにエンリコ・ピエラヌンジなどはとてもいいピアニストだし、彼等より前の人としては、キース・ジャレットがあらゆるコンセプトを考えてみてもいちばん支配的なピアノの巨匠だと思う。あと、僕はハービー・ハンコックとぜひ共演してみたいね（笑）。

――〝ベース・ディザイアーズ〟のギタリストのひとり、ビル・フリゼルは、ビル・エヴァンスのギタリストへの生まれ変わり、といった感じがするのですが。

MJ　それはビル・フリゼルというギタリストを表現するうまい言いかただと思う。彼はその場その場の雰囲気に合う伴奏をして、また同時に〝美〟というものを演奏にもたらしてくれるからね。

今、頭が痛いのはベース・ディザイアーズのこと

――そういえば、〝ベース・ディザイアーズ〟の活動は、最近どうなっている

のですか?

MJ　スケジュール的な問題があって、現在は活動を休止している状態なんだ。というのもビル・フリゼルが彼自身のバンドやジョン・ゾーンとのプロジェクトやポール・モチアンのトリオなどであまりにも忙しくて、ベース・ディザイアーズのために時間をさけなくなってきてね。今、ジョン(・スコフィールド)やピーター(・アースキン)とどうしたものか検討中だ。ビルが参加できないのなら他のミュージシャンを探そうかとも考えているし……。

――　それはギタリストですか?

MJ　わからないな。とにかく今は間口を広げて、何人かの候補者を挙げているところだ。まだその誰とも話をするところまでもいっていないけど、だからギターリストになるかシンセサイザー・プレイヤーになるか、まだわからないんだ。

――　ビル・フリゼルという人はいろいろな側面を持っているプレイヤーだから、彼の代わりになる人はそういないでしょうね。

MJ　そうだね。とにかく、オーケストレイターっていうのかな、色彩感を出してくれる人が必要なわけだからね。でも、アイディアはいくつかあるし、どうなるものか試してみるつもりだ。来年あたりにはきっと面白いものができると思う。

――　こちらの側から見ると、ベース・ディザイアーズの四人のメンバーの誰ひとりが欠けても、ベース・ディザイアーズじゃなくなってしまうような気がするのですが……。

MJ　ウン。冷静に見てもむずかしい時期に来ている。メンバー同士の息も合ってきたと思った矢先だったしね。まあ、ビル・フリゼルも今から二、三年もすればまた一緒にやれるだろうと言っているから、先がないわけじゃないけど、とにかくバンドを稼動させておくためにもしばらく代わりにやってくれる人を探さないとね。

マーク・ジョンソンとビル・エヴァンス

マーク・ジョンソンは一九五五年一〇月二一日ネブラスカ州オマハの生まれ。一一歳でチェロを始め、ハイ・スクール時代にベースを始めた。七三年にハワード・ジョンソンのグループに参加し、七七年にウディ・ハーマン・オーケストラのメンバーになる。

そして七八年四月、ビル・エヴァンスとは大学時代からの親友だったピアニスト、フレッド・クレインの紹介で、マークはエディ・ゴメスの後任ベーシストとしてビル・エヴァンス・トリオに加入する。ちなみに、マークの新作『2×4』に参加しているヴォーカリスト、ルーシー・クレインはフレッド・クレインの未亡人である。ビルはマークのことが大いに気に入ったようで、CD『ピアノ・ジャズ・インタヴュー』の中で〝すごくいいベーシストだ。ただもう、素晴らしい、まさに求めていた人材だ〃と語っている。

　マークのエヴァンスとの初レコーディングは七八年一〇、一一月録音の『アフィニティ』（ワーナー・パイオニア 28P2-2476）で、『2×4』に参加しているトゥーツ・シールマンスとの出会いもこのセッションである。そしてその後、ドラムのジョー・ラバーベラがトリオに加入し、エヴァンス自身をして〝ラファロ＝モチアンのトリオ以来のすごいトリオ〃と言わしめた、いわゆるビル・エヴァンスの〝ラスト・トリオ〃ができ上がる。このトリオはラリー・シュナイダー(sax)、トム・ハレル(tp)を加えたクインテットで、『ウィ・ウィル・ミート・アゲイン』（ワーナー・パイオニア 28p2-2475、七九年八月六～九日録音）をレコーディングするが、このアルバムがエヴァンスの生前に発表された最後の作品になってしまった。

M・ジョンソン
『Bass Desires』（ECM）

ベース・ディザイアーズ

　エヴァンスの死後、『パリ・コンサート1&2』（ワーナー・パイオニア28p2-2478/79、七九年一一月二六日録音）、『Live At Balboa Jazz Club Vol.1&2』(Ivory II. P-3000/01、七九年一二月一二日録音)、『ワルツ・フォー・デビー／ラスト・ライヴ・イン・ヨーロッパ』（ポリドール J00J-20353、八〇年八月一五日録音）、『コンセクレイションI&II』（アルファ 51R2-32/33&29R2-54、八〇年八月三一日～九月七日録音）など、この〝ラスト・トリオ〃のライヴが続々とレコード化されている。

　その後マーク・ジョンソンは八五年にジョン・スコフィールド（g）、ビル・フリゼル（g）、ピーター・アースキン（ds）と、自己のグループ〝ベース・ディザイアーズ〃を結成し、活躍中である。

（ジャズ評論家）

（『ジャズライフ』'89・10月号初出）

ビル・エヴァンスには、ほんとにたくさん教えられたよ。ビルは、ピアノというものはこう弾くものなんだというふうに弾くんだ。

――マイルス・デイヴィス

『コンセクレイション』へ

――ザ・ラスト・コンプリート・コレクション

中条省平
Chûjô Shôhei

これは気の遠くなるような途方もない記録である。一九八〇年九月十五日、ビル・エヴァンスは、肝硬変を遠因とする出血性潰瘍と気管支炎により五十一歳で亡くなるが、死の一週間前まで、サン・フランシスコのライヴ・スポット「キーストン・コーナー」で演奏をつづけていた。このアルバムは、その八日間のほぼすべての録音を、一日ごとに一枚のCDに収めたもので、全八枚組、通して聴けば七時間をはるかにこえる作品である。そして、これは一九七〇年以降にジャズが持ちえたもっとも重要なドキュメントだといってよいかもしれない。

ジャズほどまがまがしい死の影に覆われた芸術はほかにあるまい。たしかコリン・ウィルソンが語っていたことだと思うが、ジャズに捧げられた多くの悲劇的な死をもって、ジャズを伝説化し、神話化することの危険にはつねに注意を払う必要がある。だが、それにもかかわらず、ジャズの地を埋めつくす死屍累々の光景には眩暈をおぼえざるをえない。

ビックス・バイダーベック、享年二十八、肺炎。ジミー・ブラントン、二十三歳、肺結核。チャリー・クリスチャン、二十五歳、麻薬中毒、アル中、結核。ファッツ・ナヴァロ、二十六歳、麻薬中毒、結核。クリフォード・ブラウン、二十五歳、自動車事故。ブッカー・リトル、二十三歳、尿毒症。ジャズ史に残る天才級のイノヴェイターで、二十代で死んだ人物に限っても、すぐにこれくらいのジャズメンは列挙できる。あるいは、ワーデル・グレイ、三十四歳、頸椎骨折あるいは撲殺死。ソニー・クラーク、三十一歳、麻薬摂取による心臓発作。レム・ウィンチェスター、三十二歳、ロシアン・ルーレットによる事故死。リー・モーガン、三十三歳、愛人による射殺死。また、ビリー・ホリデイ、レスター・ヤング、チャーリー・パーカーの地獄めぐりの末の死については、あまりに多くのことが語られてきたし、ジョン・コルトレーンやエリック・ドルフィーのキャリアの絶頂での突然死の衝撃についてもよく知られている。

このジャズにおける死の猛威が最後に力をふるった日付が、さきほど言及した一九七〇年であり、それはむろんアルバート・アイラーの死の年である。三島由紀夫が割腹刎頸による自殺をとげた一九七〇年十一月二十五日、この同じ日にニューヨークでもイースト・リヴァーの川面に、アルバート・アイラーの原因不明の溺死体があがった。アイラーはジャズの死の伝統の最後の継承者となる。

だが、これ以降、ジャズの歴史はいささか風向きを変える。その立役者は、麻薬中毒、病気、狙撃、交通事故と、ジャズメンにつきものの〈死〉の誘惑をことごとく振り切ってゆく〈延命〉の帝王、マイルス・デイヴィスである。つまり、一九七〇年とは、アイラーの溺死体とともに〈死〉の歴史としてのジャズが断絶し、マイルスがクールとモードの時代についで三たび王座にのぼり、その後もたび重なる死の危機を乗りこえて王座に君臨しつづける出発点を印した年なのである。マイルスはこの年の春に『ビッチェズ・ブリュー』を発表し、傘下に優秀なプレイヤーを一堂に集めてジャズの未来を開示した。このあと、『ビッチェズ・ブリュー』に参加した若手たちは、融合（フュージョン）と交差（クロスオーヴァー）を繰りかえしつつ、ジャズの〈延命〉にひたすら精を出すことになる。禁酒、禁煙、ジョギングに菜食主義がジャズメンの合言葉となり、ジャズは死の影を忘れて楽天的な電気楽器のオージーに耽ってゆく。

そんななかで、死の影に憑かれた男がいた。ビル・エヴァンスである。

「彼の死は歴史上一番時間をかけた自殺だった」

ビル・エヴァンスのある友人はこう語ったという（P・ペッティンガー著『ビル・エヴァンス』相川京子訳、水声社刊より）。

エヴァンスの恐ろしく緩慢な自殺はヘロイン中毒とともに始まるが、きっかけをあたえたのは、皮肉なことにマイルス・デイヴィスだった。マイルスはそのころ（一九五八年前後）モード奏法を開拓しつつあった。当時のマイルス・カルテットのリズム隊はモダン・ジャズの「オール・アメリカン・リズム・セクション」と呼ばれるほど優れたものだったが、そのピアニスト、レッド・ガーランドの名人芸をもってしても、バンド・リーダーの要求にはもはや応えられなくなっていた。マイルスは『クールの誕生』の時代からの知りあいであるジョージ・ラッセルに相談をもちかけ、ラッセルは即座にビル・エヴァンスの名をあげる。

かくして、エヴァンスはキャノンボール・アダレーとジョン・コルトレーンをふくむ史上最強のマイルス・デイヴィス・セクステットの一員となる。

エヴァンスはマイルスに、ハチャトゥリアン、ラフマニノフ、ラヴェル、それにピアニストのミケランジェリといった名前を教え、二人は彼らの音楽に夢中になる。マイルスは二十八歳のビル・エヴァンスをこう評している。

「ビルの演奏には、いかにもピアノという感じの、静かな炎のようなものがあった。奴のアプローチの仕方やサウンドは、水晶の粒や、澄んだ滝壺から流れ落ちる輝くような水を思い起こさせた。だから、初めのうちはソフトなものを中心に、今までとは別の曲をやっていた。ビルのスタイルに合わせて、バンドのサウンドをもう一度変える必要があったからだ。奴がバンドと一緒に音階を弾くと、リズムをかいくぐるような感じがして、大いに気に入った」（『マイルス・デイビス自叙伝』中山康樹訳、宝島社文庫より）

　マイルスは見るべきところを見抜いている。ビル・エヴァンスのジャズ・ピアニストとしての真の独創性は、おそらく最終的には、この「リズムをかいくぐるような」乗りに尽きると思われるからだ。もちろん、だれもが激賞するエヴァンスのハーモニー感覚にもマイルスは魅せられたことだろう。また、当時、五〇年代ハード・バップの形式上の完成の壁を突破することを目ざしていたほかの革新的なジャズメン――ギル・エヴァンス、ジョン・コルトレーン、ジョージ・ラッセルら――と同じく、コードの厚みではなく、サウンドの薄さ、つまり、より自由な音の流れを探求していたエヴァンスの感性の鋭敏さにも、当然マイルスは深く共感しただろう。

　だが、マイルスとの共演は長つづきしなかった。理由は一部の黒人ジャズメンによるエヴァンスへの逆差別である。世界最高のジャズ・バンドに白人のピアニストがいるのはけしからんというわけだ。これに対してマイルスは怒り、有名な言葉を吐いた。「おれは最高のミュージシャンがほしいんだ。そいつが黒人だろうが白人だろうが、青、赤、黄だろうが関係ない」。だが、マイルスもまたビル・エヴァンスを傷つける。『カインド・オヴ・ブルー』のセッションで、エヴァンスの作曲した〈ブルー・イン・グリーン〉を、無断でマイルスひとりの名で著作権登録してしまうからだ。そのうえ、いま引用した『自叙伝』でも、すべてはおれひとりのアイディアだった、と強弁している。

　ビル・エヴァンスはそうした逆境にあって、バンド仲間との連帯を深めようとして、彼らとの麻薬づきあいに積極的に参加するようになる。このころのマイルス・バンドは、コルトレーンやフィリー・ジョー・ジョーンズなど、名うてのジャンキーの巣窟だった。こうしてエヴァンスは短期間でバンド一のヘロイン中毒者に成長する。繊細すぎる感性にとって、すべてがヘロインの誘惑のたねとなる。黒人による逆差別が、過酷な楽旅つづきの生活が、そして、めくるめく苦悩と美にみちたこの世界そのものが。

　麻薬と戦い傷だらけになって敗北したビリー・ホリデイやチャーリー・パーカーと違って、ビル・エヴァンスは麻薬をやめる気がなかった。それは運命的に、また意志的に選びとられた生活の一部であり、その結果もたらされる病気と苦痛に、エヴァンスはひとりで耐えつづけたのだ。それはまさに緩慢な、言葉の真の意味で「ストイック」な自殺だった。

　ビル・エヴァンスの周囲にも、死の影は遍在していた。

　マイルス・デイヴィス・グループを退団した一九五八年暮れ、ビル・エヴァンスはもっとも初期に在籍したバンドのリーダーだったハービー・フィールズが睡眠薬の飲みすぎで死んだことを知らされる。また、一九六三年、さきほど死亡者リストにあげた黒人ピアニスト、ソニー・クラークが麻薬とアルコールの摂取による心臓発作で死亡する。クラークはエヴァンスの年下の友人であり、エヴァンスのピアニズムに影響をあたえたとされている。

ところで、この二つの死のあいだ、一九五九年に録音されながら、八〇年代後半まで発表されず、現在でもビル・エヴァンスの演奏としてさほど注目されないアルバムがある。クラリネット奏者トニー・スコットの『サング・ヒーローズ』である。これは、ビル・エヴァンスがベーシストのスコット・ラファロと初めておこなった録音という点が主な興味の対象となるが、一九五九年におけるジャズの〈死〉の風土の記録として貴重なものだ。

五五年のチャーリー・パーカーの早すぎる死はジャズのひとつの時代の終焉を衝撃的にファンに知らしめたが、同年には先にあげたワーデル・グレイも異常な死をとげている。翌五六年は、クリフォード・ブラウンと、バド・パウエルの実弟のピアニスト、リッチー・パウエルがともに二十代で同じ自動車事故により落命している。この年には、アート・テイタムも糖尿病による尿毒症で四十七歳で亡くなった。そして、問題の五九年、レスター・ヤングとビリー・ホリデイがまるでかつての恋物語に殉じるかのように相ついでこの世を去る。

この年に録音されるマイルスの『カインド・オヴ・ブルー』とコルトレーンの『ジャイアント・ステップス』、そしてオーネット・コールマンの『ジャズ来るべきもの』によって、ジャズは一挙にモードとフリーの時代に雪崩れこむ。その意味でも、この年は古いジャズが死に、新しいジャズが生まれる転換期だった。だが、右記三枚のLPが真の衝撃を波及させるのは、むしろ翌六〇年以降のことであり、五九年には死のムードだけが圧倒的に色濃くジャズの世界にただよっていた。

その印象は、遠くヨーロッパでも、鋭敏なジャズファンは感じとっていた。たとえば、バド・パウエルのパリ流浪の日々を記したフランシス・ポードラス（彼自身も後年自殺する）の『異教徒の踊り』には、レスター・ヤングのパリ滞在に関連して、一九五九年のジャズ界にあまねく充満する死の空気についての陰鬱な叙述が見られる。

その時代の空気を、トニー・スコットは、「ニューヨークは大きな霊園みたいだった」（前掲書『ビル・エヴァンス』）と語り、ビリー・ホリデイ、アート・テイタム、ホット・リップス・ペイジ（一九五四年死去、享年四十六）などのミュージシャンに捧げる鎮魂歌としてのアルバムを企画する。それが『サング・ヒーローズ』だった。このなかでビリー・ホリデイに捧げられた冒頭の一曲〈ミザリー〉は、ビル・エヴァンスがついに得た理想のベーシストとの初録音にふさわしい詩的なコレスポンダンスと、トニー・スコットの悲痛なクラリネットのむせび泣きが感動的な名演であり、ほとんど五

○年代ジャズそのものへのレクイエムと呼ばれるべき傑作トラックである。

かくしてスコット・ラファロという理想の伴侶とともに、ビル・エヴァンスの芸術は頂点に達するが、その期間は二年とつづかない。ラファロが自動車事故で死亡するからだ。享年二十四。エヴァンスは数か月のあいだピアノに手を触れようともしなかった。

彼のヘロイン中毒も進行し、肝炎は医者から死の危険を指摘されるほどに深刻化していた。初めてのピアノ・ソロ集（一九六三年）では、ヘロインによる厭世癖のせいか、〈ホワイ・ウォズ・アイ・ボーン？（なぜ私は生まれたのか）〉から、〈ホワット・カインド・オヴ・フール・アム・アイ？（なんと私は愚かなのか）〉を経て、〈エヴリシング・ハプンズ・トゥ・ミー（私になにが起こってもおかしくない）〉という曲順の演奏をおこない、その不吉な曲名がプロデューサーに嫌われる。結局、この演奏はお蔵入りとなり、テープもどこかへ紛れこんでしまう（のちに発掘されて死後発表される）。また、ヘロインの打ちすぎで右腕が完全に麻痺してしまい、左手の動きだけで一週間のクラブ出演をこなしたこともあった。だが、ベーシスト、ビル・クロウの証言によれば、エヴァンスの姿を見ていなければ、演奏の異常には気づかなかったはずだという（前掲書『ビル・エヴァンス』）。

死の影はいまだにビル・エヴァンスをすっぽりと包みこんでいるかのようだった。彼の恋人のエレインもまたヘロイン中毒だったが、子供が欲しかったエヴァンスは、子供の生めないエレインから別の女性に心を移し、そのことをエレインに告白する。彼女はエヴァンスの不在中にニューヨークの地下鉄に飛びこんで自殺する。絶望したエヴァンスは兄のハリーに慰めを求めるが、それから六年後の一九七九年、今度はハリーが銃による自殺をとげる。この事件の前に、エヴァンスは兄との再会を思って、〈ウィ・ウィル・ミート・アゲイン〉という曲を作曲・演奏していた。この録音もお蔵入りとなる。

ヘロインから遠ざかったエヴァンスは、あらたにコカインの中毒者となる。そして、ビル・エヴァンスは兄より一年数か月しか長生きしなかった。エヴァンスが死んで、〈ウィ・ウィル・ミート・アゲイン〉は発表される。兄との再会の約束がようやく果たされたことになる。

さて、ビル・エヴァンスの死の直前、『コンセクレイション〜ザ・ラスト・コンプリート・コレクション』の演奏である。一聴、力強ささえ感じさせる演奏が繰りひろげられている。だが、かつて「駄作なし」と称えられた完全主義者のビル・エヴァンスが見せる、初めてといってよいほどのこの荒削りな迫力を、その数日後にひかえた死と切り離して考えることは不可能だ。彼の死と無関係にこのキーストン・コーナーでのライヴを傑作だと誉めあげるような楽天的な言説を私は信じない。よく聴けば、演奏のそこかしこに息切れのようなリズムの乱れや、傷痕にも似たミスタッチ、同じフレーズの過度の反復など、欠点はいくらでも見つけられる。しかし、それを迫力に変え

ビル・エヴァンス手書きの楽符

ているのは、ビル・エヴァンスのプロとしての矜持なのだ。体調の悪化、気力の衰えと、それを捩じ伏せようとするジャズマンとしての天職の意識の闘いが、この緊張しきった音のドキュメントの背後で演じられている。このライヴがおこなわれていた時期、ある批評家にエヴァンス自身が語った言葉を思いだすと、このジャズマンが死を前にして凝視していた深淵のふかさに慄然とせざるをえない。

「私のテクニックの八〇パーセントはもうどこかへ行ってしまったが、プロ意識でどうにかつないでいるんだよ」

　早晩、死に敗れることを予期しながら(同じ批評家がビル・エヴァンス・トリオの将来について尋ねたとき、「私がそんなに長く生きられると思うかい」と訊きかえすほどはっきりと予期しながら)、なおこのピアニストは自分が立っていられるあいだだけは力を尽くして立ちつづけようとしたし、現に立ちつづけたのだ。

　いつになく強烈な上から振りおろすようなタッチも、そうでもしなければ自己の存在の不安定さに抗しきれないという危機感を裏返しに表現しているように思われる。絶頂期のエヴァンスであれば、もっと複雑なラインを、もっと軽やかに、もっとスピード感豊かに走りぬけたであろうに、ここでの彼のピアノは重く沈んだり、粘りついたり、執拗であることを恐れない。というより、そうするほかには、いま彼が直面している危機を乗り切れなかったのだろう。みずからが築きあげ磨きあげた無比のスタイルへの配慮さえも、このときのエヴァンスにとっては二の次になる瞬間がある。そこに聴かれる、自己の身体と音の破綻となんとしても闘いあおうとする意志の発現は、ジャズ史に類例を見ないものである（クラシックにはディヌ・リパッティの例がある）。

かつて繊細さ、抒情性、ロマンティシズムといった言葉で形容されることの多かったピアニストは、いま・ここで、もっとも苛烈な意志を体現する音楽家と化している。ここに死の影があるとしても、それはロマン派的に自足した死への陶酔では断じてない。麻薬漬けになり、痩せ衰えて飴くらいしか口にできず、しかし、死の直前まで、自分の意志と身体の許すかぎり、彼はジャズの現場で演奏をつづけた。音楽だけが彼を死の衝動から救っていたのだ。ビル・エヴァンスのピアノの響きには、そうした自己救済のドラマが隠されている。

むろん、絶望に苛まれ、弱気にならなかったはずはない。演奏の初日、エヴァンスはいきなり五曲連続して三十分も演奏し、そのあと、自分でまとめて曲目説明をおこなっている。そのなかで、〈『M*A*S*H』のテーマ〉は別名、〈スーイサイド・イズ・ペインレス（自殺は痛くない）〉とも呼ばれています、と紹介し、自嘲ぎみの笑いをもらすのだ。その諦めたようなニヒリズムには胸が痛くなる。

だが、演奏に入るとエヴァンスの姿勢は一変する。たとえば、キーストン・コーナーでは三日目にただ一度しか演奏されなかったが、かつてビル・エヴァンスのリリカルな資質をいちばんよく表現しえた愛好曲、〈いつか王子様が〉の様変わりはどうだろう。これは最後の生命力の発現などという気楽な解説をどこまでも拒むような、恐るべき演奏である。曲調をねじ曲げるほど異常に速い指づかいも、いつになくしつこい同一和音の反復も、そのように自己のスタイルの完結性を破壊することなしにはこの危機を乗り切りえぬところまで追いつめられたビル・エヴァンスのぎりぎりの選択だったはずだ。こんなふうに死と闘いあったジャズマンは誰もいない。少なくとも、このような闘いの記録が残されたことは未曾有である。死を忘れて電気楽器の狂躁状態にひたりこんでいた七〇年代ジャズの最後の時に、死をみずからの主題として引き受け、これほど感動的な音を残して消えたジャズマンがいたことは、深い悲しみとともに、限りない勇気をあたえてくれる。

（フランス文学）

（『マリ・クレール』'90・3月号初出の原稿を元に大幅に加筆したもの）

増補…………

至高のピアニスト11人が語る、ビル・エヴァンスの魅力

聞き手・構成＝小川隆夫 Takao Ogawa

ジャズ・ミュージシャンといろいろなレコードやCDを聴きながら、そこでかかったアーティストや演奏や音楽についてインタビューする企画をある雑誌で担当していたことがある。それがほぼ毎月、20年近く継続したから、その数は200名以上にのぼる。楽器別で一番多かったのがピアニストだ。そして、彼らに聴いてもらったアーティストでもっとも登場頻度の高かったのがビル・エヴァンスである。

この記事は、そのときのインタビューや、ほかの機会もとらえて行ったインタビューからエヴァンスの話を抜粋したものである。興味深いのは、世代やスタイルを超えて、多くのピアニストがエヴァンスのプレイに関心を払っていたことだ。影響を受けた人も少なくない。これらのインタビューを通して肌で感じたのが、エヴァンスの存在の大きさだった。

彼がこの世を去って25年が過ぎようとしている。しかし、ファンはもとよりジャズ・ミュージシャンの心の中にもビル・エヴァンスは生き続けている。今後もさまざまな人にインタビューをしていくだろうが、すればするほどその思いは強くなりそうだ。

ケニー・ドリュー *Kenny Drew*

モダン・ジャズを代表する人気ピアニスト

「一時レコード会社（リヴァーサイド）が同じだったんで、エヴァンスのプレイにはいつも関心を払ってきた。スタイル的にはわたしのほうが古いけれどね。エヴァンスはピアノ・トリオの編成にこだわっていた。わたしも同じだ。だから、今度はどんなことをやるんだろうと、新作が出るたびにチェックしていたよ。わたしはビバップのスタイルでピアノを弾いてきた。そのビバップを、エヴァンスは発展させて自分のスタイルにまで昇華させ、それが多くのピアニストに影響を与えた。そこが凄い。もうひとつ、彼について言っておきたいのは、ソロ・ピアノでも素晴らしい才能を発揮したことだ。エヴァンスほどピアノをフルに弾きこなせた人はわたしは知らない」

1928年NY生まれ。1940年代後半から活動を初め、54年から56年までは西海岸に移住。そこでに人気ピアニストの仲間入りを果たしたが、リーダー作吹き込みのチャンスにはあまり恵まれなかった。70年代以降は日本でも女性ファンを中心に高い人気を博した。ドリューとエヴァンスは同じ時期（56年9月）に初リーダー作を録音し、エヴァンス『ニュー・ジャズ・コンセプションズ』とドリュー『トリオ』は連番（RLP-223、224）でリヴァーサイドから登場した。

ミシェル・ペトルチアーニ *Michel Petrucciani*

エヴァンスの流れを汲む斬新なタッチの持ち主

「エヴァンスはパリで観たことがある。彼がこの世を去る数年前のことだ。すでに体調はかなり悪かったように思う。しかし、そんなことは微塵も感じさせないほど見事な内容だった。それ以前からエヴァンスのプレイが大好きで、いろいろとコピーしていた。実際に目の前で聴いて、いくつかの疑問が氷解した。それからは、さらにエヴァンスひと筋になったよ。ぼくの場合は、居直りかもしれないけれど、自

分のプレイはこれしかないってことで、エヴァンス流を貫いてきた。結果としては、それがよかったみたいだ。エヴァンスのそっくりさんにはなりたくない。だから、そこに自分の感性を込めてピアノを弾く。それがぼくのやり方だ」

1962年フランス生まれ。先天性の骨疾患による重度の障害を持ちながら、それを克服して15歳でデビュー。1982年に渡米し、それを機にNYに居を構えて本格的な活動を開始。晩年は故国で活動していたが、99年1月に36歳で急逝する。『エスターテ』ではエヴァンス作《ヴェリー・アーリー》を演奏、それ以外にもエヴァンスが共演したミュージシャン（ジム・ホール、エリオット・ジグムンド他）を起用している。またエヴァンスにより"Mike Pee"の愛称を授けられる。エヴァンスによれば「名前が長すぎたから」とか。

チック・コリア

Chick Corea

エヴァンスの影響によって個性を確立

「デビューしたころのわたしは、オスカー・ピーターソンやホレス・シルヴァーのように饒舌でブルース・フィーリングが旺盛なスタイルに範を求めていた。雇ってくれたバンドでもそうしたプレイを求められていたからね。しかし、自分では何かが違うと感じていた。エヴァンスはその対極にいた。ブルージーなタッチは滅多に示さなかったし、間を生かしたプレイがイマジネーションを掻き立てる。彼のトリオを《ヴィレッジ・ヴァンガード》で実際に観て、その斬新な演奏にショックを覚えた。それからはエヴァンスのような音使いを取り入れてプレイするようになった。それを自分のものにするのに4～5年はかかったね」

1941年マサチューセッツ州チェルシー生まれ。1962年にNYデビューを果たす。その後はスタン・ゲッツのグループに参加して"エヴァンス派の注目ピアニスト"として評判を呼ぶ。次いでマイルス・デイヴィスのグループを経て独立。以後はリターン・トゥ・フォーエヴァー、エレクトリック・バンドなどを率いて活動する。69年には《ワルツ・フォー・ビル・エヴァンス》というオリジナルを、82年には追悼の気持ちを込め、エヴァンスが書いた《タイム・リメンバード》を録音した。

マッコイ・タイナー

McCoy Tyner

1960年代の好ライヴァル

「エヴァンスのほうがひと世代上だけれど、昔はよく比較されていた。スタイルがまったく違っていたから比較しやすかったんだろう。彼のプレイはよく聴いていた。結構、気になっていたんだ。で、あるときバック・ステージで顔を合わせた。それで、出たばかりのレコードを褒めたら、エヴァンスもわたしの新作を褒めてくれた。それもお世辞じゃなく、本当に細かいところまで聴いた上でのコメントだった。わたし自身は彼のプレイからまったく影響を受けていない。音の積み重ね方が素晴らしいとは思ったけれど、自分のやり方とは違うからね。でもその創造性に刺激されて、自分も個性的な演奏がしたいと強く意識したことは間違いない」

1938年フィラデルフィア生まれ。15歳でコンボを結成して活動を開始。1959年にNYに進出し、同年、ジョン・コルトレーンのカルテットに抜擢される。力強いタッチが持ち味で、切れ味鋭いプレイに個性が認められる。一見エヴァンスとの相関関係はなさそうにみえるが、82年に制作された企画盤『ビル・エヴァンス～ア・トリビュート』（パロ・アルト：未CD化）では、エヴァンス作《ウイ・ウィル・ミート・アゲイン》を録音した。

リッチー・バイラーク

Richie Beirach

エヴァンスの正統なる後継者

「エヴァンスから本格的なレッスンは受けなかったけれど、彼がクラブに出ているときは楽屋でいろいろと教わった。主にハーモニーのことをね。それは、彼が音の組み立てに誰よりも神経を使っていたからだ。普通は3つの音でハーモニーを構成するときでも、エヴァンスは4つも5つも音を重ねて複雑なハーモニーを紡ぎ出す。そこにわたしは魅力を感じて、それを何とか自分なりのやり方で表現できないものかと考えていた。嬉しかったのは、休憩時間に質問したことを、彼が次のステージで実際に聴かせてくれたことだ。わたしは作曲にも力を入れているから、そうした手法を用いてエヴァンスに《エルム》という曲を捧げた」

1947年ブルックリン生まれ。レニー・トリスターノに師事し、バークリー音楽院などで学んだ学究派。内省的でリリシズムに溢れたプレイで"エヴァンスの後継者"と目された。現在に至るまでエヴァンスの音楽に通じる穏やかで詩的な表現をすることによって、独自の活動を続けている。エヴァンス他界直後には、アルバムすべてをエヴァンスに捧げた、その名も『エレジー〜ビル・エヴァンスに捧ぐ』を発表し、話題を集めた。

ホレス・シルヴァー
Horace Silver

ファンキー・ピアノの元祖

「創始者と呼ばれる人は、それぞれに悩みや苦労があるものだ。わたしも"ファンキー・ピアノの創始者"と呼ばれてとまどった時代がある。そんなつもりはないのに、周囲が勝手にそう呼ぶんだ。エヴァンスのトリオも"新時代のピアノ・トリオ"と呼ばれて困ったんじゃないかな？　その期待に応えなくてはいけないからね。でも、彼は常に期待を上回る演奏でファンに応えてきたと思う。新しいスタイルをいつも追求するのは本当に大変だ。感性を常に鋭敏にさせておく必要があるからね。どこかで疲れて行き詰まってしまうものだが、エヴァンスはこの世を去るまで、ずっと前向きだった。そのことに敬意を表したい」

1928年コネチカット州ノーフォーク生まれ。1950年にスタン・ゲッツのグループに加わって脚光を浴び、その後、ブルーノートのハウス・ピアニストになる。以後、リーダーおよびサイドマンとして活躍、ブルース色を強く反映させたプレイ表現でファンキー・ジャズを確立した。音楽的な交流はないが、エヴァンスは、学生時代に影響を受けたピアニストのひとりにシルヴァーの名を挙げている。

オスカー・ピーターソン
Oscar Peterson

ピアノ・トリオのスタイルを完成させた巨匠

「この若者のプレイには最初から注目していた。ハーモニーが斬新だったからね。わたしならマイナーの音を使うところで、彼はメジャーの音を使う。それが新鮮に響いたよ。ソロを弾いているときでも、バックのベースやドラムスに大きな自由を与えている。これもわたしのトリオとはまったく違う手法だ。ピアノ・トリオであってもピアノだけにスポットライトが当たらないアプローチとでも言えばいいかな？　そういうやり方も悪くない。わたし向きではないけれどね。彼の登場によって、わたしのスタイルが古くなったとは思わない。ピアノ・トリオはシンプルな編成だけれど、さまざまなアプローチができる。そのことのひとつを、このピアニストは証明してみせたんだ」

1925年モントリオール生まれ。1945年にレコード・デビュー、49年から世界的な規模で活躍を始める。モダン・ピアノの大御所として、また典型的なピアノ・トリオのスタイルを完成させた巨匠としてジャズ史に名を残す。とくに50年代後半から60年代半ばにレイ・ブラウンとエド・シグペンで結成したトリオが名高い。

ジョー・ザヴィヌル
Joe Zawinul

オーストリア時代からのファン

「アメリカにきて最初に聴きたかったピアニストがエヴァンスだった。でもなかなか聴けなくてね。タイミングが合わなかったんだ。初めてライヴを観たのは半年以上が過ぎてから。思っていた以上にタッチが綺麗だった。どうしたらあんなふうに弾けるんだろう——そう思いながらクラブに通いつめた。エヴァンスはなかなか気さくな人で、英語もあまりうまく話せなかったわたしが質問しても丁寧に答えてくれた。短5度や代理和音の用い方なんかは彼に教えてもらったんだ。だから初期に残したわたしのレコーディングからはエヴァンスの痕跡が認められる。ただし、よーく聴かないとわからないだろうけれどね（笑）」

1932年ウィーン生まれ。1950年代半ばまでに国内一のピアニストの地位につき、59年に渡米。その後はキャノンボール・アダレイのバンドで活躍し、《マーシー、マーシー、マーシー》が大ヒット。次いでマイルス・デイヴィスのレコーディングに起用され、もっとも斬新なエレクトリック・ピアノ奏法を披露。協演者のウェイン・ショーターと70年にウェザー・リポートを結成した。エヴァンスは68年の『アローン』以来、ザヴィヌル作の《ミッドナイト・ムード》を終生にわたって愛奏した。少なくとも10ヴァージョンの録音が公表されている。

ハービー・ハンコック
Herbie Hancock

マイルス・グループの後輩

「わたしがマイルスのグループに入ってしばらく経ったときのことだ。エヴァンスがクラブに来て、飛び入りでマイルスと《マイ・ファニー・ヴァレンタイン》を演奏した。当時のわたしは、マイルスのバックでどのようなプレイをしたらいいのか迷っていた。その答えを示してくれたのが、そのときのエヴァンスだ。わたしはどちらかと言えば音数が多い。ところが、彼はまったく正反対だった。最少の音数が最大の効果を発揮する――そのことを教えてくれた。それがヒントになって、その後のわたしは自分の音楽も含めて表現の仕方が多彩になった。あのときの飛び入りがなければ、もっと悩んでいただろうね」

1940年シカゴ生まれ。1963年からマイルス・デイヴィスのクインテットで活躍。74年には『ヘッド・ハンターズ』が空前のベストセラーを記録。エヴァンスはハンコックが書いた《ドルフィン・ダンス》を愛奏し、ハンコック自身は『ビル・エヴァンス〜ア・トリビュート』で同曲を追悼演奏した。また98年発売のベスト盤『ウルティメイト・ビル・エヴァンス』(Verve)では、監修者的な立場から選曲を担当した。

デューク・ジョーダン
Duke Jordan

哀愁味に溢れたプレイで人気が高いピアニスト

「他のピアニストにはほとんど興味がないけれど、数少ない例外がエヴァンスだ。どうしてかと言えば、わたしとまったく違うスタイルの持ち主だからだ。しかし、どこかで似たところもある。自分ではそれが何かわからなかった。それを教えてくれたのは、ある評論家だ。彼が言うには、メランコリックなところが共通点なんだそうだ。わたしもメランコリーなプレイに特徴がある。ただし、エヴァンスはもっと叙情味に溢れたタッチを前面に出している。わたしは叙情味よりブルース・フィーリングが強い。だから似て非なるものなんだ。それでもエヴァンスのプレイを聴いていると、どこかで自分と通じているものが感じられる」

1922年ブルックリン生まれ。渋いプレイながらビバップ派の最高峰のひとりと呼ばれる。1947年にチャーリー・パーカーのグループに加わって頭角を現す。60年代初頭から活動の拠点をヨーロッパに移すも、あまり注目されなかった。しかし70年代初頭から再評価の機運が高まり、その後は人気ピアニストとして世界各国で活躍。

ドン・フリードマン
Don Friedman

エヴァンス派ピアニストの代表格

「とくによく聴いたのが『ニュー・ジャズ・コンセプションズ』と『ポートレイト・イン・ジャズ』だ。どちらもエヴァンスが残した初期の傑作だよ。これら2枚のレコードに出会わなければ、わたしはいまのようなスタイルでピアノを弾いていたかどうかわからない。どこに惹かれたかって？　最初に彼のレコードを聴いて強く感じたのが、音の流れが綺麗なことだった。力まかせや理論先行型ではなく、自分の思いがひとつひとつの音に託されていると思った。それまでさんざん理論を学んでいたわたしは、当時、大きな壁にぶつかっていた。何とかそこから脱出しようと思っていたときに、エヴァンスのレコードを聴いたんだ。これぞ神の啓示だと感じたよ」

1935年サンフランシスコ生まれ。1961年にエヴァンスに続く知性派ピアニストとして、同じリヴァーサイドからデビュー作『ア・デイ・イン・ザ・シティ』をリリース。なおチャック・イスラエルズ（b）は、同作録音後にエヴァンス・トリオに参加した。エヴァンスに関連づけて語られることが多いが、03年には、その名も『ワルツ・フォー・デビー』というアルバムをソニーから発表した。同作では、エヴァンス演奏／ミシェル・ルグラン作《ユー・マスト・ビリーヴ・イン・スプリング》もカヴァーされている。

（ジャズ・ジャーナリスト）

（『プレイボーイ』'05・6月号）

増補……

ビル・エヴァンス

How His Heart Sings!

【対談】寺島靖国×熊谷輝昭

あなたと夜と音楽と

寺島　何年か前、日本たばこのマイルドセブン・セレクトのTVコマーシャルで、ビル・エヴァンスの「あなたと夜と音楽と」が流れたことがありましたね。

熊谷　ええ、『グリーン・ドルフィン・ストリート』に入っている、ピアノ・トリオでの演奏です。

寺島　じつはあの演奏は、数ある「あなたと夜と音楽と」の演奏の中で、僕がベストと決め、秘かに愛聴していたものなんです。それがいきなり、自分の部屋の小さなテレビから流れてきたときには、本当にびっくりしました。「やられた！」と思いましたね。俺が自分だけで秘かに、こんなに一所懸命に聴いているものを、何で全国の人に知らせなければいけないのか、という気持もあって（笑）。

熊谷　申し訳ありません（笑）。

寺島　いえいえ。それと同時に、これは成功しているんだろうな、と思いました。カッコいいな、というイメージがまずありましたね。僕は年代の古いジャズに対して、懐かしさとかレトロといった感覚は全く持っていないんですけれども、それでもあのCFを見た時には、こういういい方はちょっと恥ずかしいんですが、何かニューヨークで昔の恋人に出会ったような、甘酸っぱい気持になりましたね。これは使った人のセンスの勝利だなと思いました。

熊谷　その頃たまたま、マンハッタン・ジャズ・クインテットが来日していて、ピアノのデビッド・マシューズがホテルであのコマーシャルを見て驚いたんだそうです。「日本は、ビル・エヴァンスがテレビのCMで流れている。我々ももっと頑張らなくちゃ」と（笑）。

寺島　あんまり、あの人達に頑張ってもらうと困るんですけれども（笑）。あの演奏を選ばれたというのはどういう事情だったんですか。あの曲がお好きだったんですか。

熊谷　ええ、あの曲は好きですね。「あなたと夜と音楽と」というのは、いろんな人がいい演奏をしていますね。以前は、アート・ペッパーが好きで、マーティ・ペイチと組んだタンパ盤に入っているあの曲が、すごくいいなあと思ってよく聴いていました。けれども、ペッパーはアドリブの美しさに真価を発揮する人だと思うんですが、コマーシャルの場合は音としては一五秒とか三〇秒ですから、アドリブの部分を流してもしようがなくて、テーマのメロディがきれいなところがいい。そうしたら、ちょうどエヴァンスのあの演奏がぴったり合ったわけです。

寺島　エヴァンスの「あなたと夜と音楽と」というと、普通は『インタープレイ』に入っているものの方が有名ですよね。そっちではなくて敢えて『グリーン・ドルフィン・ストリート』の方にしたというのは、何か理由があるんですか。

熊谷　あのコマーシャルの場合、絵の方が先に出来上がっていたんです。その絵に、ホーン入りの音が合わない。フレディ・ハバードのトランペットが入ってくると完全に絵と遊離しちゃうんですね。ここはどうしてもピアノ・トリオを合わせたいな、ということで。『インタープレイ』も嫌いではないんですが。

寺島　普通、コマーシャルに使う場合には、よく知られたものというのが第一義的に考えられるわけで、そこにB級名盤であるところの『グリーン・ドルフィン・ストリート』をいきなり持ってきちゃったというあたりに、ジャズを単に商売の道具として使っているのではない、自分が本当に好きだからこそ使っているんだ、という気概が感じられますね。ただ僕は、あの『インタープレイ』の中の「あなたと夜と音楽と」は好きになれない。あの曲の持っている叙情性というか、何か楚々とした柔らかいイメージと全くかけ離れた演奏だと思うんです。つまり、エヴァンスにしては異色の名演なんですね。エヴァンスではなくてウィントン・ケリーがピアニストとしてふさわしいような。なにかゴールに向かって全員が勢いよく走っているような、そういう印象を受ける演奏です。どうもこの曲の持つはかないイメージと合わないんですよ。スタンダードには、作曲者が作った時の、こう演奏されてほしい、こう歌われてほしいというようなイメージがあって、それを大幅にデフォルメしちゃったような演奏を、ジャズといえども、どうも好きになれないんです。こういうことをいうから「お前はジャズがわからない」といわれるんですが。

熊谷　特に有名なスタンダード曲に関しては、こう演奏してほしいな、こう演奏してほしくないな、というのは僕にもありますね。その、こういうふうにしてほしくないな、というのに正に合致しちゃったものは、とてもついていけない。何にも中身がなくて、ただノリだけで、表面的にジャズっぽく吹いちゃうというようなのが、たまにありますね。ただ、『インタープレイ』のあの曲に関しては、僕はそこまでは思わないんです。逆に、ピアノ・トリオが多いエヴァンスの作品の中で、ハード・バップ的にのびのびとしているというか、エヴァンス自身ものびのびと自由にやって、フレディ・ハバードにも好きに吹かして、というようなね。あまり内省的にならずに、外に目一杯開いていったような開放感がある。そこが、エヴァンスのレコードの中では貴重だな、という感じが僕はすごくします。

寺島　レコード店に行った時、僕は演奏メンバーよりも先に曲を見て買うんですけれど、「あなたと夜と音楽と」が入っていると、どんなレコードでも無条件に購入しちゃいますね。あの曲がどういうふうに演奏されているのかな、という興味ですね。僕の場合、それが即ちジャズに対する興味の本質なんですけれども。

熊谷　その時の比較の対象として、いつもビル・エヴァンスがいるわけですか。

寺島　そうですね。それが一つの基準のポイントになっていますね。

熊谷　エヴァンスよりいい演奏をしているんだろうか、と。

寺島　そうです。あれ以上の演奏はしてほしくないという気持もありますし。まあ、大体の場合、してないんですが（笑）。

曲を弾く人＝エヴァンス

熊谷　寺島さんは、最も愛聴していらっしゃるレコードは『ムーン・ビームズ』だということですね。

寺島　結論からいうと、最後には『ムーン・ビームズ』に戻ると思うんです。ただ、これはマイルスとかペッパーに関しては全くありえないことなんですが、エヴァンスの場合、便宜的に前期・中期・後期というふうに分けると、ある時期、後期のファンタジーのものを集中的に聴いたかと思うと、また前期のリバーサイドのものに戻ったり、あるいは中期のバーブのものを聴いたりというようなことが、僕の中で頻繁に行われるんですよ。つまり、エヴァンスの中を流浪するわけです。最初は、こんなことでいいのかな、これはミュージシャンに対する冒瀆じゃないかな、と思いましたけれど、この頃はむしろそれが自然じゃないかと、自分の中で心の整理がつきまして、積極的にとっかえひっかえして聴いています。で、実は現時点で一番気に入っているのは、『ニュー・ジャズ・コンセプションズ』に入っている「ノー・カバー・ノー・ミニマム」というブルースなんです。これは、むしろあまりメロディックじゃなくて、何かエヴァンスそのものというか、もう一つのエヴァンスを表現している演奏のように感じられるんです。それから「タイム・リメンバード」という曲も、最近よく聴きますね。つまり『ムーン・ビームズ』に入っている曲を小説とすれば、こちらは詩を読んでいるような趣きなんですね。ついこの間までは『ムーン・ビームズ』一辺倒で、毎日のように聴いて、これこそが最高傑作だなんていいましたけれども、今はそれとは対局的な所でエヴァンスはいいな、と感じている時期なんですよ。これがまた一年先にどう変わるかわかりませんが。ただ、最後にはまた『ムーン・ビームズ』に戻るという自信はあります。

熊谷　僕は、やっぱりまだ、いわゆる「リバーサイド四部作」、『ポートレイト・イン・ジャズ』『エクスプロレーションズ』『サンデイ・アット・ザ・ビレッジ・バンガード』『ワルツ・フォー・デビー』、これが最高ですね。僕も『ムーン・ビームズ』のバラードは好きですけれど、四部作よりも好きということはまだないですね。

寺島　いや、並べて聴いた場合には、絶対に四部作がベストですよ。ただ、僕の『ムーン・ビームズ』の場合もそうですけれども、意識の中で飽きているというのがあるんです。

熊谷　それはありますね。

寺島　ジャケットを見ただけで音が全部聴こえてきちゃって、もうわかったつもりになってる。でも実際にターンテーブルに乗せれば「ああ、聴いてよかった、やっぱりこれが最高だ」ということになるんですね。

熊谷　『ワルツ・フォー・デビー』の「マイ・フーリッシュ・ハート」を最初に聴いた時は、出だしの瞬間から、背筋がゾクッとするような感覚が本当にありました。

寺島　あの演奏は本当に出だしが凄い。出だしが聴きどころです。出だしに緊張感が集約されていて、いきなり最初に静かな爆発が起こった感じがします。あの演奏を聴いていいと思わなければ、ジャズを聴く素養がない、そういう乱暴ないい方をしたくなっちゃうような名演ですね。

熊谷　少なくともあの曲に関しては、本当にそんな気がしますね。曲の、たとえば人間の体でいうと骨格みたいなものがあって、その他に肉付きがあっていろんな形に見えるんだけれども、エヴァンスは骨格を自分のものにしようとするから、肉付きを削ぎ落としていっちゃう。

寺島　そうすると、エヴァンスという人は「曲を弾く人」だということですか。

熊谷　絶対そうだと僕は思います。

寺島　僕も全く同意見なんです。エヴァンスという人は、曲をすごく大事にする人だと思います。それは、後期の選曲をみてもわかるんですが、とにかく自分を表現できる曲を優先的に選んでいますね。それから、つまらない曲を採り上げていない。常に吟味している。エヴァンスと曲の関係ってすごく大事ですよね。ところが、ジャズ評論界のエヴァンスに対する大方の見方は、演奏偏重でしょう。エヴァンスがどういうスタイルをとったか、ベースがどうか、ドラムがどうか、そういうことばかりいっているわけです。まあ、もちろんそれも大事なことですが、曲というのは本当に付随的なとらえ方ですよね。エヴァンスは、自分が弾きたい曲、好きな曲をピアノで弾いて、自分で愉しんでいる。そういう人だろうと想像しています。僕はエヴァンスのそういうところに惚れ込んでいるんですが。これはジャズでは邪道とされていることなんですけれども、僕の場合まず曲がある。エヴァンスの弾く「マイ・フーリッシュ・ハート」を聴きたい、「ハウ・マイ・ハート・シングス」を聴きたい、「ビューティフル・ラブ」を聴きたい、そういうことなんですよ。「ビューティフル・ラブ」を聴いているときに、スタイルがどうのこうのとか、ここでベースが入ったとか、ドラムがかぶさったとか、そういう聴き方はほとんどしていない。そういう聴き方をすると、とたんにエヴァンスの世界が狭くなって、つまらなくなってくる。エヴァンスの弾く「ビューティフル・ラブ」という曲を楽しんでいるんですよね。それから、テーマを弾き終わったらアドリブに移りますね。そのアドリブも、「ビューティフル・ラブ」という曲の余韻だと僕は考えているんです。この余韻を味わうのがまた楽しいわけですけれど。要するに、ジャズという言葉は、何か特殊な音楽のように捉えられがちですが、ある曲をジャズというスタイルで演奏したのがジャズなんですね。どうも演奏する手法にとらわれて、曲を聴くという目的が見失われているようです。

熊谷　僕はジャズメンに聞いたことはないけれども、彼ら自身は、この曲を自分で演奏したい、という意識から始まるんだろうと思うんです。ところが、少なくとも僕が目にする限りでは、曲を前面に出してくる評論にお目にかかったことがない。端的に曲を聴いての感動を、どうしていわないのか、という気が本当にします。ぼくらが読んでもわからないような技術的なことがいっぱい書いてある。「本当にあなたはそんなことを聴いているのか」と評論家に聞いてみたくなるくらいです。たとえばクラシックだったら、まず曲があって、それがカラヤンなりバーンスタインなりでどういうふうにコンダクトされているかを、僕らは聴くわけです。そういう聴き方を、ジャズに関してはどうしてしないのか。とりわけエヴァンスに関していうと、エヴァンスその人を語り、曲を語る前に、必ずスコット・ラファロと一緒じゃないと語ってくれないのはどういうわけなのか。これは本当に腹が立ちますね。

寺島　これからジャズを聴いてみようかという人にむかって、いきなり最初に「ラファロとのインタープレイ」みたいなことをいったって、わかりっこない。ミュージシャンだってあまりわかる人はいないというじゃないですか。ところが、メロディという要素は、大体どんな人でもわかるんですよね。いいメロディといやなメロディ、あるいは好きなメロディと嫌いなメロディがある。まずこのメロディを聴いてごらんなさいというい方、これが初心者に対して一番親切じゃないかと思うんです。ところが、ジャズと曲という二つの要素は、全く相容れないものがあるんですね。

熊谷　どうしてでしょうね。

寺島　僕もそうですが、まず最初に、曲のことを口にするのは恥ずかしいという意識がある。こけんにかかわるというか、男一匹、演奏技術のことでひとくさりいわないと、ジャズがわかってないというふうに見られるんじゃないかという心配もあります。それはやっぱり「ジャズに名曲なし、名演あるのみ」という、昔立てられた亡霊的ないい伝えという建前が未だに尾を引いていて、曲というのは演奏の素材であるという見方が大方を占めているからでしょう。そんなふうに考えたのは、パーカーとか、いわゆるビ・バップというジャンルを作った一部の革新派ミュージシャンだけなんですけどね。

熊谷　たとえば『ムーン・ビームズ』の中に「ステアウェイ・トゥ・ザ・スターズ」という曲があって、この曲が僕は好きなんです。アルバム全部がいいということではなくて、ある一曲が好き、そういう聴き方だってあると思うんですよ。

寺島　演奏主体の聴き方をすると、アルバム単位で聴くことになる。曲中心の聴き方をすると、このアルバムの中のこの曲ということになる。僕の場合でいうと『ムーン・ビームズ』の中の「アイ・フォール・イン・ラブ・トゥー・イージリー」というようにね。こういう聴き方の方が、初心者に勧められる方法じゃないかと思うんです。このレコードの演奏を聴け、ではなくて、このレコードのこの曲を聴いてみて下さい、というい方が大事だと思う。そういう書き方って、評論家はあまりしないんですよね。でも、評論家の先生方も、御自宅では「ウン、この曲いいな」なんてニコニコしながら聴いてるんじゃないかと思いますけどね。実際は、だって、それが音楽の一番素直で根源的な楽しみ方ですからね。

知性の音楽

寺島　僕は正直いって、最初にエヴァンスを耳にした時は、本当にわからなかった。その頃はバド・パウエルを中心に聴いてたと思うんですけど、みんながすごいピアニストが現われたからというんで聴いてみたけれど、どうもピンとこない、困ったな、という気持でしたね。たぶん、極端にいうとメロディが素直に入り込んでこなかったと思うんです。漠然としているんですね。パウエルやトミー・フラナガンの演奏で「ラウンド・ミッドナイト」に聴こえるものが、エヴァンスでは「ラウンド・ミッドナイト」に聴こえないという。つまり、当時自分が求めていた「ラウンド・ミッドナイト」を、エヴァンスが自分が思っているように弾いてくれない、という苛立ちがあったのでしょう。ただ、この人はいつか自分の中ですごいピアニストになるな、というかすかな予感はありましたね。だから、これは毛嫌いしないで、わからないなりに一所懸命聴き続けていこうという気持でした。

熊谷　エヴァンスの場合、初めて聴いてそれほどいいと思わなかった曲が、三年たったり五年たったりすると、とてもよくることがある。僕らもいろんな生活をしているわけだから、三年たち、五年たちすると、耳も変わってくるし、生活の垢もたまってくるのかもしれない。そういう時にもう一度聴くと、最初にあまりいいと思わなかったものがダイレクトに届くようになっている。そういう経験は、エヴァンスに関して一番多くあるんじゃないかという気がします。たとえば、ウィントン・ケリーなんか、最初に聴いてよくないなと思った演奏は、三年たって聴き直してみても、やっぱりあんまりよくないんですよ。

寺島　あ、それは絶対にありますね。ウィントン・ケリーにしてもレッド・ガーランドにしても、何というか、いきなりわかるんですよ。でも、よさが持続しない。わかりやすいから、飽きるのも早いんですね。ところがエヴァンスは、さっきいったように、最初は理解しにくいけれど、じわじわとよさがしみ出てくる。さっき熊谷さんがおっしゃったように、年月がたつに従って輝きが増してくる。そして、そうなるともうエヴァンスから離れられなくなるんです。

熊谷　エヴァンスに固執するというのは、そこだと思うんです。

寺島　僕自身、今思うと恥ずかしいけれど、エヴァンスに、もっとリアルに、ストレートに弾いてくれないかな、と思ったものです。「マイ・フーリッシュ・ハート」はさすがにそうは思いませんでしたけど、エヴァンスの作曲したものとか、B級、C級スタンダードの演奏には理解しにくいものがずいぶんあった。どうもわかりにくいけれども、これはなかなか素晴らしいものだなという、そういう二つの気持が揺れ動いている感じですね、エヴァンスに対しては常に。そう思わせたのはやはり、エヴァンスの知性です。エヴァンスを聴くと、世俗にまみれた自分の体が透き通ってゆくような感じになります。自分がインテリになったような気がするんですよ。ウィントン・ケリーやレッド・ガーランドやソニー・クラークとはちょっとニュアンスが違うと思うんです。

熊谷　CMで「あなたと夜と音楽と」を流した時に、「あれは何という人の何という曲ですか」という問い合わせがずいぶんあったんですよ。でも、それでエヴァンスの違うレコードを買った人は、結構辛かったんじゃないかと（笑）。

寺島　結局エヴァンスの場合、いくら難しいといっても、関わりあいになりたくない種類の難しさじゃないんですよね。心地よい難解さというか、四つに組みたい難しさというか、いつか自分の血になり肉になるという予感がある。

熊谷　わからないといったって、オーネット・コールマンを聴かされるのとは全然違いますからね。ああいうわからなさではないから。

寺島　わからなさが魅力につながるわけですからね。どうも僕には、ジャズは知性の音楽という捉え方が昔からあって、その頂点にエヴァンスがいるんですね。たとえば僕の店なんかでも、気のせいかもしれませんが、ウィントン・ケリーのレコードをかけたあとは、何となく猥雑になるんですよ。そのあとにエヴァンスをかけると、急に空気が澄んでくるというか、すごくインテレクチュアルな、ハイグレードな雰囲気になってくる。女の人がきれいに見えたり、男がダンディに見えたりしてくる。そういう〝エヴァンス効果〟って絶対にあるんですよ。だから、エヴァンス・トリオがかかっている時は店の雰囲気がいかにもジャズ喫茶らしい荘重な、いい状態に保てるんです。エヴァンスがいなかったら、ジャズ喫茶の体質そのものが変わっていたかもしれません。

熊谷　エヴァンスって、よく写真にもあるように、ピアノの上に前かがみになり没入して弾いている、そういうイメージがありますから、その真摯な態度が、インテレクチュアルとか内省的というイメージにつながりますね。

寺島　よく、エヴァンスが他のバンドに入ると演奏が知性的になるなんていわれますね。ミンガスの『イースト・コースティング』にしても、キャノンボール・アダレイのアルバムにしても。それは、エヴァンスがスタジオに入ってきて、ピアノの前に座るだけで、そういう雰囲気になるんじゃないかと思うんですけれどもね。

熊谷　本当に、エヴァンスの演奏には下品さってないですね。

ハウ・マイ・ハート・シングス

寺島　エヴァンスが音楽の改革を目ざしたとか、新しい音楽を模索していたというようなことがよくいわれますけど、実際にそうだったのかなと、僕は疑問に思っているんです。むしろ、ピアノを美しく鳴らす、そして先ほどもいったように自分の好きな曲を自ら楽しむという姿勢が先行しているんで、音楽を改革して新しいものを作るという気は全くなかったんじゃないかと。

熊谷　たとえば、電気楽器の方にみんなが向かっていくとか、そういう時代の方向性とは本質的に無関係なんであって、自分でエレクトリック・ピアノを弾いたりしたのは、プロデューサーやレコード会社の要求とか、音楽以前の必然性があってしたことだと思うんです。同じ曲を何度も繰り返して弾いていますけれども、それはその曲に向かっていくという姿勢の表われであって、自分のテクニックや音楽手法やスタイルを変えていって、バド・パウエルの次の新しいピアノ・トリオのあり方を自分が作るんだというような意識は、全くなかったと思います。

寺島　エヴァンス・トリオの新しさは結果的なもので、意図的ではなかったんですよね。エヴァンスは自分でやりたい音楽、弾きたい曲、そういうものだけをやるために、演奏したくないものを削ぎ落としていったんじゃないかと思うんです。だから、自分にはやっぱりピアノ・トリオが一番似つかわしいということがわかって、一生を通じて、ピアノ・トリオ一辺倒ですよね。いくつかの例外を除いて。マイルスにしろ・チックやハンコックにしろ、ジャズメンがだんだんプレイヤーというよりサウンド・クリエーターみたいになってきて、ジャズを発展させたといって有難がられる。実際は堕落させたわけですが。でもエヴァンスには、そういうサウンド・クリエーター意識みたいなものは、なかったと思うんです。あったのは自分のやりたい音楽だけですね。

熊谷　C級ファンとしていわせてもらえば（笑）、風呂に入って一人で口ずさもうとする時に、パッと口ずさめないようなサウンド・クリエーションの曲ばかりだと、やっぱりついていけないな、という気持になりますよ。

寺島　僕はジャズ喫茶やってて、お客さんが帰っていく時が一番大事で、幸せな気持で帰っていってくれれば、また来てくれるなと考えているんです。ドアを閉めて、お客さんが今かかっていたレコードの曲を口笛で吹きながら帰っていったら、その人は必ずまた来てくれると。僕もC級ファンだからいわせてもらえば（笑）、ジャズにとっていかに節（ふし）が大事かということです。サウンド・クリエーションじゃなくてね。エヴァンスも、心の中で歌っていたと思うんです。「ハウ・マイ・ハート・シングス」って曲、エヴァンスは何度も演奏してますよね、いい曲だし、いい題名ですね。正にエヴァンスのためにあるような曲ですよ。この曲をエヴァンスは、自分の信条のようなものとして弾いていたんじゃないか。僕はそんなふうに想像してますけどね。しかもその歌い方が、あまりメロディックでない。メロディを全開にして歌われると、ちょっと待ってくれといいたくなるけど、エヴァンスは半開ぐらいで、知的な部分をくすぐるような演奏をしてくれる。そこがうれしいんです。

熊谷　これでもかとばかりにメロディを全開するような演奏って、すぐ飽きちゃいますよね。

寺島　メロディを見え隠れさせて、また時に硬質に表現することによって、メロディそのものを昇華させていくという、そういう表現方法ですね。

熊谷　たとえば「マイ・フーリッシュ・ハート」にしても、『ワルツ・フォー・デビー』の、エヴァンス的に昇華されてほとんど原曲でなくなっているようなものが、僕にとっての「マイ・フーリッシュ・ハート」になっちゃってる。もともとのシンプルなスコアと比べると、ずいぶん変わっちゃってるのかもしれませんけど。テーマもアドリブも含めて、全部が美しいメロディになっている。何で、これがテーマで、ここからがアドリブですよ、と峻別しながら聴かなくちゃいけないのかという、根本的な疑問が僕にはありますね。

寺島　テーマとアドリブなんていうことは、エヴァンス自身はとくに意識していないと思うんです。そんな区別は全くなくして、とにかくエヴァンス的に美しいメロディを表出するということ。だから『エクスプロレーションズ』の「ハウ・ディープ・イズ・ジ・オーシャン」なんか、いきなりアドリブから入っていくということが、彼の中では自然に行われているわけです。そこがまたエヴァンスの魅力で、隠れていてわからない部分がある、そうなると解明したいという気持が出てくる。

熊谷　歳をとってもう一回聴き直してみたくなったりするのはそこですよね。隠れている部分に引っかかっちゃう。いい本を読んでいるような感じですよね。一回読んで、ストーリーがわかって終わりというんじゃなくて、二回、三回と読みかえしたくなる。

寺島　押し入れにしまわないで、いつも手元に置いておきたくなる。エヴァンスが自分の部屋にいるというだけで、何か幸せを感じるじゃないですか。エヴァンスを自分の中に住み込ませる幸せというか。だから、同じような曲ばかり演奏していても、また「ナーディス」だ、「マイ・ロマンス」だ、「ターン・アウト・ザ・スターズ」だと思いながら、レコードは買っちゃうというのも、そういう魅力があるからでしょうね。

熊谷　「声を限りに鳴く蝉よりも、鳴かぬ蛍が身を焦がす」という都々逸がありますが、エヴァンスは正にそんな感じがしますね。感情をストレートに出したりしない。そのかわり、心の中でいろいろ内省したり、自分の曲に関していろいろ考えたり、もう一回やってみたいといい出したりね。

寺島　エヴァンス自身にも変遷があって、同じ曲でも優劣がありますね。「マイ・フーリッシュ・ハート」も何回も演奏していますけれども、あの名盤『ワルツ・フォー・デビー』の演奏を凌駕する演奏って、いろいろ聴いてみましたけれども出てないんですよね。あれだけ緊張感にあふれた緊密な演奏にはお目にかかっていない。だからこそ名盤なんですが。エヴァンス以外の人の演奏だと、もちろんのことない。

熊谷　メロディ・ラインが頭に入っていても、そのまま弾いたんでは、とてもあそこまでの演奏はできない。ジャズ・クラブにお酒を飲みに行った時に、ピアニストに「マイ・フーリッシュ・ハートやってよ」ってリクエストしたりすると、嫌がりますよ。

寺島　それは酷というものですよ（笑）。

熊谷　あの曲の場合、曲と演奏

が一体化しちゃってる。僕らの中でも、ピアニストの中でもね。だからピアニストも、やってることが全部イミテーションになっちゃうから、嫌なんでしょうね。

寺島　まさに名曲の名演ですね。僕は曲の髄を弾くという言葉が好きなんですが、これがその典型だと思います。それから、あの時の演奏は、テンポの設定に尽きますね。あれ以上速くてもいけないし、遅くてもいけないという、絶妙のテンポですよね。

熊谷　あのビレッジ・バンガードのライブについては、よくいわれることですけれど、レコードの中にも人の声がガヤガヤ入っていたりして、観客はどれだけ真剣にエヴァンスを聴いていたのかわからない。でも、そういうライブの環境だからこそ、よけいに三人が自分たちの中にのめり込んでいった、外部を分断して自分たちの世界に入り込んでいったという部分があるんじゃないか。だから、あれはやっぱりライブ録音でよかった、スタジオだったらはたしてあそこまで緊密な演奏ができただろうか、という気がしますね。

ベース、ドラムを聴く楽しみ

熊谷　リバーサイド四部作というと必ず、エヴァンスとスコット・ラファロ、ポール・モチアンの三者対等のインタープレイといういい方がされますね。僕も聴いていて、確かにラファロのベースはすごいと思います。ただそれが、あまりにもインタープレイとかそういう紋切型の表現で語られすぎている。僕は端的に、ラファロのベースはすごいなというだけなんです。あとポール・モチアンも、『ニュー・ジャズ・コンセプションズ』の時はすごく堅いという感じが強いんだけれども、四部作になると、三人の関係の中にきっちり収まってコラボレーションができるようになっている。そういう聴き方で聴いているんであって、あまりインタープレイなんて意識しないで聴いているんですけどね。

寺島　これは僕が考えていることなんですけれども、エヴァンス・トリオの中で、スコット・ラファロというのは抑圧された存在だったんじゃないかと思うんです。ＭＪＱの中のミルト・ジャクソンみたいなもので、何か枠にはめられて、本来のものを発揮できなかったんじゃないか。ラファロの本質は、フォー・ビート・ランニングだ、彼はジャズ本来の無造作なビートの中で最も美しく生きるんだという気がする。これはあくまでも推測ですけれど、ラファロはもっとやんちゃ坊主で、フォー・ビート・ランニングでどんどん自分を出していきたかったんだけれども、たまたまエヴァンスにいい給料で雇われたから、ああいう弾き方をしたんだと。これは絶対に間違っていると思いますけれども（笑）、僕はラファロに関してはそういう聴き方をしていますね。

熊谷　ラファロはベースを単なる低音のリズムから解放した、というようなことがよくいわれますけれども、僕は聴いていて、やっぱりピアノをバッキングしているという感じがすごくしますね。だからこそ、あの四部作が好きなんであってね。

寺島　エヴァンスとラファロのインタープレイがわからないから口惜しくていうわけですけど、やっぱりベースという楽器は、基本的には伴奏楽器だと思いますね。それをメロディ楽器とかいって無理にピアノの位置まで引き上げちゃって、地位の向上をはかる必要はないと思うんです。ベースはベースでいいんですよ。

熊谷　現実には、そういう弾き方をしていないと思うんです。これは僕の聴き方ですけれども。

寺島　もっと嫌なのは、ラファロが出てきて、ベースの奏法に改革が行われたというようないい方ですね。それ以降、ああいうベースの弾き方でなければベースじゃないみたいないわれ方をする。テクニック優先になるし、音は小さくなるし、いいことないんですよ。サム・ジョーンズとか、レイ・ブラウンとか、ルロイ・ビネガーとか、そういう人たちの役割はどうなるんだと。ベースはまずビッグ・トーンが評価されるべきでしょう。ジャズに関しては、いったん一つの現象が出てくると、全てがそれに向かって突き進んでいって、それ以外のものは全くバッドで古くさい、というい方をされるでしょう。評論の一つの悪弊ですね。

熊谷　そういう意味では、ラファロの後を継いだエヴァンス・トリオのベーシストには、プレッシャーもあったでしょうね。どうしてもラファロと比較されちゃうから。特に、チャック・イスラエルズは、直後だし、オーソドックスなベースだから。気の毒ですよね。エディ・ゴメスはあんまりプレッシャーはなかったんじゃないかと思うけれども。

寺島　インタープレイうんぬんは別として、エヴァンス・トリオを楽しむ時に、ピアノだけに意識を集中させるのではなくて、ベース、ドラムを同じように一緒に楽しんでほしいですね。ラファロも聴くべきだし、モチアンにも耳を傾ける。ピアノ・トリオで、ピアノの秀れてないものは、名盤とは言われませんね。でも僕の場合、ベースとドラムが傑出していれば、それだけで愛聴盤になります。ピアノ・トリオの聴き方というのは、ピアノが頂点にあって、ピアノを八割聴いて、あとベースとドラムが一割ずつ、というんじゃなくて、ある瞬間にドラムだけ聴いてもいいし、ベースだけ聴いてもいい。そういう自由な聴き方が必要だと思うんですよ。僕には、エヴァンス・トリオを聴く時に、ドラムを聴く楽しみというのが絶対にあるんです。あのモチアンの、たたくっていうんじゃなくて、何か空間をさまよっているようなドラミングは、エヴァンス・トリオを聴く時に、聴き逃しちゃいけない要素だと思うんです。

熊谷　僕も、モチアンのドラムが好きなんです。ラファロばかりが話題になって、あまり語られませんけれども。

寺島　モチアンというのは、本当にエヴァンス・トリオでドラムをたたくために生まれてきたような人ですね。モチアンのすごさっていうのは、やっぱりエヴァンス・トリオで突出していますね。それ以外のモチアンって、リーダー物も何枚かありますが、僕は秀れていると思ったことがないんですよ。

熊谷　ドラムでこういう言葉を使うのも何か変ですけれども、繊細ですよね。モチアンの音そのものが、ブラシ・ワークにしても何にしても。

寺島　やっぱり、エヴァンスにはモチアンが一番似つかわしい。間違いなくジャック・ディジョネットではない。『モントルー・ジャズ・フェスティバルのビル・エヴァンス』なんか、ジャズ界ではディジョネット参加ゆえの名盤とかいっているけれど、僕はあれはエヴァンスの名作の中に入れてないですね。ディジョネットという人は何か我の強い感じがして、エヴァンスとは合わない。モチアンは寄り添ってゆくからいいんですよ。だから同じように我が強いキース・ジャレットとは相性がよかったんですね、ディジョネットは。ジャズにおけるドラムってとても大事だし、聴き出すとこれくらい魅力のある楽器はないですね。僕はジャズはドラムだと常々思っています。

〝やさしさ〟と〝一徹さ〟

寺島　ドラムといえば、『グリーン・ドルフィン・ストリート』のドラムはフィリー・ジョー・ジョーンズでしたね。

熊谷　そうですね。

寺島　『インタープレイ』のドラムもフィリー・ジョーだった。フィリー・ジョーとエヴァンスというのはどうですか。相性として、あの組み合わせはあれでいいのかな、という気持はありませんか。

熊谷　あります。エヴァンスのトリオについて考えてみると、自分がソロをとって、次にベースがとって、ドラムがとって、というようなことよりも、三者が同時に即興して、お互いにバッキングするような感じがすごくいいわけです。ミックスされた中で、お互いに触発し合って、エヴァンスも活きてきて、ベースも、ドラムも活きてくるという。リバーサイド四部作のよさはそういう所にあると思うんですが、フィリー・ジョーとの演奏だと、やっぱりピアノはピアノ、ベースはベース、ドラムはドラムと、単独に分かれちゃってる感じが強くするんです。

寺島　僕は、フィリー・ジョーの伴奏でエヴァンスがピアノを弾いている演奏を聴いていると、エヴァンスという人がすごく心のやさしい人で……。

熊谷　合わせてあげているという感じがありますよね。

寺島　そうです。エヴァンスの方がフィリー・ジョーに合わせて、本来自分が持っている資質ではないものを表現しつつ、力強く弾いている。心のやさしい人だな、ということを感じますね。

熊谷　それは本当によくわかりますね。

寺島　僕は、そういうエヴァンスがたまらなく好きなんですよ。あの風貌にしても、うぶというか、心が頑丈じゃなくて、純朴で、女性だったら母性本能をかき立てられるようなね。ジャズメンというのは、とかく俺が俺がでしゃしゃり出て、ライブだったら俺がアナウンスしてメンバーを紹介して、曲を紹介して、全部俺が仕切ってやろうというような人が多い。エヴァンスってそういう所がないでしょう。そういう奥ゆかしい所が好きなんですよ。僕はミュージシャンを好きになるのに演奏だけではなくて、演奏の奥に秘む人間味に大きく左右されますね。

熊谷　自分の演奏に対しては、なかなか頑固な所があるんですけれどね。

寺島　後期なんか、自分の気に入った曲しか弾いてませんしね。

熊谷　それなのに、一緒にプレイする人に対しては、本当にやさしさが出ちゃう人ですね。

寺島　後期のライブものを聴いていると、どうも演奏がどんどん速くなっちゃって困惑するわけです。それに、ベース、ドラムにあまりにもソロ・スペースを与え過ぎる。「ナーディス」や「枯葉」なんて、ほとんどベース・ソロばっかりでね。そういうのも、聴衆やサイドメンに対するエヴァンスのサービス精神というか、やさしさの表われなんじゃないかな。会社の要請で意に添わないレコーディングをしたっていうのもそういう、心のやさしさの表現じゃないですかね。

熊谷　われわれエヴァンス・フリークとしては、そう解釈したいですね。とても自ら望んでやったこととは思えないですね。

寺島　ジェレミー・スタイグとやった『ホワッツ・ニュー』なんて、僕は全く聴こうと思わない。あのペッペッと唾をはくようなフルートの音と、端正なエヴァンスが合うわけがない。企画の失敗でしょう。あれも僕は、エヴァンスのレコードの中に入れてませんね。

熊谷　エヴァンスって、一徹な人ですよね。

寺島　そうです。一徹で不器用な人です。ジャズには不器用という要素が、一般に考えられているのとは逆に、とても必要なことだと思うんです。器用な演奏って、右から左へどんどん流されていきますね。エヴァンスは能弁というよりは絶対に訥弁ですよ。だから心に残るし一徹に感じられるんではないですか。

熊谷　子供の頃にある一つのことしかできないのは、世界が狭いんだなということで片付けられるけれども、大人になってからも何かに一徹だというのは、本当に素敵ですね。今時そういう人はいなくなったから、よけい素敵だと思うな。

寺島　ジャズの場合、いろいろなことができる、マルチ・タレント的な人が、才能があるというような見方をされがちですね。でも、多芸は、音楽が拡散していくというか、薄まっていくわけで、そうなるともう芸人ですね。芸術家ではない。寂しい気がしますね。自分のピアノ奏法に固執する。自分の好きな曲だけを弾く。世の中の動きなんて見ていない。そういうエヴァンスを僕は好きですね。

熊谷　ミュージシャンが変わっていくのは、テクニックの進歩を聴かせたい、それでコミュニケーションしたいということなのかもしれないけれど、僕はそんなものはほとんど求めていない。同じ曲を何回もやるというようなスタンスを僕は期待している。その期待を裏切られるようなことが、しばしばありますね。向こうは変わらないということを前提にして、こっちは聴き続ける。それはなぜかというと、僕ら自身に変わる部分があるから、聴き続けられると思うんです。

寺島　自分が変わっていくから、相手には変わってほしくないと。

熊谷　好きなプレイヤーには、ちょこちょこ変わってほしくない。一徹を通してほしい。それでも、こっちは同じことを繰り返し聴いているわけじゃない。僕自身、やっぱり変わるんですよ。

寺島　まあしかし、われわれはエヴァンスを、たとえば週に一回とか聴くわけですが、彼は毎日のように演奏しているわけですから、自分自身に飽き飽きすることもあるだろうし、何か変わったことをやることによって自分自身を変えてみたいと思うこともあるだろうし、変わるなというほうが酷なのかもしれないですね。でも、本質的に変わってしまう人と、外側だけは変わっても本質は変わらない人といます。エヴァンスは後者のほうだと思いますね。ただやっぱり、具体的ないい方をすると、エヴァンスにはひげをはやしてほしくはなかった（笑）。オール・バックでエヴァンスめがねという、あの永遠の青年像をずっと続けてほしかったですね。まあそのスタイルを貫き通せなかった彼の弱さを僕はまた好きなんですが。

リスナーズ・ミュージシャン＝ビル・エヴァンス

寺島　今まで、ジャズにおけるアイドルというと、マイルスであり、コルトレーンであったと思うんです。ただ、彼らはジャズのコアをふやしたけれど、ジャズの周辺の人々を取り込んでいく要素は持っていなかった。エヴァンスはいろんな意味でジャズ以外の音楽ファンを引きつける要素を持っています。名前がいいし、ルックスもいい。それから演奏至上主義ではないです。ジャズはうまいだけではダメなんですよ。文章がうまいだけではダメなようにね。何か行間からジワジワと漂ってこないとね。その人の人間味みたいなものが。エヴァンスのピアノのすき間からは素顔がのぞくというか、やさしさ、寂しさがにじみ出てきますね。だからこそエヴァンスは、パーカー、マイルス、コルトレーン、モンク、パウエルといった強い人たちと隔絶したところで、素晴らしさを持っていると思うんですよ。それから、パーカーにしろ、コルトレーンにしろ、なぜ巨人といわれるかというと、彼らがそれ以降のミュージシャンにいかに影響を与えたかという、ミュージシャンを第一義的に考えた発想によって、巨人と呼ばれているわけです。エヴァンスはそうじゃない。もちろん、エヴァンス派というミュージシャンもいるけれども、エヴァンスは何よりも我々リスナーを、ファンを引きつけた。エヴァンスは我々庶民のものなんです。巨人というイメージじゃないですね。

熊谷　ミュージシャンズ・ミュージシャンっていますよね。その評価を、一般のリスナーにまで押しつけているという側面が、確かにジャズにはありますね。

寺島　そういう人達はミュージシャンが聴けばいいんで、われわれリスナーにはあまり関係ないんです。いってみれば、エヴァンスは、リスナーズ・ミュージシャンですね。

熊谷　ジャズの入門書なんかに、よく重要なレコードというのがのっていますよね。『ミントンハウスのチャーリー・クリスチャン』とか、『アメイジング・バド・パウエル』とか、『クールの誕生』とか。ああいうのは、歴史的に、後のミュージシャンにとって重要な一枚、ということですよね。

寺島　そうだと思います。その三枚を素晴らしいというファンにあまりお目にかかっていませんが、どうもファンの存在が無視されている。そろそろ、ファンがいるからミュージシャンが存在し得る、というふうに発想の転換をしないといけないと思うんです。ミュージシャンの教典をファンに押しつけるのはやめてほしい。そうしないと、いつまでたってもジャズ評論は初心者にはわかりにくいままだろうし、ミュージシャンズ・ミュージシャンだけがジャズの巨人と呼ばれ続ける。そうではなく、リスナーズ・ミュージシャン、ファンズ・ミュージシャンともいうべきビル・エヴァンスのような人こそが、ジャズの巨匠と呼ばれてほしいと思いますね。そういう意味で、熊谷さんにはこれからも、出版やコンサートで、あるいはＴＶコマーシャルという形で、ジャズ・ファンを広げる活動を続けていっていただきたいと思います。ジャズ評論にしても、今までの通説から解放されて、自由な発想で書ける場がほしいと思っている若い書き手もいっぱいいるわけですし。

熊谷　そうですね。淀川長治さんの映画評論に僕が惚れちゃうのは、あの人がものすごく映画が好きなんだなというのが、読んでいてわかるからですよ。だから、ジャズでも、ジャズが好きで好きでたまらない、という人の文章が読みたいし、そういう人が書ける場があっていいと思います。いろいろな形で、ジャズのとば口にいる人たちをもう一歩ジャズのほうへいざなえるような貢献をしていけたら、と思っています。

寺島　いきなり勉強ではなくて、最初は楽しいものから入っていっていいんですよ。興味を持てば、黙っていても勉強したくなるんですから。いろいろなジャズ・ファンの話を聞いてみても、最初は友達とか、友達の兄さんとか、そういう人にジャズを教わったり影響をうけたりして、そこを出発点に開拓していったという人が多いんですよね。残念ながら、入門書や雑誌が役に立ったという話はあまり聞かない。

熊谷　僕もそうでした。入り口がないんですもの。

寺島　要は入り口の問題ですよね。入り口を広くあけておけば、ジャズ・ファンはもっともっと増えます。

熊谷　絶対に増えますね。

（てらしま　やすくに・ジャズ評論家）
（くまがい　てるあき・企画プロデューサー）

（日本たばこ産業㈱アド企画室編『ビル・エヴァンス　あなたと夜と音楽と』講談社、'89・9）

エヴァンス・アドヴァンスド

CONVERSATION WITH MY SELF CONSCIOUSNESS

Takami Kazuki 高見一樹

●ジャズピアノの皮肉

「私が興味あるのは、『ジャズを演奏する楽器』じゃなく、『ジャズを考える』精神なんだ」。——（『ビル・エヴァンス——ジャズ・ピアニストの肖像』水声社刊　ピーター・ペッティンガー著　相川京子訳　p.31より。以下B.E.)

「実はピアノという楽器は、ジャズと一番遠い関係にあるのでは」と書き出すライナーノートを読み、驚く。それは、二〇〇〇年にリリースされたジャズピアニストのソロアルバムのためのライナーだった。ジャズがピアノから遠い、ということだとももちろん読める。なんという大胆な書き出し、それは、衝撃の一文だった。ピアノがジャズにむかないというのはハーモニー楽器だから、だとか、いくつかの理論的な疑問がよぎるが、そこでは特に理論的な問題設定がなされているわけではない。だがそれは、ジャズ史上最も高名なセオリスト、（作曲家／編曲家）ジョージ・ラッセルが定義するヴァーティカル・プレイヤーとしてのポジション以上の役割をジャズピアニストが今も果たすことができないという主張なのだろうか。つまり、調性というモノ・ストラクチャーを前提に演奏するとき、すべての音を、調性内でのアクションに縛り付けるための引力を、ハーモニーのヴァーティカル（垂直軸）な関係において発生させるドミナント・エンジンは、ピアノそのものに由来するからだとでもいうからなのか。それとも、あの一文の背景にあるのは、素朴なピアノへの憧れ（サバンナにはピアノはない！というような）、あるいは、おそらく、平均律以外の音律への関心故、なのかもしれない。平均律と半音よりまだ狭い微分音を内在させる音律との差異ではなく差別の問題。どちらを選択し、どちらに優位を与えるのかということへの関心なのか。それにしても、そんなにしてまで、ジャズを聴いてきた大半の知識人は、相変わらず西欧音楽の象徴としてピアノにこだわり、ヨーロッパの音楽をその一身に体系化する装置であるという印象に、こだわるのだろうか。だとしても、今や、ピアノ自体が背負わされた音楽も、音楽の中での位置もずいぶん変わってしまっている、と思うのだが。

「技術は今よりもっと複雑になる。作曲家にとっては、技術に精通しながらも自分の直感的なアプローチを維持するというのは挑戦となるだろう。即興者にとっては、これらの技術を習得しながらも、ジャズの直感的でアーシーな風格を維持するというのが挑戦となるだろう。厳密にいうと、汎リズミック、汎トーナル、の時代になるだろう。ジャズは実際は民俗音楽に根ざしているので無調主義を迂回すると思う。民俗音楽はスケールを基本とする音楽で、無調主義はスケールを否定している。ジャズは極めてクロマティックになると思う。クロマティックになり、かつ無調にならずにいることもできるのだ。答えは汎トーナルにあるように思える。スケールが本来持つ民俗的な基本は維持されつつ、一度にもしくは結果的にいくつの調子も持てることになる。それはクロマティックな雰囲気も作り上げるので、ビッグ・ビル・ブルーンジー（ブルース・ミュージシャン）のような無調主義的な音になる。依然としてファンクを演奏できるのだ」。——ジョージ・ラッセル（B.E.p.245）

ジャズについて書かれた本を読めば、ピアノが響かせる平均律と比較して、ジャズ固有の音律を仄めかす文章に出くわすことが多々ある。平均律をジャズに馴染ませようという挙動、これがジャズを動かしてきたという、ジャズに普遍的な理解。ジャズ固有の音律、つまりブルーノート、の生い立ちとその出生の忌わしい物語り。それが、アフリカの音楽に由来する音律だということ。ブルースを導く音律、奴隷の誕生とともに新大陸で発生した音律。ピアノの鍵盤を押さえるだけでは、決して辿ることのできない音律、奴隷の辿った足跡が奏でるメロディ。彼らがやってきた方角と世界を示す音の連なり、というジャズの初期設定。だが、ピアノの鍵盤を辿る指でさえも、アフリカを示す音列を理解しようとし、不器用な身体のうえに全く別の生理を持つ身体を重ねることを試み、交わることができない、ひとつになれない不毛の瞬間に生まれたのがジャズ、という理解も可能だ。一方でピアノ、さらにいえば平均律も、ジャズを生む前提だったとすることも十分可能だ。アフリカとヨーロッパが出会い、響きとしてクラッシュした瞬間、それは幻覚のように、第三の音楽の強烈な可能性を響かせ、一瞬にして、ブルーノートという音列の影、サウンドが現われた。平均化された半音の響きにどうしても納得できない指、耳が、砂上の楼閣のように出現させる陶酔の音律、それがブルーノートの、ジャズという状況のせつなさだし、ノスタルジア、強烈さだった。それ故に、ジャズは素早く、強烈なアクションを伴い、破壊と創造を隣り合わせてきた。そして、いつもオルタナティブなディレクションを示唆してきた。整然とした音列にブルーノートを求めるときと、サウンドにブルーノートの陶酔を求めるときが、ジャズを求めるミュージシャンに去来し、それぞれ固有の方法を生んだ。耳が捉え、エキゾチックな欲望が、捏造した響き。システムとして安定させることができない揺らぎを含んだ組織体、故に、ロマンチックな甘い幻想がつきまとうジャズ。

戦前、スライドピアノの名手と

して名をはせたウィリー・ライオン・ザ・スミスがピアノを演奏しながら、エリントンのピアノ・スタイルをまるでストラヴィンスキーのようだとコメントする映像をつきつけられても、やはりピアノとジャズはどうもねー、なんて、果たして言えるのか。そんなことは、もはやできない。ピアノとその楽器に由来する音楽がジャズの前提としてあった。遠いどころか、ジャズという音楽の可能性の中心にピアノはあったといっても決して言い過ぎではない(問題の中心といってもいいかもしれないが)。今さら、アフリカから連れてこられた人々の悲しみと楽しみだけがジャズという音楽の原因だったと言ったところで一体なにになるのだ。セロニアス・モンク、セシル・テイラー、ムハイル・リチャード・エイブラムス、アンドリュー・ヒルといったピアニストらの音楽の美しさ、バド・パウエル、オスカー・ピーターソン、ジョージ・シアリング、レニー・トリスターノ、ビル・エヴァンスの美しさは、ジャズ固有の表現を共有している。しかし、文頭の一文のように、あたかも楽器の構造的な欠陥としてジャズ演奏上のハンディを与えられた演奏家として描かれるピアニストは、いつも、現場のジャズにいつも遅れて参加するという印象を与えられ、アフロ・アメリカン＝アフリカに対する西側の音楽、ジャズ史上における劣位を演出してきた。そしてこの劣位が象徴するのは、西欧の音楽に対するジャズの暴力的な優位だと、いうことなのだ。オーネット・コールマンのカルテット、ソニー・ロリンズのトリオなど、ピアノレスであることだけがさも彼らの音楽の自由を保証してるかのようなレヴューは、まさにそうした傾向を助長してきた。しかし同時に、セシル・テイラーのカルテットも存在したし、セロニアス・モンクのピアノトリオだって音楽の自由を保証していたのだ。エリック・ドルフィーはピアニストとの共演においてその自由を阻まれた、という意識をもったことがあるのだろうか？　楽器自体の問題は、結局、右利きか左利きかの違いでしかないし、それをどんな風に使ってどんな音楽にするかということにすぎない。ピアノにできることもあれば、できないこともあるだろうし、サックスだからできることもあるが、できないこともある。ジャズと楽器の関係をジャズという音楽の側からネガティブに捉える姿勢というのは、そもそもジャズという音楽自体を完成された形式、あるいはスタイルとして考えるドグマに由来する。彼の考えるものが、とても遠いのだという非常に恣意的な問題に、結局は過ぎないのだ。ジャズとはこういうものだと、定義することなく、ジャズへの暗黙の了解事項を含んだまま、こうしたテキストによってジャズは硬直するのだ。

ジャズへのこのような寂しい、貧しい考えや、それに基づく恣意的な言葉は、ピアノのジャズ史上へのこうした一面的な評価や、即興だけがジャズの必要・十分条件だとする刹那的な考えも生む温床となったに違いない。ジャズがまったく即興を必要としない音楽だという考えの否定、これが今もジャズを状況的な音楽という閉域に閉じ込め、アンサンブルの美しさや、ジャズという現場が生んだ素晴らしい楽曲の無視という態度を支えてきたのだ。ジャズ評論の中では、即興の純度が高ければ高いほど、量的な意味においても質的な意味においてもその高さの勝負、ということになっているようだが、即興というのはもともとどの音楽にもあったことだし、すべての民族に伝わる基本的な音楽の楽しみだ。もはやクラシックには即興がない、ということになって久しいが、歴史的にみれば、それもそのような習慣が途絶えて久しいということでしかないし、一九世紀以降、アンサンブルの規模を途方もなく拡大したこと（劇場の巨大化にも関係しているが）もあり、アンサンブルの書法を高度に発展させ歴史的な必然として大半のクラシック（現代音楽）は、書かれた音楽を必要とし、演奏している、ということにすぎない。即興すればそれはすなわち、ジャズあるいはジャズ的な音楽を含意するというのは、二〇世紀後半に流布したデマにすぎない。即興という行為を通じ、どのような伝統や習慣に向き合うのかということを無視しては、これからは（これまでも）、それがどんな音楽なのか、知り合うことは出来ない。つまりそのような無視によって、デレク・ベイリー、エヴァン・パーカーを、あるいはフレデリック・ジェフスキーや、ジョン・ゾーンの音楽のような、貧弱なジャズ観を補強するためだけに便利に参照されるアーティストは、結局彼らの現場を語る言語を獲得することができず、未だに、彼らの音楽が何なのかは状況的には語られても、その向き合うところは語られない、という状態が続いているのだ。なんにせよ二一世紀において、ジャズが生まれて一〇〇年というチャンスに、再びヒロイックにジャズミュージシャンの生涯が語られ、ジャズ・ジャイアンツにジャズの秘密や歴史を語らせんとするのも、ジャズという音楽を非常に極端な形式や特定のスタイルに貶め、恣意的な理解のまま公然と語ってきてしまったという時代があったからだ。そしてビル・エヴァンスは、キース・ジャレットが今まさにそうであるように、そんなテキストの食い物になってきた音楽家だったんじゃないだろうか。ピアノとジャズ、そしてクラシックとジャズの狭間で、どちらかが何かを正当化しようとして……。ポール・ブレイが未知のまま、安易な形容や記号化を避けられているのは、幸か、やはり不幸なのか？

●ジャズピアニストの肖像——ビル・エヴァンスとは誰だったのか？

ビル・エヴァンスというピアニストは、クラシックのコンサートピアニストとしても充分通用したと思われる高度な演奏技術と、ブルースによりかからない洗練された音楽性で、五〇年代半ばに、ジャズピアノの新たな可能性を提示したピアニストとして、中産階級の白人、黒人の耳のよいインテリに支持され、死ぬまで、そして死後も、圧倒的な人気を世界中で誇ったピアニストだった。この日本においては、いわゆるファンキーなスタイルではないピアニストは、まあ言ってみれば聴感上すべて、エヴァンス系に整理されてしまう恐れがあるほどの人気だ。それほどエヴァンスのピアノは普遍的な価値を獲得した。彼は、ラヴェル、ドビュッシー、のモダンなハーモニーをジャズに持ち込んで、とても洗練されたハーモニーの動きを作るのに長けたピアニストだった。ジョージ・ラッセルに高い評価を受け、彼のアンサンブルや、また彼の推薦でマイルス・デイヴィスのクインテットでピアニストを勤めその名を不動のものにすると同時に、六〇年代、ベーシスト、スコット・ラファロ、ドラマー、ポール・モチアンの三人によるピアノトリオで歴史的な名演と呼ばれる録音を残した。残念ながらこのトリオは、ベーシストの突然の事故死によって、その音楽の発展の途上においてやむなく解散してしまう。エヴァンスもそして彼のファンも、その後、結局このトリオという形式におけるエヴァンス・ミュージックの復活を求め、ラファロの亡霊にとり憑かれたように、エヴァンス・ミュージックのトリオにおける完成を求め続けた。

エヴァンス自身がこのトリオに

ついていろいろと語っている。

「スタイル自体が重要なのではなく、どのようにスタイルが発展し、そのなかで自分がどのように演奏できるかが一番重要だ。スコット、ポールと私は、時々何度も何度も同じ曲を演奏した。すべてが？　まとまることは滅多になかったが、まとまったときは衝撃的だと思ったものだった。……あのトリオの特徴は、共通した目的と可能性を感じていたことだ。われわれが演奏するにつれ音楽は発展し、実際の演奏を通じて形になっていった。信頼のおける形で結果を得るのが目的だった」――ビル・エヴァンス（B.E.p.139）

「特に、私は自分の演奏――そして願わくばトリオの演奏――に歌ってほしいんだ、私は自分の聴きたいものを演奏したい。変わったことをするつもりはない。自分のやることが自然に育っていけばいい。でも、そこには歌っているような素晴らしい感覚が無くてはいけないんだ」――ビル・エヴァンス（B.E.p.117）

「本当に素晴らしい結果を求めるなら、とても注意深く、創造的に、規律と自由を混ぜる必要がある。私は音楽はみなロマンチックだと思っているが、もし陳腐になるならロマンティシズムは邪魔である。一方、規律に基づいたロマンティシズムは美のもっとも美しい形態である。そしてこのトリオでは、まさしくそのような組み合わせが始まろうとしていた所だったと思うんだ」――ビル・エヴァンス（B.E.p.141）などと。

　その後、チャック・イスラエル、エディ・ゴメス、ゲイリー・ピーコック、マーク・ジョンソンなどのベーシストとトリオでの音楽を追求したが、果たして、ラファロ、モチアンのあのトリオほどの音楽に到達したと、エヴァンス自身が満足していたかどうか、定かではない。いずれにしても、それは、永遠に埋めることができないすきまを、エヴァンスにもそして、彼の音楽を聴くものにも残し続けたのだった。そして、そういう音楽家、皮肉にもジャズメンの象徴的存在としてエヴァンスは利用され、求められてきたのだ。イギリスのピアニストが残した伝記では、まさにエヴァンスを、そうした癒すことのできないトラウマをしょい続けたピアニストとして徹底的に描き切っている。

　つまり、エヴァンスの音楽家としての頂点を、あのピアノトリオに求め、その崩壊とともに、緩やかな自殺に向かって歩むピアニストとして、彼の音楽家人生は語られる。ラファロとのトリオの影を追い続け、ライブに過剰にのめり込む。満足したことがないライブハウスのピアノの厳しいコンディション、影に縋ろうとする一瞬一瞬を無惨にも克明に捉えた海賊盤との戦い、そして薬、というエヴァンス（？）。プロ、アマを問わず、バンドでやる音楽の気持ちよさを感じたことがあれば、エヴァンスがラファロ、モチアンとのコンビネーションからどれほどの快感を感じていたか、想像するのはそんなに難しくはないだろう。それは本当に強烈な、一度味わったら止められない陶酔、だったはずだ。一度経験してしまった感度の強烈さは、後に、どれほどの快感が彼を襲ったとしても、それはもはや、単なる違和感でしかなかったはずだ。伝記では、エヴァンスがラファロの死後深く病んでいく過程は、充実した音楽活動の記述に徹するあまり、切れ切れにしか見えてこない。だから、訳者が、あとがきに「人物像としてはこれといって奇抜ではなく、逆に記事として取り扱うには面白みにかけるぐらい普通の人だったのでしょう。その彼がピアノを前にすると途端に崇高で独特な世界を築き上げる。ある意味、生まれついての音楽家とも言えます。」と意外にふつうの人だったと、この伝記から読み取れるエヴァンス像を何気なく書いたのも、無理もないことだった。しかし、実の兄を自殺で失い、もっとも信頼のおけるコラボレーターを事故で失ったエヴァンスが、普通でいられたわけがない。ピアノのタッチをあんなに繊細に、センシティブに磨き上げる男が、普通でいられたわけがないだろう。「たぶんこれは私だけの特性かもしれないが、私はプロの演奏家であるにもかかわらず、観客がいない状態で演奏することを好んだのは確かである。コミュニケーションを取りたいか取りたくないかという問題ではなく、どちらかといえば個人的な自意識に関する問題だと思う。鍛錬や集中力によってそういう自意識を克服しなければならない」――ビル・エヴァンス（B.E.p.222）などという、手がかりになるエヴァンス自身の言葉の引用は、結局、ソロピアノの魅力というテーマに戻っていく。ヘロインに溺れていくエヴァンスを、当時、誰でもがそうするようにマリファナからヘロインに溺れていったのだと、そうすることが至極当然のように、伝記の著者は、書きすましている。それはあたかも天才の経歴を醜聞で汚さないように、いけないことを公然と語ることで、すまそうとしているかのようだ。彼には理由があったはずだ。ある女性の「ロマンチックな彼には世界が美しすぎた、鮮やかすぎた」という憶測、それが彼の理由だったのかもしれない。サルトルやウイリアム・ブレイク、フロイドを愛読し、インド哲学をジョン・コルトレーンに教えたのは、実はエヴァンスだったと、その教養の深さと広さを書くが、それだけの人物が、本当にごく普通に生活し、ジャズミュージシャンのごく普通の嗜みとしてヘロイン中毒になり、音楽にだけ天才的な能力を集中させていた、というのは、あまりに紋切り型なのが残念だ。

この伝記は、楽もあれば苦もあり、美もあれば醜もあるといった単純なダイナミクスで、天才神話を描いているにすぎない。エヴァンスがどんな音楽を残し、どんな演奏をしたか、その音楽がどんなに素晴らしいか、ということを人に伝える方法は、なにも伝記を書くことだけではないし、むしろ、数枚のアンソロジーを作ればよい。伝記を書くことの意味は、もっと他にある。「ジャズを教えはじめるとき、一番危険なのはスタイルを教えがちになってしまうことです。……結局のところ、真剣にジャズ・プレイヤーになろうとするなら、ジャズ・プレイヤーには自分自身以上の教師はいないという結論になります」（ビル・エヴァンス）と、エヴァンス自身がジャズを教えることの難しさを警告したとき指摘しているように、伝記はエヴァンスの音楽がなんであったかを明らかにするために、エヴァンスとは結局誰だったのか？を明らかにしなければならなかった。たとえば、エヴァンスのロマンティシズムを、それが何に由来し、どんな方向に向かおうとしていたのか、を明らかにする、そんなことができていれば、エヴァンスから始まった音楽をさらに、あらたな方向に向けたり、既存の音楽に新しい可能性を示唆する触媒のようなコンセプトが、作られていたのかもしれない。関心事はエヴァンスのスタイルではない。理論的仮説は多くの可能性を保証するだろうが、たんなる事実の羅列は、蓋然的にしか、可能性を表象しない。

●アンダーカレント、あるいはサード・ストリーム、もうひとつのエヴァンス。

「私にとってジャズとは『方法』なんだ。特定のラインや、感情的な、あるいは厳密にいうと音楽的な、内容を必要とせずに演奏することなんだ。もしピアノの前で何をしようか熟考して、五分の曲を五時間かかったとする。それは作曲された音楽になる。だから私はそういったものをクラシックだとか、真面目な——人によって呼び方は様々だと思うけれど——、作曲された音楽をカテゴリーに分類するんだ。つまり『作曲された音楽』と『ジャズ』があるんだ。私にとっては、われわれがジャズで用いる方法を使って音楽を作る人はジャズを演奏している、ということなんだ」。——ビル・エヴァンス（B.E.p.155）

五〇年代、ジャズとクラシックの音楽的成果をもって新しい音楽（＝サード・ストリーム・ミュージック）をクリエイトしようという実験が試みられたが、それが一体なんだったかを、前述のエヴァンスの文章は、簡潔に、明らかにしていると思う。ビル・エヴァンスは、当時、クラシックとジャズに何が起ろうとしていたのかをもっともよく理解していたミュージシャンのひとりだったかもしれない。このような理解にエヴァンスはどうやって辿り着いたのだろうか。

一連の試みには、ジャズの演奏家だけでなく、音列を音楽のあらゆるパラメーターに応用した作曲技法、トータル・セリエリズムを使ってジャズのための“ALL SET”という作品を書いたミルトン・バビットに代表される現代音楽の作曲家たちも参加していた。作曲家／ホルン奏者であるガンサー・シュラー、モダン・ジャズ・カルテットのジョン・ルイス、オーネット・コールマン、エリック・ドルフィー、マイルス・デイヴィス、ジミー・ジュフリー、ジム・ホールらが、このサードストリームという騒動に参加し、作品やいくつかのレコーディングを残した。エヴァンスはサードストリーマーとして作品を残すことは無かったが、五〇年代のサードストリーマーたちの試みに紛れ（彼らはエヴァンスをピアニストとして重用した）、ジャズを用いる方法を使って音楽を作るという作業に没頭するきっかけを見つけたのかもしれない。

エヴァンスの出世のきっかけとなるマイルス・デイヴィス・クインテットへの参加を橋渡ししたのは作／編曲家ジョージ・ラッセルだった。エヴァンスとラッセルは、五〇年代の初めに出会い、ラッセルが準備していたアンサンブルにエヴァンスが参加し、ラッセルはエヴァンスのために作品を書くという具合に彼らのコラボレーションは始まり、関係を深めた。ラッセルのお膳立てにもっともタイムリーに、しかもうまくはまったのがエヴァンスだったかもしれない。はじめてエヴァンスのピアノを聴いたとき、ラッセルは、彼を手放してはいけないと直感的に思ったそうだ。エヴァンスのピアノを得て、当時、彼のスコアはどんどん複雑になってもいた。

ジョージ・ラッセルは、オハイオ州、シンシナティに生まれ、七歳のときに、ファッツ・ワォラーの伴奏で、“Moon over Miami”を歌ってステージデビューするという芸歴を持つ。ドラマーとしてプロフェッショナルな音楽家として活動をはじめ、ベン・ウェブスター、ベニー・カーター、コールマン・ホーキンスらと仕事をしていたが、マックス・ローチのドラムを聴いてドラマーとして仕事を諦めたそうだ。セロニアス・モンクの「ラウンド・アバウト・ミッドナイト」に衝撃を受け、ニューヨークに進出、やがて、五五丁目のギル・エヴァンスのアパートに出入りするマイルス・デイヴィス、ルイスたち、ミュージシャン仲間のひとりとなる。四五年にジョージ・ラッセルはマイルスに君が目指す音楽とは何かと聞き、「すべてのコードを知ること」と答えたマイルスに逆に感化され、さまざまな方法で和音を関係づける方法の追求に向かった。これがきっかけとなり、一九五三年、『LYDIAN CHROMATIC CONCEPT OF TONAL ORGANIZATION FOR IMPROVISATION』『即興のための、調組織についての（調組織における）、リディア旋法に基づく、半音階的（同時に色彩的な）概念』（日本語訳あり――日本語版 ATN inc より出版。日本語タイトル翻案、武満徹）がうまれ、理論書として出版し、コルトレーン、マイルス、エヴァンスらの『Kind of Blue』に向かうモードジャズへの扉を開いた。理論家としてだけでなく、作曲家／編曲家としてもディジー・ガレスピーのラテン・ジャズ・バンドに『CUNBANO BE/CUNBANO BOP』を提供するなどし、初めてアフロ＝キューバンのリズムとジャズを結び付けた作品として高い評価を受けた。『CONCERTO FOR BILLY THE KID』、『ALL ABOUT ROSIE』、『CHROMATIC UNIVERSE』などの作品はエヴァンスのために書いた彼の初期代表的作品である。六四年に彼はスカンジナヴィア半島を訪れ、ヤン・ガルバレク、テリエ・リプダルといった七〇年代以降のジャズの一翼を支えた若い音楽家と出会い、彼らにとっての初のレコーディングをプレゼントしている。そして、作曲家として、リディアンコンセプトに基づく作品を今日にいたるまで、発表し続けると同時に、若い才能をバンドを通じ紹介し続けてもいる。代表的なレコーディングに、『LISTEN TO THE SILENCE』(SOULNOTE)、『LIVING TIME ORCHESTRA:IT 'ABOUT TIME』(LABEL BLEU)』、『EZZTHETICS』(RIVERSIDE) などがある。

　このラッセル自身は、サードストリームにそんなにどっぷりつかった、というわけでもなかった。彼の理論は、エヴァンスのみならずマイルス・デイヴィスから武満徹にまで、様々な音楽家に影響を及ぼしたわけで、彼にしてみれば当然だが、クラシックとジャズの融合という現実的かつ速効性のある手法にたよるサードストリームのコンセプトより、彼のリディアン・コンセプトによる原理的意識革命とその浸透こそが彼自身の命題だった。しかし、五七年にブランダイズ大学の芸術総監督に就任したガンサー・シュラーの手びきで、ジョージ・ラッセルはジミー・ジュフリー、チャールズ・ミンガス、ハリー・シャピロ、シュラー、ミルトン・バビットらとともにフェスティバルに参加し、そのコンサートでは、エヴァンスに演奏を依頼している。現場はサードストリームが用意し、結果をリディアンが育むということだったのかもしれない。そんなことはよくあったようだ。つまり、コンセプト優先とはいうものの、なかなかその成果が聴こえてこなかったサードストリームは、当初、状況設定に固執しすぎていたようだ。ジャズのバンドのために書かれた現代音楽の作品、あるいはクラシックの書法で書かれたジャズバンドのための作品とか……。スタイルが優先されたかのような作品群。だから実践レベルでは、ラッセルのリディアン・コンセプトのほうが、音楽家たちの演奏の現場で成果をあげ、ひろく浸透していった。もちろんサードストリームも、たとえば、マイルスのクインテットなどで演奏するエヴァンスのピアノ、あるいは彼のオリジナルなど、考え方によっては、クラシックとジャズのミクスチャーとして聴くことのできるものにその影響を認めることができるだろう。そういうものは、意外に多くあったし、それはちょっとした成果だったかもしれない。そんな意味において、当時のエヴァンスの音楽は、シュラー、ラッセルらのセオリーだのコンセプトが示した音楽の在り様を、もっとも美しい形で実現していたとも言えるし、ジャズ・ピアニストとして、具体的なアングルからアプローチしていった音楽家だったかもしれない。

エヴァンスとジョージ・ラッセルが最初に手掛けたレコーディング『JAZZ WORK SHOP』(五六年)はエヴァンスのピアノが複雑に絡まりスピーディーに展開していく『THE CONCERTO FOR BILLY THE KID』だけでなく、すべての作品において、素晴らしいアンサンブルを聴くことができる。ラッセルの傑作だろう。そのスピードと密度の濃いラッセルのスコアは、ジャズメン、個人的な趣味や創意工夫あるいは、習慣のようなものを奪うスピードだし、強度だったかもしれない。このアルバム、『JAZZ IN THE SAPCE AGE』(六〇年)、『LIVING TIME』(七二年)でも聴くことができる。エヴァンスのレニー・トリスターノ風のアドリブの緊張感は、その後の抒情的なエヴァンスのアプローチとはまったく異なり、その攻撃的なラインの連続は、多くのエヴァンス・ファンには受け入れがたいものかもしれない。しかし、それは当時、ラッセルのコンセプトを実現できるジャズピアニストとしてのポテンシャルを恐ろしい程に見せつけた演奏だったし、そこにはエヴァンスの音楽への従順さが伺える。ミルトン・ヒントンのベース、バリー・ガルブレイスのギターのリズムセクションや、ハル・マッケンシックのアルト、アート・ファーマーのトランペットのソロなど、いろんなところに聴きどころの多いアルバムだった。

『JAZZ IN THE SAPCE AGE』では、ポール・ブレイと共演しているが、その後のマイルス・グループにおけるハービー・ハンコックのピアノソロを先取りするかのように過激にふたりのソロが交錯する。このアルバムの冒頭のパーカッションの幽玄な響きは、そのまま一二年後の『LIVING TIME』の冒頭のアンサンブルにつながっていくが、しかし残念ながら、このアルバムでは、ラッセルがデザインしたアンサンブルとエヴァンスのピアノは、大きな違いをもろに露呈している。エヴァンスの伝記にこのアルバムに関して次のような引用がある。

「ビルと私はモーダルな演奏に関わっている」とラッセルは言った。

「しかしわれわれは、ここ何年間かはお互いの視野から外れた場所にいた。ビルは調子を重視する演奏に前より熱中しているが、私はそこから離れてしまっていた。私はモーダル的なことの範疇から離れた、その延長線で活動していた。でも私はビルの演奏が大好きだし尊敬しているので、チャレンジを辞退できなかったのが事実だ。私の見たところ、彼の演奏を高めながらも私自身の作品の特徴を殺さないモードを作るというのが使命だった。」——ジョージ・ラッセル(B.E.p.246)

たしかに何かがエヴァンスには起っていた。

ラッセル・セオリーのもっとも優秀な具現者となり、マイルス・ミュージックの最高の伴奏者という評価を得たエヴァンスは、コロムビアのプロデューサー、ジョージ・アヴァキアンの担当したレコーディングにけっこう参加している。先のブランダイズ大学のジャズ・フェスティバルは『BRANDISE JAZZ FESTIVAL』としてリリースされ、さらにアヴァキアンはマイルスとコロムビアの契約をまとめた張本人だった。『MILES 1958』『KIND OF BLUE』など、一連のレコーディングには、もちろん当時のメンバーのひとりとして参加している。アヴァキアンは、当時ジャズピアニストとして、オスカー・ピーターソンにつぐ人気を博したデイブ・ブルーベックの担当プロデューサーでもあった(クラシックの作品もリリースしているブルーベックも、当時サードストリームとはまったく無関係とはいえない）。当時、クラシックも担当していたアヴァキアンにギル・エヴァンスとのオーケストラ・プロジェクトや指揮者ミトロプーロスとの共演の話を持ちかけていたのがマイルスだったが、サードストリームに当初から深くかかわっていたアヴァキアンにしても、ラッセル＝マイルス経由で持ち込まれたエヴァンスのグループへの参加は、願ったりかなったりだったろう。アヴァキアンは、ブランダイスのレコーディングの翌年に行われた、ジョン・ケージのタウンホールでの作曲家生活二五周年を祝うコンサート（ジャスパー・ジョーンズらが発起人）を私家版（後にWERGOからリリース）としてリリースしている奇妙な経歴の持ち主だ。奥さんがマルロ・アジェミアンというヴァイオリニストだったというのも関係があるのだが……。エヴァンスには直接関係はないのかもしれないが、アトランティックでキース・ジャレットの初のソロアルバムを含む三枚をプロデュースしたのも、彼、アヴァキアンだった（そしてそのときのドラムは、ポール・モチアンだった）。戦後、ジャズのレコーディングの現場にいたプロデューサー連中は、音楽家同様、サードストリームの洗礼を受けているだろう。アヴァキアンが後に移籍して、キースも参加しているチャールス・ロイドなどをプロデュースするレーベル、アトランティックのネスヒ・アーティガンは、ジョン・ルイスと協同で、『JAZZ ABSTRACTION』というエヴァンス、スコット・ラファロ、オーネット・コールマン、エリック・ドルフィー、ジム・ホールが参加したアルバムをプロデュースしている。コロムビアでは、アヴァキアンの後を引き継いだテオ・マセロが、マイルス以外にも、ジョージ・ラッセルの『JAZZ IN THE SPACE AGE』でピアノでエヴァンスとソロを取り合うポール・ブレイが参加したジミー・ジュフリーのアルバムなど、をプロデュースしている。テオはもちろん彼自身がサックスプレイヤーであり、作曲家でもあるし、ミンガス、ブレイらと五〇年代に組織した、ジャズ・コンポーザーズ・ワークショップのメンバーでもあった。

　ラッセルとの最後の録音となった『LIVING TIME』の二年後、エヴァンスは、クラウス・オガーマンと『SYMBIOSIS』というオーケストラとエヴァンスのトリオ（エディ・ゴメス／マーティ・モレル）のための作品をレコーディングしている。このアルバムは、職人オガーマンが、エヴァンストリオの音楽をオーケストレイトする、というような作品だった。この作品についてオガーマンは、この作品の簡易ピアノ譜の冒頭（以下：アルバムの坂本信・訳によるライナーノートより転載）に記している。

「『SYMBIOSIS（共生）』はここでは、ビルの自由な演奏と、拘束的な厳しい楽譜の再現とからなっている。どちらの演奏にもそれぞれの存在意義があるが、このときの事情によって、役割をふたつの個性を持ったパートの手にゆだねることとなった。」

　晩年エヴァンスのマネージャーとなったヘレン・キーンのプロデュースによって実現された七〇年代の二つのレコーディング（『SYMBOISIS』／『LIVING TIME』）では、エヴァンスが諦めてしまったもの、彼のピアノの音楽が結局どういうものであったか、をあらためて明らかにしてくれているようでもある。ラッセルのファンクに乗り切れないエヴァンスと、オーガマンのオーケストレーションが固定したエヴァンス・ミュージックを構成するハーモニー。ジャズを使って書かれたオーケストレーションによるリプリゼンテーション。エヴァンスもあきらかに憧れたジョージ・シアリング、ナット・キング・コールに由来する鍵盤テクニックに由来するハーモニーの秘密も、ここにはある。それはたとえば、八八年の、ライル・メイズの『STREET DREAMS』に、七六年のジャコ・パストリアスのソロや彼のビッグ・バンド、ジャコに関連してボブ・ミンツァーのビッグバンドのアレンジメントに、さらにはウェザー・リポートのジョー・ザヴィヌルのキーボード、など、七〇-八〇年代に溢れ頂点を極めたサウンドの形のひとつが、このアルバムに認めることができる。

エヴァンスとは三つのレコーディングで仕事をしているクラウス・オガーマンは、作曲家であると同時に、アントニオ・カルロス・ジョビン、ジョアン・ジルベルトなどのアルバムで彼らの音楽のオーケストレーションを手掛けている編曲家だ。彼は一九三〇年に現ポーランドに生まれた。彼はニュルンベルクで音楽を学び、当初ピアニストとしてスタジオを中心に仕事を続けていたが、ドイツ映画の音楽を手掛けるようになり作曲家としても注目を集めるようになっていく。五九年にニューヨークに移住し、六三年にはヴァーヴレコードの音楽ディレクターとなった。さらにこのレーベルのプロデューサーであったクリード・テイラーと共に、A&Mに移籍し、彼のレーベルCTIで数多くの作品を手掛けた。アントニオ・カルロス・ジョビンはもとより、クインシー・ジョーンズ、フランク・シナトラ、ジョアン・ジルベルト、ジミー・スミス、スタン・ゲッツ、ハービー・ハンコックなど、たくさんの編曲を手掛け、何度もグラミー賞を受賞した。七〇年代以降、作曲家としても精力的に活動するようになり、ビル・エヴァンスの『SYMBIOSIS』、マイケル・ブレッカーのために書いた『CITYSCAPE』やバレエ作品、詩人タゴールの作品による歌曲などをつくった。彼のオーケストレーションは、ジャキス・モーレンバウムやドン・セベスキーなど、によって引き継がれ、ポップスにあって、その書法は、今や伝統とよべるのかもしれない。イギリスのチャンネル4は八七年に、彼のドキュメンタリー『TIME PRESENT AND TIME PAST』を制作している。しかし、ヒッチコックの映画で有名な作曲家バーナード・ハーマンのように、今もその仕事の多くがポピュラー音楽のもの、ということで、過小な評価を受けている作家のひとりだと僕は思う。エヴァンスが彼の作品やアレンジをどう評価していたか、わからないが、エヴァンスのピアノにもっとも相応しい、オケのアレンジを書けたのは当時、やはりオガーマン以外には考えられなかった（ギル・エヴァンスは!?）。

ジョアン・ジルベルトの『AMOROSO』、アントニオ・カルロス・ジョビン『TERRA BRASIL』に代表されるストリングスと木管の響きは、彼独自のサウンドだったが、こうしたオガーマンの仕事を当初から評価したのが、プロデューサーのクリード・テイラーだった。彼はインパルス創設時のプロデューサーだったが、ギル・エヴァンスのアルバム、ジョン・コルトレーン、それにエヴァンスが参加しているオリヴァー・ネルソンの『THE BLUES AND THE ABSTRACT TRUTH』などを残してインパルスを数カ月で去っている。そして六一年、ヴァーヴのプロデューサーとして仕事を始めた。そして、六七年にA&Mに移り、CTIという自分の名前を冠したレーベルをスタートさせた。エヴァンスがヴァーヴと契約を交わしたとき、おそらく、クリード・テイラーの頭には、オガーマンとの仕事、少なくとも、ショパンの作品をジャズとして演奏するというアイデアがあったのではないだろうか。というのもショパンの作品については、ヴァーヴに先立って約束されていたギル・エヴァンスとビルの仕事のちょっとした目玉として取り上げることが決まっていたようだし、ショパンの前奏曲のブルージーな解釈自体はギルのアイデアだった、とビル・エヴァンス自身が認めている。そしておそらくこの時、ギルはインパルスとアルバムを作ることになっていたのだし、そのプロデューサーはクリード・テイラーだったに違い無い。テイラーはインパルスを去り、ギルとビルの企画は流れたが、このすぐ後、ギルはヴァーヴでアルバムをリリースする。クリード・テイラーは、ヴァーヴ、そしてCTIでの彼の仕事の多くが与える印象によって、とてもイージーな仕事をする人だという印象が、シリアスなジャズファンにはあるかもしれない（ギル・エヴァンスらとのシリアスな仕事もあるのだし、イージーリスニングのどこが悪いのか、いや確かに悪いものもある）。そしてその片棒をかつぐオガーマンのイメージもおおかた似たり寄ったりのものなのだろう。しかし、ジャズとは無縁だったアレンジャーであるオガーマンはエヴァンスの音楽を「書かれた音楽」として、ジャズだが書かれうる音楽として、構築しなおしていく。そして、その作業はエヴァンスと深くかかわりのあるクラシック作品のジャズ化（これまた誤解される表現だが）を通じて実現されていった。エヴァンスは、再提示される自分の音楽をどんな風に聴いたのだろうか。これまた伝記には一言もない。ジャズを通じ音楽があらたに獲得したもの、について思考を彼がどんな風に考えていたのか。彼自身はwith strings 自体をそんなに妥協的な音楽とは考えていないと思うのだが。

　さて、テイラー自身はどのような希望と印象をこのようなプロジェクトにもっていたのだろう。テイラーはたくさんの with strings ものを手掛けている。ジョージ・アヴァキアンとマイルス・デイヴィス、ギル・エヴァンスのコラボレーションを超えるアルバムの実現くらいのことは考えていたのだろうか。アルバム『WITH SYMPHONY ORCH.』は、オガーマン、エヴァンスのオリジナル『ELEGY』『TIME REMEMBERED』を一曲ずつと、クラシックの作品によって構成されたアルバムだが、ごく普通のオーケストラとの企画物とは異なったロマンチックな雰囲気が素晴らしい。それはボサ・ノヴァのサウダージをオーケストレーションしたオガーマンだから、エヴァンスのラファロ死後のサウダージを捉えることができたのだから、出色の出来だったのかもしれない。クロノス・カルテットが取り上げた『TIME REMEMBERED』に比較しても仕方が無いが、この難曲を見事にアレンジしたというだけでも、空前絶後の試みをある水準にまでもってきたというだけでも、凄いではないか。スタン・ゲッツとのバカラック作品集でのオガーマンの仕事とは少し違うのではないか。マイルス＝ギル、と同じようなレベルで、エヴァンス＝オガーマンを評価してもいいのではないだろうか。

　固定された＝書かれた音楽に、またあらたな音楽を加えていくというオガーマンとの仕事のように、クリード・テイラーとエヴァンスは、もうひとつ、とても興味深い仕事をしている。それは、ピアノの多重録音によるエヴァンス自身のトリオ・アルバムの制作だった。『CONVERSATION WITH MYSELF』と題されたアルバムは、『FURTHER CONVERSATION WITH MYSELF』『NEW CONVERSATION WITH MYSELF』を含めて合計三枚ある。最後の一枚はワーナーで、ヘレン・キーンがプロデュースしたものだ。先例としてレニー・トリスターノの「ターキッシュ・マンボ」、彼らに続く例として、たとえば、ライル・メイズの『STREET DREAMS』（ピアノとエレクトリック・ピアノを重ねていくといった点で）中の曲「CHIRINHO」などもあるが、いずれにしても、この形にこだわったエヴァンスは、ジャズ史上稀だろう。しかも、忌まわしいことにエレピを重ねているのだ（と多くのエヴァンス・ファンは思ってるのかもしれないが）。多重録音という方法が複数の精神を投影するジャズ的な手法だと語る、以下のエヴァンスの発言に注目したい。

「ジャズ・グループ・インプロヴィゼーションの革命が起きるまで、西洋音楽、もしくはわれわれがジャズ以外と思っている音楽は、単独の精神を投影する象徴だった。西洋を起源とする音楽では初めて、ジャズ・グループ・インプロヴィゼーションがまとまった演奏のなかで、同時に互いに反応する二人、三人、四人、もしくは五人の精神の露呈を引き起こす。レコーディングは一トラック目を聴きながら二トラック目を演奏し、最初の二トラックを聴きながら三トラック目を演奏するという、同時に存在する演奏を複製する工程をとり、それぞれのトラックは他の音楽的思考や精神に反応する音楽的な精神のあらわれだった。三つの演奏それぞれに共通する精神が込められていたということもできるが、私にはその通りとは言い切れない。各トラックの作用はそれぞれ異なる。最初の二つが交換した声に反応したり何かを付け加えるというよりは、むしろまるっきり違う観点で声を発しているようである。つまり私が感じるのは、ここでの音楽はソロというよりむしろ「トリオ」の品質を持っているということだ。他にも、私の音楽的テクニックは私が一番良く知っているので、自分が直前に展開した演奏により正確に明瞭に反応しているようだともいえる。」――ビル・エヴァンス（B.E.p.170）

最初に固定するのも、されるのも、まずは自分のピアノという意味で、あきらかにオガーマンのような第三者が想定するところのエヴァンスのピアノに比べ、自由度が高いしスタイルを気にする必要もない。ジャズが複数の精神を投影する象徴になり得たという可能性への言及は、このプロジェクトが、ラファロ=モチアンと到達しようとしていた音楽を、彼らになりかわってエヴァンス自身が示そうとしたものだったという風にも理解できる。そしておそらくそれ故に、エヴァンスのピアノは、このプロジェクトでは、意外なほど饒舌だったのだ。エヴァンスはどこに向かっていたのか、ジーン・リースが言うように「時間をかけた自殺」だったとすれば、エヴァンスは取り上げられた音楽を、取り戻そうとし、失ったものを回復しようとしただけなのかもしれない。

「自分だけで演奏していると、自分の個人的な感情をより強く投影することができるんだ。グループでは、自分の感情を曲げて他の人々と混じり合う必要があり、それはとても満足のいく経験へとつながるのだが、自分自身が何者かという本質までは、ソロ・パフォーマスほど深くはたどり着けない。これこそが本質なんだ。」――ビル・エヴァンス（B.E.p.288）

こう彼が語るとおり、彼自身の音楽の本質が、そこにはあったのかもしれない。ルディ・ヴァン・ゲルダーの耳障りなエンジニアリングだけが、夾雑物として残念なのだが、ソロ、多重録音によって、彼は自分にしか聴こえない彼の声を感覚的に確認していたのかもしれない。

「ピアノだけで音楽的に満足いくような表現ができるようになったことが、私の人生で最も喜ぶべきかもしれない。振り返ってみると、音楽と向き合った数え切れない時間が私の人生の方針を定めたように思う。ひとりきりで演奏しているときに音楽とひとつになったように感じることがあるが、そういうときは必ずといっていいほどテクニックや音楽を構成するさまざまな要因が極めて顕著に反映されるので、音楽を心から理解するにはしっかり聴いていなくてはいけないのだと、そのたびごとに気づかされた。たぶんこれは私だけの特性かもしれないが、私はプロの演奏家であるにもかかわらず、観客がいない状態で演奏することを好んだのは確かである。コミュニケーションを取りたいか取りたくないかという問題ではなく、どちらかといえば個人的な自意識に関する問題だと思う。鍛練や集中力によってそういう自意識を克服しなければならない」――ビル・エヴァンス（B.E.p.222)

エヴァンスの音楽は一体なんだったのか？　今もエヴァンスの曲をトリビュートと称し、ピアノトリオのアルバムを企画するプロデューサーたちのださい仕事は続いている。エヴァンスは自らが監修した自分の作品のピアノ譜を出版している。それをもう一度、子細に検討することも必要だろう。そして結局は、エヴァンスの自意識が、彼自身の言葉によって再び焦点となるのだ。鍛練によって克服されないといけない自意識とは、音楽を演奏するとき、どのような障害となるのか。おそらく、それは、ジャズ評論における恣意的な用語の定義、理解、同様の混乱をアンサンブルにおいてきたすもの、複数の精神を投影した音楽が成就しつつあるものを、私有してしまうもの、なのか。彼が抱えこんでしまった問題を、明らかにする伝記や研究書は、まだないのだろうか？　エヴァンスが語った自意識とやらを、彼の残した音楽と言葉と、仲間にあたって明らかにすること、これは誰の課題なのか。音楽を聴いてそれについて考えるというプロセスは、まだ音楽家だけのものなのだろうか。エヴァンスもジャズも、それが何だったかについて充分に考える時間が、まだ与えられていないだけなのかもしれないし、自意識を克服する鍛練がまだ、足りていないのかもしれない。少なくともエヴァンスの音楽を複数の精神の投影と考える人は、まだ少ないのかもしれない。

「微妙に動き回るために、音の内に秘められた部分を使っているんだが、この微妙な動きは最終的にはなくてはならないものになっていくように思う。これが私が提起してしまった問題への、唯一の解決法だと思う」。(B.E.p.156)

ジョージ・ラッセルとの仕事

●『JAZZ WORK SHOP』（RCA-KOCH JAZZ)
●『JAZZ IN THE SPACE AGE』(DECCA-UNIVERSAL MUSIC)
●『NEW YORK N.Y.』（IMPULSE)
●『LIVING TIME ORCHESTRA』(CBS-SONY)

ゲイリー・マクファーランドとの仕事

●『THE GARY MCFARLAND ORCHESTRA』(COMPLETE VERVE RECORDINGS)

クラウス・オガーマンとの仕事、あるいはオーケストラとの仕事

●『WITH SYMPHONY ORCH.』［WITH C.O.］（VERVE)
●『THEME FROM V.I.P.』［WITH C.O.］(MGM)
●『SYMBIOSIS』［WITH C.O.］（MPS)
●『FROM LEFT TO RIGHT』［WITH MICKEY LEONARD］（VERVE)

ピアノ・オーヴァーダブ

●『CONVERSATION WITH MYSELF』(VERVE)
●『FURTHER CONVERSATION WITH MYSELF』(VERVE)
●『NEW CONVERSATION WITH MYSELF』（WB)

サード・ストリーム関連

●『JAZZ ABSTRACTION』(RHINO-ORNETTE COLEMAN『BEAUTY IS THE RARE THING』)

など、他にもオーケストラ、アンサンブルものだと、タッド・ダメロン、ミシェル・ルグラン、オリバー・ネルソンのアルバムに参加したアルバムや、ブランダイズ・ジャズ・フェスティヴァルなどがある。

（音楽評論家）

◉新増補――

対位法の即興

塩谷 哲
Shionoya Satoru

ビル・エヴァンスの生涯や聴くべき名盤については、ここでは他の方にお任せして、私はピアニスト兼作曲家として彼のエッセンスについて語ろうと思います。

エヴァンスにはラヴェルやドビュッシーに代表される近代フランス音楽の香りがするとよく言わますが、それは例えば「ワルツ・フォー・デビー」に見られるような major 7 thや9 th、或いは♯11 thといったテンション・ノート（またはその転回型）の響き自体のことをおそらく指している（不本意ながら「お洒落なジャズ」で片付けられてしまうこともあるのはこのためか）と思われます。

しかし私は、エヴァンスがそれらの響きを使用した新しさよりも、和声学で言う内声の独立進行によるハーモニーの連続変化をジャズピアノにおいて初めて確立したことの方が重要な気がしています。つまり、クラシックの世界では当たり前の線的（対位法的）な声部の動きを、ここまで即興演奏によって自在に組み上げる人はそれまでいなかった、と。

例えばキース・ジャレットやブラッド・メルドーがまるで予め書いてあったかのような繊細でシンフォニックな即興演奏をするのを聴いて、初めは「とても人間技ではない、奇跡か?」と思うのですが、彼らに共通する「クラシックの素養とずば抜けた和声感覚」を以てすれば決して不可能なことでは無く、それはまさしくエヴァンスの音楽性、指向、思想のコアを継承したように見えるのです。かく言う私自身も、和声学や対位法を学びオーケストラを書くことで、彼らには遠く及ばないながら、即興演奏においても「声部」の感覚が自然に活かされ、十本の指があたかも独立して違う楽器を弾いているような、自分はそれを操る指揮者であるかのような感覚を味わうことがあるんです。

もちろんエヴァンス以前にも内声の動きによって美しいハーモニーを生み出すジャズピアニストはたくさんいました。しかし、分かりやすく言うと、それまでピアノにおける「ビッグバンドジャズ的ハーモニーと内声の動き」だったものを「クラシックのフルオーケストラの響きとその多様な線的な動き」に大幅に拡大したのがエヴァンス、と言えましょう。例えばミッシェル・ルグランの曲を演奏するエヴァンスの頭の中には確実にオーケストラの響きが鳴っていた筈です。

このように「ジャズ」という範疇を超えて彼の音楽世界はどんどん広がってゆきました。それ故にジャレット、メルドーはじめ、世界中のあらゆるジャンルの音楽家に今でも影響を与え続けているのではないでしょうか。実はその柔軟性、自由な指向性こそビル・エヴァンスが遺した大いなる財産だったように思えてなりません。

(ピアニスト)

◉新増補——

音響空間をデザインする録音芸術へ

柳樂光隆 Nagira Mitsutaka

ビル・エヴァンスのドキュメンタリーで、『Bill Evans Time Remembered』という映画がある。二〇一九年に日本でも字幕付きで公開され、大きな反響を得た。エヴァンスの幼少期から最期までをエヴァンスの貴重な映像と、親族や友人などの証言を交えながらまとめた力作だ。

その映画の中では、生前にビル・エヴァンスと交流があったミュージシャンを中心に様々なジャズミュージシャンが出ていて、彼らが語るエヴァンスのエピソードを聞いているだけで楽しい。そこにエヴァンスの音楽の素晴らしさをピアニストのエリック・リードが実際にピアノを弾きながら解説するシーンがあり、その解説は実にシンプルながらエヴァンスの音楽をあまりに的確に表しているので、そこだけでも見てもらいたいと思うほど。ここではマイルス・デイヴィスの名盤『Kind of Blue』に収録されているモードジャズの名曲「Flamenco Sketches」のアイデアの原型とも言えるビル・エヴァンスの「Peace Piece」の音源がエリック・リードのピアノを交えた解説の中に挿入され、その特異なサウンドの特徴が明らかにされて行く。

印象的なコードを独特のタッチで繰り返しながら、少しずつ展開していく構成をしていて、前へ進んでいくというよりは、視界が開けていくような、目の前の風景が徐々に広がっていくような気持ち良さがあり、それは音を空間に立体的に配置するような演奏が功を奏した結果とも言えるかもしれない。クラシック由来のエヴァンスのピアノのコントロールが、その景色が徐々に見えてくるような移り変わりにおける微妙な色彩や微妙なテクスチャー、そして、そこに宿る情感などを表現することを可能にしている。三次元を感じさせるシネマティックなサウンドでありながら、そこにはエヴァンスらしい和音が生み出すエモーションも含まれている。この曲がどれだけ大きな衝撃をマイルスに与えたのかは誰もが実感できるだろう。

そして、映画の中ではエヴァンスの演奏の中でも手元にフォーカスして、指の動きをしっかり見せている映像が積極的に使われている。そんなカメラワークで「Peace Piece」でのエヴァンスの指の動きを目で追いながら音を聴いていると、エヴァンスがいかに特異な演奏をしているのかがわかる。彼がイントロやバラードなどでテンポを落とした時の演奏が普通じゃないのだ。その指で鍵盤をゆっくりと押し込むように奏でる動作が見え、それと同時に鳴っている音色が同時に聴こえ、視覚と聴覚がコネクトすると、ゆったりとハンマーが持ち上がり、鈍く弦を叩き、エヴァンス特有の芯はありながらも揺らぎながら音が伸びるような淡い音色が発生するその光景が脳裏に浮かぶように思えるのだ。そして、その鍵盤が押され音が出るその一連の動作はまるでスローモーションのように視覚的に脳裏で再生される。そんな動作によって生まれる音色がひとつずつ連なり、旋律が生まれる。

それは例えば、ヒップホップの「スクリュー」という手法を思い起こさせる。これはＤＪスクリューというＤＪが始めたＤＪの手法で、プレイする音楽のスピードを異常に落として、異常な低速にすることでピッチが変わり独特な酩酊感を生み出すもの。そして、スローモーション的に低速化させることで音楽のディテールが可視化される。それにより音が顕微鏡で見たように拡張され、サイケデリックにさえ感じさせる。それは正にエヴァンスの「Peace Piece」での演奏そのものだ。

「Peace Piece」はコードだけを続ける冒頭から、その音は立体的で、映像的だ。それはマイルスがこの曲を元に作った「Flamenco Sketches」も同様だ。その音楽的な構造だけでなく、その音の鳴らし方も含めて、世界観、もしくは空間のデザインのしかたが同じと言ってもいいだろう。マイルスのトランペットに関しても、エヴァンスのピアノの演奏を思わせるスローモーションのようなサウンドで、息を吹き込んで、音が立ち上がるところまでの空気のモーションが可視化されるような演奏をしている。他の奏者もそれに従っていて、そんな音たちが立体的に配置され、三次元の空間の中で響くさまが、完璧に録音され、盤に刻まれてる。ビバップから、ハードバップ、そして、モードへ、とジャズ史の流れの中ではちょうどモードの入り口として位置づけられるアルバムだが、ビバップやハードバップのころのジャズのレコードの多くがライブミュージックの現場感をどれだけ生々しく、その場に居合わせたように再現することに力を注いでいたある種の記録だったとすれば、この時のエヴァンスやマイルスの作品はライブミュージックとしてのジャズを記録するだけでなく、再現ではなく、自らその空間そのものをデザインするような新しい録音芸術としての在り方にチャレンジした作品なのではないかと思ったりもする。

そういったデザイン、もしくは描写的な発想は、ビル・エヴァンスが書いた『Kind of Blue』のライナーノーツにも示されている。エヴァンスはこのアルバムを書道に喩(たと)えていたことは象徴的だ。つまり、「Peace Piece」や「Flamenco Sketches」でのエヴァンスの演奏のそのコードの響きそのもの、もしくはその残響が飛んでいって消えていくさま、更に言えばその一音そのものの美しさや音響的な快感に浸りながら、次の響きを宙に放っていくような演奏は、五線譜上での音符の組み合わせが生む旋律やコードやハーモニーだけではなく、もっと抽象的な自身の頭の中にあるイメージをそのまま描こうとしているようにも思える。その最終的には自身ではコントロールしきれない残響や音色の不自由さも、彼が喩えた書道における墨と水が紙の上で意図しない形に滲んでいく不確実性に重ね合わせられるかもしれない。

そうやって「Peace Piece」や「Flamenco Sketches」をモーダルなジャズということだけではなく、音響的な音楽だと思って聴いてみると、エヴァンスの見え方が少し変わってくる。例えば、そのすぐ後の一九六二年のギタリストのジム・ホールとのデュオ『Undercurrent』に関しても、二人のインタープレイの美しさだけでなく、音響的な作品として聴くことができるのではないだろうか。「Romain」「Darn The Dream」などを聴けば、ここでのジム・ホールのギターの弦の響きそのものを味わうような演奏に、そして、エヴァンスのピアノにも「Peace Piece」的な響きや残響のデザインを聴くことができるだろう。

そもそもエヴァンスは真面目そうな顔立ちにスーツにあのメガネのイメージもあるし、クラシック出身の音楽エリートのイメージもある。さらにいえばピアノトリオでスタンダードをメロディアスに解釈するという意味でのオーセンティックなモダンジャズのイメージもある。ただ、そもそもエヴァンスが重度のドラッグ中毒だったことを忘れてはいけない。誰よりもどろっどろにキマっていた人なのである。お行儀がいいイメージでとらえる必要はないだろう。

それにエヴァンスに関しては、彼を語る際にこれまではそんなに重視されていなかった作品ではあるが、かなり変わり種のアルバムも数多く発表している人で、その中に「Peace Piece」～「Flamenco Sketches」にも通じる音響的な魅力を持っている作品がいくつかある。そして、二〇〇〇年代以降、それらの作品はじわじわと再評価されつつある。

その中で重要なのが一九六九－七〇年の『From Left To Right』。基本的にスタインウェイのピアノを弾いていたエヴァンスがフェンダーローズを演奏するようになったことで知られるアルバムで、ジャズはアコースティックで演奏されるべきだという謎の風潮もあった時代だけに、当時は賛否両論あったという。またストリングスや木管楽器を起用して、マイケル・レオナードに編曲を依頼したり、更にはオーヴァーダビングも使われていたりと、変わり種尽くしのアルバムでもある。その音響的なサウンドに関しては、フェンダーローズの使用が大きい。

フェンダーローズはギター・メーカーとして知られるフェンダー社から発売されたエレクトリック・ピアノで、もともとはハロルド・ローズによって開発されたもの。アコースティックのピアノと同じように鍵盤と繋がっているハンマーが弦の替りになる金属の部品を叩くことで音を出す構造なので、その鍵盤のタッチの感覚があうのと、それが音にも反映される仕組みになっている。ジャズで有名なのはチック・コリアの『Return To Forever』やハービー・ハンコック『Head Hunters』辺りが有名で、そのゆらゆら揺れるような独特の音色はヒップホップの世界でも人気が高く、現代でもロバート・グラスパーをはじめ、多くのミュージシャンが使っている。

エヴァンスがそのフェンダーローズの音色とその響きを

最大限に活かすように奏でているのがこの『From Left To Right』だ。全編ゆったりしたテンポの楽曲が並び、その中でエヴァンスはゆったりと、その音色を慈しむかのように、その音色をやさしく解き放つように奏でる。そのフェンダーローズの使い方は、「Peace Piece」でのあのコードのようでもある。ジャケットでは片手にフェンダーローズ、もう片手でスタインウェイを弾いている写真が使われていて、実際にアルバムでもその二台を一曲の中でも弾き分けているのだが、そのピアノの演奏に関しても、ローズを奏でるときと同じように、アコースティックのピアノの音色そのものの響きを最大限に輝かせるような演奏をしていて、音数は限りなく少ない。その音色にストリングスや木管楽器の温かみのあるやわらかい響きを重ねる。ここでは「Peace Piece」でやっていた音色や響きの快感をフェンダーローズやストリングスを使ってやっているようにも思える。特にラストに収録されている「Children's Play Song」は白眉で、ピアノとフェンダーローズ、ストリングス、木管の柔らかい音色をシンプルで美しいメロディーに乗せながら、様々な組み合わせで混ぜ合わせながら変化させ、その色彩と響きを変えていく。そして、このアルバムに全編のアコースティックギターが加えられていることで、そのやわらかな響きが際立つこともわかる。同じような時期に、チック・コリアは『Return To Forever』収録の「Crystal Silence」で、そして、マイルス・デイヴィスは『In A Silent Way』でその楽器の音色や響き、テクスチャーを活かす音響重視のサウンドを提示していた。このアルバムもそんな時代のサウンドだと思って聴いてみると、メロディアスな音楽のなかにある面白さが聴こえてくるはずだ。

そして、一九七一年に『Bill Evans Album』でも続けてフェンダーローズを使うなど、その楽器の魅力をさらに追究していたエヴァンスが辿り着いたのが、一九七四年の『Symbiosis』だ。エヴァンスは一九六五年にクラシックの名曲からインスパイアされた楽曲をオーケストラとの共演で演奏した『Bill Evans Trio With Symphony Orchestra』をリリースしていて、その際にオーケストラの編曲と指揮を任せていたのがクラウス・オガーマンだった。『Symbiosis』では再びクラウス・オガーマンとのコンビでエヴァンスのキャリアでの二枚目のウィズ・オーケストラ・アルバムを録音した。ここでも鍵となるのがフェンダーローズだ。『Bill Evans Trio With Symphony Orchestra』

ではジャズピアノの即興演奏とオーケストラが融合するといった方向だったが、『Symbiosis』ではジャズピアニストとしてというよりは、フェンダーローズやアコースティックピアノの響きをオーケストラとの組み合わせでどう聴かせるかという視点で聴けるようなサウンドになっている。つまり、『From Left To Right』をオーケストラとのコラボにより、拡張・発展させるようなサウンド、とも言えるだろう。

例えば、「Symbiosis 1st Movement（Moderato, Various Tempi）」のパート2ではラテンのリズムの上でショーロを思わせる2小節くらいのフレーズが一息で奏でられた後にそれを断ち切るようにフェンダーローズによるコードがじゃーんと鳴らされるというのをフレーズやコードを変えながら繰り返すだけの曲だが、そのエレクトリック・ピアノの響きと開放感がひたすら快楽的な曲でもある。「Symbiosis 1st Movement（Moderato, Various Tempi）」のパート3ではひたすらエヴァンスのフェンダーローズによるソロが続くが、その後ろではストリングスがドローンのように鳴り続け、そのサウンドの色彩や響きを変化させ続け、そこにふっと木管楽器の響きが浮かび上がってきては、また背景に戻ったりと、その音色と響きだけが変化するオーケストラがフェンダーローズと混じり合う。「Symbiosis 2nd Movement（Largo-Andante-Maestoso-Largo）」ではアコースティックのピアノがメインだが、そのフレーズだけでなく、ダイナミクスと響きをオーケストラがひたすら彩り、飛躍させていく壮大な楽曲で、エヴァンスの意図が最も反映された楽曲だ。ダイナミックに展開するのではなく、ゆったりと曲を進めながら、音響空間を生み出し、その中で同じフレーズを繰り返したりしながら、ピアノやオーケストラが持つその瞬間瞬間の響きを濃縮させていくようなアレンジも魅力的だ。減衰する前のピアノの音色をキャッチして、その響きの成分を様々な楽器に割り振り、ピアノの残響の美しさを増幅させるようにオーケストラが機能する瞬間は、人力のエフェクター、もしくはハーモナイザーのようでもある。ただ、それが可能なのは、ピアノから、その響きの美しさを取り出すように鍵盤を押すことができるエヴァンスの演奏だからこそだ。そして、このアルバムでは『From Left to Right』に収録されていた「Soiree」や「Children's Play Song」の変奏のようなフレーズが聴こえてきたりもして、「Children's Play Song」のアイデアを拡張したものにも聴こえるのも面白い。

このアルバムを聴いて思い出したのは、マイルス・デイヴィスがギル・エヴァンスとのコラボで生み出した一九六〇年の『Sketches of Spain』などのラージ・アンサンブル作品群、もしくはマイルス・デイヴィスのエレクトリック期の諸作だ。特に後者の一九七一年の『Live Evil』に関して言えば、「Little Church」「Nem Um Talvez」「Selim」はまさに個々の演奏ではなく、ゆったりしたテンポの中で楽器の音色や響きを優先し、それにより特殊な空間を作り出そうとするもので、いわゆるジャズ的な「ソロ」を弾くことは全く求められていない。マイルスの『In a Silent Way』と同じ方向性だろう。(『Live Evil』がエルメート・パスコアルやアイアート・モレイラらブラジル人を起用した作品であることと、ルイス・エサの曲を取り上げた『From Left to Right』にも、アントニオ・カルロス・ジョビンやジョアン・ジルベルトなどのオーケストレーションも手掛けたクラウス・オガーマンが編曲をしている『Symbiosis』にも、その双方にブラジル音楽の影響が聴こえることも示唆的だ。)

そう考えると、ビル・エヴァンスもマイルス・デイヴィスも「Peace Piece」と「Flamenco Sketches」のころに作り上げた音響的なアプローチによる録音芸術の追究を形を変えながら、行ってきたのかもしれない。ただ、マイルスは音色や響きに特化した音楽を楽曲の構造的な縛りは外しつつ、その楽曲が求めるムードや感情や質感みたいなものを定めた上で、演奏者の表現に委ね、集団による即興演奏として作り上げようとしたのに対し、エヴァンスはあくまで自身のピアノやフェンダーローズの響きや音色による表現が中心にあり、それを補完したり、拡張するための装置としてオーケストラなどを使っている。その両者の違いはそのままソロピアノで完結させた「Peace Piece」と、それをクインテットに拡張した「Flamenco Sketches」の違いと見ることができるかもしれない。つまり、彼らはずっと同じものを違う視点で、違う方法論で表現してきたともいえる。ただ、おそらく美意識だけは共有していたのかもしれない。エヴァンスは一九七九年の『We Will Meet Again』、マイルスは一九八九年の『Aura』と、晩年にもここに書いてきたような志向を覗かせる曲を録音していた。そんな志向の作品を定期的に、ふと思い出したように作ってきたエヴァンスとマイルスの二人の関係性は、僕にとってあまりに興味深いものだ。

(音楽評論家)

●新増補——

ドキュメンタリー映画『ビル・エヴァンス タイム・リメンバード』を見る

原田和典 Harada Kazunori

ビル・エヴァンス本人及び、その生前に交流のあったミュージシャンや関係者の証言や思い出を集めて構成したドキュメンタリー映画『ビル・エヴァンス タイム・リメンバード』（ブルース・スピーゲル監督／オンリー・ハーツ配給）が、昨二〇一九年日本でも公開され、話題になった。ここでは、その映画の中から、エヴァンスを知るのに特に興味深いエピソードをいくつか紹介したい。

なお、まとめるにあたって、行方均さんの映画字幕をもとに、一部アレンジを加えたことをお断りしておく。

＊

共演者たちの意見

ポール・モチアン（ドラム奏者、故人）

一九五〇年代半ばにエヴァンスと知り合い、六四年まで共演。九〇年にトリビュート作品『Paul Motian / Bill Evans』を発表。

「一九五四年か五五年にクラリネット奏者のジェリー・ウォルドのオーディションで出会った。すごいピアニストだと思ったね。（エヴァンスと自分は）クラリネット奏者のトニー・スコットとも演奏した。ビルは何でも弾けたよ。どんな譜面でも読めるんだ、クラシックでも何でも。しかも完璧に弾くんだよ」

「これ（＝エヴァンス、スコット・ラファロ、モチアン）以前のトリオといえば、ベースとドラムはピアノの伴奏だ。だが、ビルのトリオは三人が一つの楽器を為している」

「（ヴィレッジ・ヴァンガードでの）日曜のライヴが終わり、ドラムを片付けながら私は二人（エヴァンスとラファロ）に言った。〝もっと仕事をとろうぜ、まだまだ演れることがある〟ってね。二人とも〝そうだね〟〝全てうまくいってる〟とうなずいていた」

「レコードを聴いて、皆が素晴らしいトリオだと思っているようだが、ライヴを聴いてほしかった。比較にならないほど良かったな。その場で聴いたら本当にわかる。伝わるものがあったんだよ」

チャック・イスラエルズ（ベース奏者）

一九六一年後半から六六年までビル・エヴァンス・トリオに参加。七〇年代にもしばしば共演した。

「嬉しい仕事だった。憧れのポジションを手にしたのだから」

「ビルがどんな人物だったのか、皆が知りたがる。でも、知るべきすべてはその音楽の中にある」

ゲイリー・ピーコック（ベース奏者）

一九六三年から六四年にかけてビル・エヴァンス・トリオに参加。

「彼がジャズに与えた影響はこの先百年は続く。彼の独創性は時代を超越している」

「『マイ・フーリッシュ・ハート』のビルの音づくりは本物で心に訴えてくるね」

ジャック・ディジョネット（ドラム奏者）

一九六八年、ビル・エヴァンス・トリオに参加。

「ビルといえば頭に浮かぶのは美だね。美しい音楽だ」

「（アルバム『ワルツ・フォー・デビー』は）どの曲もお互いを慮（おもんぱか）って演奏している。私はそれを感じるんだ」

マーティ・モレル（ドラム奏者）

一九六八年から七五年までビル・エヴァンス・トリオに参加。

「好きなアルバムの一枚は『エヴリバディ・ディグズ』だ。「ラッキー・トゥ・ビー・ミー」を聴いて、これこそ最高に美しい音楽だと思った。ビルは心をそのまま表現していた」

「（エヴァンスとの共演は）素晴らしい七年間、人生の特別な時期だった。一年に四十五週は働いたな。〝トップ・オブ・ザ・ゲイト〟（ニューヨークのジャズ・クラブ）がホームグラウンドだった。そしてヨーロッパへ飛び、三～四公演した。西海岸には二週間ほどいて、南米とカナダにも行ったかな。ビルは父親的存在にして、音楽の指導者。学ぶところは多かったね。ビルと一緒の時間や関係を持てたことに、神に感謝しているよ」

「まさにビルの演奏は心からあふれ出ている。それが彼を特別な存在にした」

マーク・ジョンソン（ベース奏者）

一九七八年、ビル・エヴァンス〝最後のトリオ〟に参加。

「七九年の秋、トリオはピークに達した。パリで録音した作品（『パリ・コンサート　エディション1』『同　エディション2』）がおそらく頂点だ」

「演奏中、突然ピアノの音が止まった。待ったよ、次の音を。顔をあげたら、ビルが涙を流しながらピアノから離れていくのが見えた。〝無理だ、続けられない〟って。〝ハリー（エヴァンスの兄）は僕の音楽の一部だったから〟。ハリーの自殺をビルは知らされていたんだ」

「（エヴァンスの死に際して）愕然としたね。一番近くにいた人間を永遠に失ったんだ」

マンデル・ロウ（ギター奏者、故人）
エヴァンスとリヴァーサイド・レーベルの間をとりもった。
「（五〇年代半ば）トニー・スコットと僕が相部屋だったとき、ビルがやってきて弾き始めた。録音したら、とても良いものだった。（リヴァーサイド・レーベルの）プロデューサーのオリン・キープニューズが興味を持つかもしれないと思った」
「最後に会ったのは（八〇年の）ロサンゼルスで、（テレビ番組）マーヴ・グリフィン・ショウに彼が出演した時だった。ひどい様子だったからビルに尋ねたんだ、〝大丈夫なの？〟ってね。曖昧な答えしか返ってこなかったよ」

ジム・ホール（ギター奏者、故人）
『アンダーカレント』（62年）、『インターモデュレーション』（66年）という二種のデュオ・アルバムを残す。
「マッチョなビバップが主流の時代だったが、ビルには度胸がありバックグラウンドもあった。ピアノの世界を拡大し、耳を研ぎ澄まして華麗な演奏を聴かせた」
「〝デュオで録音しないか〟とビルが言ってきた。（レコーディング中）僕の脳に彼が入り込んだようだった。音の質感に対するビルのセンスは驚くべきものだ」

トニー・ベネット（歌手）

『トニー・ベネット&ビル・エヴァンス・アルバム』（75年）、『トゥゲザー・アゲイン』（76年）という二種のデュオ・アルバムを残す。

「ミュージシャンなら皆、ビルを知っていた。僕も尊敬していたし、（デュオでのレコーディングは）まるでオーケストラと録音しているようだった」

「魅了されたのは、それぞれの曲の組み立て方だ。私が受けた最高の音楽レッスンだった。様々なミュージシャンやオーケストラと録音したが、ビルとの共演は最高の体験だった」

「ビルの演奏は美しかった。何をすべきかわかっていたんだ。今のピアニストは皆、あの境地に到達したいと思っているよ」

「亡くなる少し前、ビルから電話があった。〝美と真実だけを追求し、他は忘れろ〟と。以来、この言葉が僕の人生訓さ」

ピアニストの意見

ビリー・テイラー（故人）
一九二〇年生まれ（エヴァンスより九歳上）。五八年にテレビ番組で共演した。
「ビルはピアノを弾きまくっていた。真の演奏を聴かせていた。まさに将来ある若者だと思ったね」
「キャリアの初期にこんな珠玉の一曲を生み出した男がいる。それが『ワルツ・フォー・デビー』を聴いて思うことだ。まさに華麗なる一曲だよ」

ドン・フリードマン（故人）
エヴァンスと同時期、リヴァーサイド・レーベルに所属。スコット・ラファロとは五〇年代半ばからの友人だった。

「ビルとスコットの間には特別な交流、ピアノとベースの真実の交流があった」

「（エヴァンス・トリオの演奏を聴きに行き）私は後方の席でくつろいでいた。スコットはもちろんビルもポールも一緒で、ビルは小さな音楽の本を手にメモしていたね。演りたい曲のコードとか」

ウォーレン・バーンハート

エヴァンスを師と仰ぐピアニスト。六六年から七七年にかけてエヴァンス・トリオに在籍したベース奏者、エディ・ゴメスの盟友でもある。

「ジャズに興味を持ってビルのレコードを聴いたら人生がすっかり変わった」

「初めて会ったときヴィレッジ・ヴァンガードに誘ってくれて、休憩時間に僕に二曲書いてくれた。会ったばかりの人間に、こんなに親切にしてくれるなんて。紛れもない大人物だと思ったね」

「彼はコードを弾き損ねたりしない、一度もね」

「波があったね、彼の人生には。いつも例の魔物（ドラッグ）と戦っていたし」

ラリー・ウィリス（故人）

エヴァンスの参加したマイルス・デイヴィスの名盤『カインド・オブ・ブルー』を聴いて、ジャズ・ピアノに開眼した。

「彼はピアノから自分自身の音を出した。美しくて、しかも深みがある音をね。ピアノを通して自分の感情を表現したんだ」

ジャック・ライリー（故人）

ビル・エヴァンスに関する研究書『The Harmony of Bill Evans』（計2巻）を上梓。ビル・チャーラップの師でもある。

「ビルの表現は独特だった。彼の作品はショパンに匹敵すべきものだ。特にハーモニーがね。ショパンもビルも、ピアノのために曲を書いたんだ」

「彼の小さな手帳に魅力的な曲がいっぱいあった。いつもポケットに二、三冊入れていたね。地下鉄に乗ってもレストランでも突然取り出して何か書き始める。『ウォーキング・アップ』、大好きな曲だ」

ビル・チャーラップ

二〇一二年に妻のリニー・ロスネスと、2ピアノ編成によるエヴァンス・トリビュート・コンサートを開催（ニューヨークのコミュニティ・センター「92Y」にて）。

「自己の内面への勇敢な旅が、彼の音楽を万人が感動するものにした」

「ピアノの音色を意のままにする、それが彼のサウンドだ。偉大なクラシック・ピアニストと同じ能力を持っていて、しかもハーモニーの選択、メロディの歌い方、すべてにおいて独特なのがビル・エヴァンスなんだ」

エリック・リード

映画の登場人物の中では最年少（一九七〇年生まれ）。ジャズ・ピアノの歴史に精通する。

「『エクスプロレイションズ』は独創的なレコードで、ビルにとってばかりか、ジャズにおいても「エルサ」や「イスラエル」それに「スイート・アンド・ラヴリー」を聴けば、このレコードは本当にもう……（投げキッス）」

「ビル・エヴァンスは、セロニアス・モンクやアート・テイタムら偉大なピアニストたちと同じく、他のピアニストと異なろうとしたのだ」

友人知人の意見

オリン・キープニューズ（エヴァンスが一九五六年から六三年まで所属したリヴァーサイド・レーベルのプロデューサー、故人）

「マンデル・ロウがデモ・テープを電話口で再生したんだ。それが初めて聴いたビル・エヴァンスだ。ダウンタウンの小クラブが当時のビルの仕事場だ。そういう店でも聴くようになった」

「（デビュー作）『ニュー・ジャズ・コンセプションズ』は高評価を受けたトリオ・アルバムだが、最初の一年のセールスは八百枚だ。そのアルバムの一年後、マイルス・デイヴィスがビルに気づいた」

「『エクスプロレイションズ』を発表する気はなかった。その晩のグループの雰囲気は最悪だった。理由は言いたくないがね」

アシュリー・カーン（音楽史家、ジャーナリスト。代表的著書に『カインド・オブ・ブルーの真実』など）

「ビル・エヴァンスの名演集をまとめるなら『カインド・オブ・ブルー』中のソロは全部はずせないな。あの作品はふたりの共同構築物だ、マイルス・デイヴィスとビルのね」

ジーン・リース（編集者、詩人。「ワルツ・フォー・デビー」に歌詞をつけた。マネージャーのヘレン・キーンをエヴァンスに紹介したことでも知られる。故人）

「『自己との対話』は劇的なセッションだ。ヴィレッジ・ヴァンガードの演奏には欠かさず出かけた。彼とはすぐに仲良くなった。内向的で静かだが、ひょうきんなところもあった。ピアノに被さるような彼の写真はその性格を正しく表しているよ」

「巨匠によくあるようにビルはわがままだった。自己中心的だった。自分自身に献身的という感じだ。一方で他人と関わり過ぎもした。とても多くの人々を傷つけたと思うよ」

「ヘレンは強い女性でビルに合っていた。彼女がいなければビルは死んでたよ。今に残る功績もありえなかったと思う」

ローリー・ヴェコミン（エヴァンス最後の妻。著書に『The Big Love: Life & Death with Bill Evans』）

「ハリー（エヴァンスの兄）が自殺してすぐ、葬式帰りの飛行機からビルが手紙をくれた。ビルとの出会いは（カナダの）エドモントンのクラブ、私の二十二歳の誕生日の五日後だったわ。覚えているのは出入口でひざまずいて私の頬にキスしてくれたこと。そんなのって初めてだったから」

「NYに行ってビルと会ったわ。そのまま彼の寝室へ連れていかれベッドに座らされて、人生を変えるに違いない相手を知ろうとするためのとても親密な時間を過ごしたの」

「ビルはピアノに向かって譜面を書いて私に手渡した。そこには私の名前が書いてあった。〝君の曲を書いたんだ、いきなり頭に浮かんだよ〟。私と心を繋ぐ彼のやり方ね」

「事態は八月に悪化してビルは暗い世界へ移っていった。毎日が生きるか死ぬかのロシアン・ルーレット。コカインを週に1オンス近く打っていた」

「（九月十五日当日）ビルには、新しいメタドン治療を受けようという用事があったの。（車で移動中に）通りを眺め、皆でジョークを交わして和やかな時間を過ごしていたら、いきなりビルの口から大量の血が流れ出した」

「私は救われた気分で幸福だった。だってビルの苦しみが終わったんですもの」

ビル・エヴァンス語録

「自分の音楽をゼロから創り出したい。積み上げるようにね。というのは、一音を弾くごとに自分が見えてくるからなんだ」

「ジャズは人生の中心。最も重要なものだ」

「（除隊後）NYに移ってアパート住まいだ。その時、自分と約束したんだ。世に見出されなくても、何も起こらなくても、三十歳までは頑張ると」

「マイルス・デイヴィスは共演者の音に耳を傾ける数少ないソロイストで、どこか対話をしている感じだ。素晴らしい内容の対話をね。『カインド・オブ・ブルー』は素晴らしいミュージシャンたちとの忘れがたい共演経験だ。とても感謝している」

「初めてスコット・ラファロに会ったとき、ものすごい才能があふれ出しているのを感じた。とても個性的で他にはない才能だった。最初のレコードはリヴァーサイドの『ポートレイト・イン・ジャズ』。会話的表現に僕らなりの創意も加えている」

「スコットはいつもテンションが高かった。僕の絶えざる刺激になっていた」

「死というものがわからない。理解できないんだ。僕にとって、彼（スコット・ラファロ）は生きている。今ここにはいない、それだけさ。死んだなんて理解できない」


（ジャズ評論家）

DVD
『BILL EVANS
TIME REMEMBERED』
（ブルース・スピーゲル監督、
オンリー・ハーツ配給／
DVD販売 Wienerworld UK）

	⑧『**SAN FRANCISCO, 1975／BILL EVANS TRIO**』(Hi Hat IACD10445) ●Bill Evans(p) Eddie Gomez(b) Eliot Zigmund(ds) 1975.9.17, SF ■Disc-1: Sareen Jurer, Sugar Plum, Time Remembered, How Deep Is The Ocean, Very Early, If You Could See Me Now, A Sleepin'Bee ■Disc-2: Turn Out The Stars, One For Helen, Up With The Lark, Blue Surge, T.T.T.T., 34 Skidoo, Quiet Now	デュオ、および“ピアノ・プレイハウス”で出演した《モントレー・ジャズ祭》の３日前、トリオでグレイト・アメリカン・ミュージック・ホールに出演。ジグモンド参加の初スタジオ作㉜までの、ラスト前トリオの空白期間を埋める作品。
	⑨『**PARIS 1976／BILL EVANS TRIO**』(Hi Hat IACD11054) ●Bill Evans(p) Eddie Gomez(b) Eliot Zigmund(ds) 1976.11.5, Paris ■Up With The Lark★, 34 Skidoo, Time Remembered, Quiet Now★★, T.T.T.T., Sugar Plum, Turn Out The Stars, Someday My Prince Will Come, Minha (All Mine), All Of You, Waltz For Debby	89年発売のFantasy 9CD箱が初出で、日本のみ単独でリリースされた㉛と同じライヴ。★、★★が追加されたのが見逃せなく、ラジオ再放送音源が出所だと思われる。結成から約２年のトリオが77年に３枚のスタジオ作を制作する前段階の１枚。
	⑩『**1979／BILL EVANS TRIO**』(Hi Hat IACD10921) ●Bill Evans(p) Marc Johnson(b) Joe LaBarbera(ds) 1979.1.30, Iowa ■Re: Person I Knew, Midnight Mood, The Peacocks, Theme From M*A*S*H, Quiet Now, Up With The Lark, In Your Own Sweet Way, I Do It For Your Love, My Romance	79年１月に始動したラスト・トリオの初期を伝える作品で、94年発売のVHS作『LIVE AT MAINTENANCE SHOP '79』のCD化。アイオワ州立大学内のライヴは、同地のラジオ局が各１時間の２セットを放送。こちらはセカンド・セット。
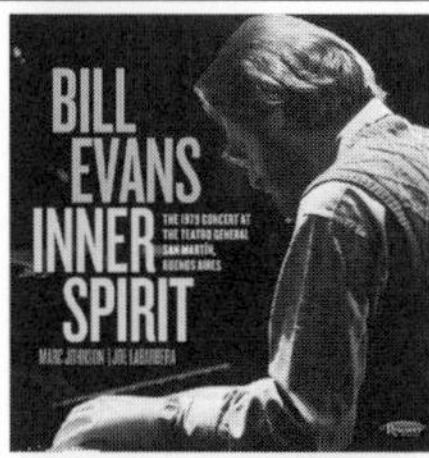	⑪『**INNER SPIRIT: THE 1979 CONCERT AT THE TEATRO GENERAL SAN MARTIN, BUENOS AIRES／BILL EVANS**』(Resonance HCD2062) ●Bill Evans(p) Marc Johnson(b) Joe LaBarbera(ds) 1979.9.27, Buenos Aires ■Disc-1: Stella By Starlight, Laurie, Theme From M*A*S*H, Turn Out The Stars, I Do It For Your Love, My Romance, Letter To Evan★ ■Disc-2: I Loves You, Porgy, Up With The Lark, Minha (All Mine), Someday My Prince Will Come, If You Could See Me Now, Nardis	㊾でファンには知られていた作品が、ゼヴ・フェルドマン監修により、珍しい写真を収めたブックレット付属のオフィシャル仕様で2022年に登場。息子のために書き、本作の録音時期からレパートリーに加わった★はピアノ独奏曲。
	⑫『**TREFFPUNKT JAZZ FESTIVAL STUTTGART／BILL EVANS**』(Hi Hat IACD11057) ●Bill Evans(p) Marc Johnson(b) Joe LaBarbera(ds) 1979.12.3, Stuttgart ■Re: Person I Knew, Laurie, All Of You, Noell's Theme, I Loves You, Porgy, Up With The Lark, Theme From M*A*S*H, Minha (All Mine), Nardis, But Beautiful	㉛㉜が世に名高い79年末の欧州ツアーから、2023年に登場した放送音源。こちらはホール・コンサートということもあり、トリオのエネルギーに加えて格調の高さも感じさせる。３日前の㉒(p.230)『Casale Monferrato』と異なる選曲も嬉しい。

③『LIVE AT RONNIE SCOTT'S／BILL EVANS』(Resonance HCD2046) ●Bill Evans(p) Eddie Gomez(b) Jack DeJohnette(ds) 1968.7, London ■Disc-1: A Sleepin'Bee, You're Gonna Hear From Me (Version 1), Yesterdays, Turn Out The Stars, My Man's Gone Now, Emily (Version 1), Spring Is Here, Embraceable You, For Heaven's Sake, Someday My Prince Will Come ■Disc-2: Quiet Now, 'Round Midnight, Stella By Starlight, Alfie, You're Gonna Hear From Me (Version 2), Very Early, Emily (Version 2), Waltz For Debby, Leaves, Nardis	第2回《モントルー・ジャズ祭》で名作を残しながら、半年の短命に終わったディジョネット参加のトリオは、４週間ロンドンの名店に連続出演。６月の同祭以降の時間を重ねて、彼らがさらに充実した成果を生み出したことを今に伝える発掘作。	
④『BEHIND THE DIKES／BILL EVANS』(Elemental EM5990441) ●Bill Evans(p) Eddie Gomez(b) Marty Morell(ds) The Metropole Orkest, Dolf Van Der Linden(dir) Claus Ogerman(arr) 1969.3.25, Hilversum ■Disc-2: Granadas, Pavane ●Evans(p) Gomez(b) Morell(ds) 1969.3.26, Hilversum ■Disc-1: Announcement By Michiel De Ruyter, You're Gonna Hear From Me, Emily, Stella By Starlight, Turn Out The Stars, Waltz For Debby, 'Round Midnight, I Let A Song Go Out Of My Heart, Alfie, Beautiful Love, My Funny Valentine, Spartacus'Love Theme ■Disc-2: One For Helen, Quiet Now, Someday My Prince Will Come ●Evans(p) Gomez(b) Morell(ds) 1969.11.28, Amsterdam ■Disc-2: Announcement By Aad Bos★, Very Early, A Sleepin'Bee, Turn Out The Stars #2, Autumn Leaves, Quiet Now #2, Nardis	69年のオランダ公演にスポットを当てた2021年発掘作。発見されたマスターテープを使用した公式作で、３月のスタジオ・ライヴと11月のフェスティヴァル形式のコンサートを収録。後者は㊼で知られていた音源で、★が加わった完全版。	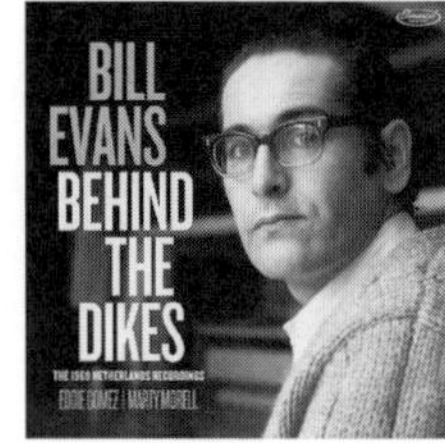
⑤『MORNING GLORY: THE 1973 CONCERT AT THE TEATRO GRAM REX, BUENOS AIRES／BILL EVANS』(Resonance HCD2061) ●Bill Evans(p) Eddie Gomez(b) Marty Morell(ds) 1973.6.24, Buenos Aires ■Disc-1: Re: Person I Knew, Emily, Who Can I Turn To, The Two Lonely People, What Are You Doing The Rest Of Your Life, My Romance ■Disc-2: Mornin'Glory, Up With The Lark, T.T.T., Esta Tarde Vi Llover, Beautiful Love, Waltz For Debby, My Foolish Heart	エヴァンス初の南米ツアーのひとコマである2022年発表作。初出は58だが、権利関係をクリアし、音質改善を図って、貴重な画像と詳細な解説を含むブックレットを封入した決定版。移動スケジュールのため、午前10時開演だった異例の公演。	
⑥『SAN FRANCISCO, 1974／BILL EVANS TRIO』(Hi Hat IACD10443) ●Bill Evans(p) Eddie Gomez(b) Eliot Zigmund(ds) 1974.11.8, SF ■Disc-1:Up With The Lark / Turn Out The Stars, 34 Skidoo, Quiet Now, Gloria's Step, Midnight Mood, Yesterday I Heard The Rain ■Disc-2:My Romance, Who Can I Turn To, Sareen Jurer, Sugar Plum, Two Lonely People, T.T.T.T.	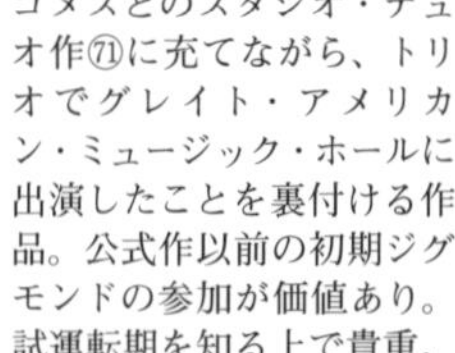この日を含む前後４日間はゴメスとのスタジオ・デュオ作⑦1に充てながら、トリオでグレイト・アメリカン・ミュージック・ホールに出演したことを裏付ける作品。公式作以前の初期ジグモンドの参加が価値あり。試運転期を知る上で貴重。	
⑦『ON A FRIDAY EVENING／BILL EVANS TRIO』(Concord Records 7215861) ●Bill Evans(p) Eddie Gomez(b) Eliot Zigmund(ds) 1975.6.20, Vancouver ■Sareen Jurer, Sugar Plum, The Two Lonely People, T.T.T., Quiet Now, Up With The Lark, How Deep Is The Ocean, Blue Serge, Nardis	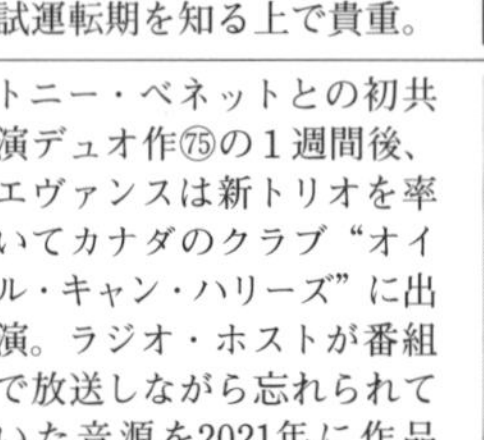トニー・ベネットとの初共演デュオ作⑦5の１週間後、エヴァンスは新トリオを率いてカナダのクラブ“オイル・キャン・ハリーズ”に出演。ラジオ・ホストが番組で放送しながら忘れられていた音源を2021年に作品化。高音質で甦った公式作。	

㉔『LIVE '80／BILL EVANS』(Somethin' Cool SCOL4016)
●Bill Evans(p) Marc Johnson(b) Joe LaBarbera(ds) 1980.8.9, Molde, Norway
■Re: Person I Knew, Tiffany, Polka Dots And Moonbeams, Theme From M*A*S*H, My Romance, I Loves You Porgy, Up With The Lark, The Days Of Wine And Roses, Your Story, Nardis, But Beautiful, Knit For Mary F

同日の演奏は４曲が映像作品化されていたが、それらを含む12曲が2016年に２枚組で初CD化。ノルウェー最古のジャズ祭に、他界前月に出演した記録というだけで、その貴重さがわかる。ノルウェー放送協会からのライセンスで実現。

㉕『THE VERY LAST PERFORMANCE／BILL EVANS』(Domino 891208)
●Bill Evans(p) Marc Johnson(b) Joe LaBarbera(ds) 1980.9.10, NY
■If You Could See Me Now, Bill's Hit Tune, Knit For Mary F, Yet Ne'er Broken, My Foolish Heart, Letter To Evan, Polka Dots And Moonbeams, Like Someone In Love, Your Story, Tiffany, Time Remembered, Turn Out The Stars, Yet Ne'er Broken (version 2)

死期を悟っていたエヴァンスは、80年９月９日から１週間“ファット・チューズデイズ”にブッキング。しかしそのすべてを全うできず、この２日目が最後の演奏となった。音質は良好ではないが、ファン必聴の価値がある最晩年の記録だ。

◉ 新増補———

2020年以降に発売されたビル・エヴァンス リーダーアルバム全12作。

①『LONDON 1965／BILL EVANS TRIO』(Hi Hat IACD10919)
●Bill Evans(p) Chuck Israels(b) Larry Bunker(ds) 1965.3.19, London
■Five (Theme) / Announcement, How My Heart Sings, Nardis, Who Can I Turn To, Someday My Prince Will Come, How Deep Is The Ocean, Waltz For Debby, Five (Closing Theme), Five (Theme), Elsa, Summertime, Come Rain Or Come Shine, My Foolish Heart, Re: Person I Knew, Israel, Five

エヴァンス初の英国公演中、BBCのテレビ番組「Jazz 625」に出演し、2セットを収録。その時の映像は、94〜95年発売のVHSが初出作品で、2000年に完全版DVDが登場。そのCD化である本作は、“西海岸トリオ”の快調な姿の記録。

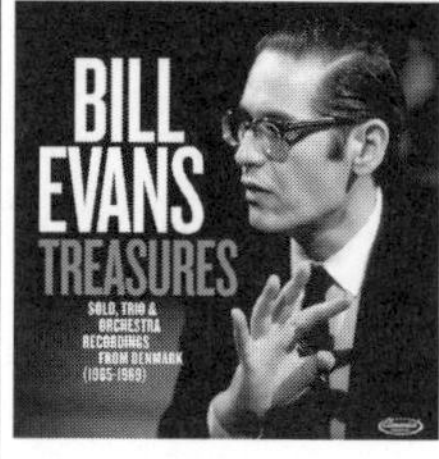

②『TREASURES: SOLO, TRIO & ORCHESTRA RECORDINGS FROM DENMARK (1965-1969)／BILL EVANS』(Elemental Music 5990444)
●Bill Evans(p) Niels-Henning Ørsted Pedersen(b) Alan Dawson(ds) 1965.10.31, Copenhagen
■Disc-1: Come Rain Or Come Shine, Someday My Prince Will Come, Beautiful Love
●Evans(p) Pedersen(b) Alex Riel(ds) 1965.11.28, Holbæk
■Disc-1: I Should Care, Very Early, Time Remembered, Who Can I Turn To, Waltz For Debby
●Evans(p) 1965.11, Copenhagen
■Disc-2: Re:Person I Knew, 'Round Midnight, My Funny Valentine, Time Remembered, Come Rain Or Come Shine, Epilogue
●Evans(p) Eddie Gomez(b) Riel(ds) 1966.10, Copenhagen
■Disc-2: Elsa, Stella By Starlight, Detour Ahead, In A Sentimental Mood, Time Remembered, Nardis ●Evans(p) Gomez(b) Marty Morell(ds) 1969.11.21, Aarhus
■Disc-2: Autumn Leaves, Emily, Quiet Now, Nardis
●Evans(p) Gomez(b) Morell(ds) The Royal Danish Symphony Orchestra & The Danish Radio Big Band [Alan Botschinsky, Idrees Sulieman(tp) Torolf Mølgaard(tb) Jesper Thilo, Sahib Shihab(reeds)Pedersen(b)Palle Mikkelborg(tp, arr, cond)]1969.11, Copenhagen
■Disc-1: Intro / Waltz For Debby, Time Remembered, My Bells, Treasures, Waltz For Debby (Reprise), Walkin'Up

2023年発表の公式発掘作。60年代後半のデンマーク録音にフォーカスしており、放送局でのソロや現地人を迎えたトリオのジャズ祭ライヴは貴重。中でもミッケルボルグ編曲・指揮による交響楽団との共演は、当時の欧州録音として価値が高い。

⑱『GETTING SENTIMENTAL／BILL EVANS』(Milestone MCD 9336-2)
●Bill Evans(p) Michael Moore(b) Philly Joe Jones(ds) 1978.1.15, NYC
■I Should Care, How My Heart Sings, Gary's Theme, I'm Getting Sentimental Over You, Quiet Now, Re: Person I Knew, The Peacocks, Emily, Song From M*A*S*H, Turn Out The Stars, When I Fall In Love, In Your Own Sweet Way, But Beautiful, I Love You

66〜75年の『ヴァンガード・ボックス』の録音者が所有していた未発表音源が、2003年にアルバム化。ベーシストのオーディションを兼ねた１週間のライヴのひとコマで、その後半年間のレギュラーを務めるムーアとの数少ない記録。

⑲『Live In Nice 1978／BILL EVANS TRIO & GUESTS』(Jazz Lips JL778)
●Bill Evans(p) Marc Johnson(b) Philly Joe Jones(ds) Lee Konitz(as,1) Curtis Fuller(tb,2) Stan Getz(ts,3) Christian Escoude(g,4) 1978.7.7, Nice
■Nardis, Theme From M*A*S*H, The Peacocks, In Your Own Sweet Way, On Green Dolphin Street, Like Someone In Love(1), You Don't Know What Love Is(1), What Is This Thing Called Love(1), Lover Man(1,2,3,4), When I Fall In Love, All The Things You Are(2,3,4), Bill Evans interviewed by Leonard Feather
●Bill Evans(p) Marc Johnson(b) Philly Joe Jones(ds) Lee Konitz(as,1) 1978.7.19, Umbria
■The Peacocks, Theme From M*A*S*H, Midnight Mood, Nardis, Solar(1)

78年の欧州ツアーの多くではコニッツが参加し、最初に訪れたニース公演の最終日ではフラー、ゲッツ、エスクーデとも共演。トリオとは趣が変わって、ジャズ祭らしい著名人が集ったジャム・セッションの様相を呈す。2010年発売。

⑳『PIANO FOUR HANDS LIVE IN RIO 1979／BILL EVANS & LUIZ EÇA』(Jazz Lips JL777)
●Bill Evans(p) 1979.9.29, Rio de Janeiro
■Noelle's Theme, Letter To Evan, Laurie
●Bill Evans(p) Marc Johnson(b)
■Untitled Original, Who Can I Turn To, Letter To Evan, Laurie, Five
●Bill Evans, Luiz Eça(p)
■Bill's Hit Tune
●add Marc Johnson(b)
■Corcovado, One Note Samba / Stella By Starlight

79年秋にトリオは南米をツアー。2010年発売の本発掘作ではラバーベラが不在のため、ジョンソンとのデュオが実現。以前から共演関係にあった友人で、エヴァンスが録音した「ザ・ドルフィン」の作曲者でもあるルイス・エサとの演奏が希少。

㉑『LIVE AT LULU WHITE'S 1979／BILL EVANS』(Gambit 69332)
●Bill Evans(p) Marc Johnson(b) Joe LaBarbera(ds) 1979.10.30, Boston
■Re: Person I Knew, Midnight Mood, The Peacocks, Theme From M*A*S*H, Laurie, Up With The Lark, I'm Getting Sentimental Over You, I Do It For Your Love, My Romance

出典は2010年アルバム化の放送音源で、一部の曲目が重複する二つのセットから同一曲を避けて収録。『HOMECOMING』の直前にあたるクラブ・ライヴであり、セット・リストが近い点が特徴。ステージとの距離感が近い演奏が味わえる。

㉒『LIVE AT CASALE MONFERRATO／BILL EVANS』(Codec 441)
●Bill Evans(p) Marc Johnson(b) Joe LaBarbera(ds) 1979.11.30, Piedmont, Italy
■Re: Person I Knew, Midnight Mood, Polka Dots And Moonbeams, Theme From M*A*S*H, A Sleepin' Bee, I Do It For Your Love, My Romance, Noelle's Theme, I Loves You Porgy, Up With The Lark, Turn Out The Stars, Five, Spring Is Here, Nardis, But Beautiful

これも79年11〜12月の欧州ツアーからアルバム化された2012年発掘２CD作。当時ステージ終盤の定番レパートリーだった自身61年初演の「ナルディス」は、ライヴを重ねるごとに長時間化していて、本作では最長の15分21秒を記録。

㉓『LIVE IN KOBLENZ 1979／BILL EVANS』(Domino 891202)
●Bill Evans(p) Marc Johnson(b) Joe LaBarbera(ds) 1979.12.9, Koblenz, Germany
■Midnight Mood, If You Could See Me Now, Theme From M*A*S*H, Turn Out The Stars, Gary's Waltz, A Sleepin' Bee, Quiet Now, Up With The Lark, Spring Is Here, My Romance, Re:Person I Knew, Very Early, The Peacocks, On Green Dolphin Street, Morning Glory, Solar, Polka Dots And Moonbeams, Laurie, Nardis

2010年発売の２CD。４日前の『THE BRILLIANT』の拡大版との説もあるが、最終確認は不明。欧州ではラジオの再放送がCD化のきっかけとなることが多く、本作もその可能性あり。「ゲイリーズ〜」は「ゲイリーズ・テーマ」の異名同曲。

⑫『LIVE IN HAMBURG 1972／BILL EVANS TRIO & QUARTET with HERB GELLER』(Turning Point 96825535)
●Bill Evans(p) Eddie Gomez(b) Marty Morell(ds) Herb Geller(as,fl) 1972.2.12, Hamburg
■São Paulo, Stockenhagen, What Is This Thing Called Love, Quarter Tone Experiments, Waltz Of Dissention
●same personnel & location, 1972.2.14
■Introduction by Michael Naura, Re: Person I Knew, Turn Out The Stars, Gloria's Step, The Two Lonely People, Nardis, São Paulo, Stockenhagen, Waltz Of Dissention, Quarter Tone Experiments, Northern Trail

北ドイツ放送のプロデューサーがエヴァンス&ジェレミー・スタイグ(fl)『ホワッツ・ニュー』の路線を狙って企画。共演のためにゲラーが自作曲を用意し、それらがエヴァンスの生涯で唯一の演奏となったのが価値大。2012年発売の２CD。

⑬『THE 1972 LJUBLJANA CONCERT／BILL EVANS』(Balcan 399 1029)
●Bill Evans(p) Eddie Gomez(b) Tony Oxley(ds) 1972.6.10, Ljubljana
■Announcement, Very Early, Gloria's Step, Re: Person I Knew, How My Heart Sings, T.T.T., What Are You Doing The Rest Of Your Life, Nardis, Waltz For Debby
●same personnel, 1972.6, London
■I'm Getting Sentimental Over You

『Live At The Festival』(Enja)で１曲のみ公開されていたジャズ祭での全９曲が、2013年にCD化。72年６月の欧州ツアーでフリー派のオクスレーを帯同した注目作。エヴァンスがその後のレギュラー共演を打診したほどだった。

⑭『SOLO PIANO AT CARNEGIE HALL 1973-78／BILL EVANS』(Valmont 51697051)
●Bill Evans(p), 1973.7.7, NYC
■Introduction by Billy Taylor, I Loves You Porgy, Hullo Bolinas, But Beautiful
●same personnel & location, 1978.6.28
■You Must Believe In Spring, You Don't Know What Love Is, B Minor Waltz, All Of You, Reflections In D

カーネギーホール括りの２公演を収録した2013年発売CD。ソロ・ライヴ作を残さなかっただけに、ファンには嬉しい。73年録音はヴォイス・オブ・アメリカの放送音源。「ユー・マスト～」を始め、トリオとは興趣の異なる78年録音も収穫。

⑮『THE SESJUN RADIO SHOWS／BILL EVANS』(Out Of The Blue PRCD2011005)
●Bill Evans(p) Eddie Gomez(b) 1973.12.13, Laren, The Netherlands
■Up With The Lark, Time Remembered, T.T.T., The Two Lonely People, Some Other Time
●add Eliot Zigmund(ds) 1975.2.13
■Sugar Plum, Sareen Jurer, Morning Glory, T.T.T.T., Blue Serge
●Bill Evans(p) Marc Johnson(b) Joe LaBarbera(ds) 1979.12.6, Lelystad, The Netherlands
■If You Could See Me Now, My Romance, Laurie, Nardis
●add Toots Thielemans(hmca)
■Blue In Green, The Days Of Wine And Roses, I Do It For Your Love, Bluesette, Five

オランダのラジオ番組の放送音源を2011年に作品化した２CD。79年11～12月の欧州ツアーからは、傑作に数えられるパリ公演盤が出ているが、その11日後のステージにはシールマンスが参加。喜びに満ちた「ブルーゼット」が収穫だ。

⑯『ON A MONDAY EVENING／BILL EVANS』(Concord FAN00095)
●Bill Evans(p) Eddie Gomez(b) Eliot Zigmund(ds) 1976.11.15, Madison,WI
■Sugar Plum, Up With The Lark, Time Remembered, T.T.T., Someday My Prince Will Come, Minha (All Mine), All Of You, Some Other Time

ウィスコンシン大学の1000席のホールに出演したトリオの2017年発掘音源。パリ公演からわずか10日後のステージは、「アップ・ウィズ・ザ・ラーク」を始め、絶好調のエヴァンスが全編で聴ける。トリオの緊密な関係も優れる音質良好作。

⑰『AT THE EASTMAN THEATRE 1977／BILL EVANS』(Rare Live Recordings RLR88663)
●Bill Evans(p) Chuck Israels(b) Eliot Zigmund(ds) Autumn 1977, Rochester,NY
■Announcement by Bill Evans, Emily, Time Remembered, Summertime, In Your Own Sweet Way, I Loves You Porgy, Up With The Lark, Some Other Time, My Romance

レギュラーのゴメスがスケジュールの都合で不参加のため、62～66年にトリオに在籍し、75年作で再会したイスラエルに共演を依頼。「サマータイム」等、当時のレパートリーを久々に選曲。本公演を最後にジグモンドが退団。2012年発売。

⑥『SOME OTHER TIME／BILL EVANS』(Resonance HCD-2019) ●Bill Evans(p) Eddie Gomez(b) Jack DeJohnette(ds) 1968.6.20, Villingen, West Germany ■You Go To My Head, Very Early, What Kind Of Fool Am I? (duo), I'll Remember April, My Funny Valentine, Baubles, Bangles And Beads (duo), Turn Out The Stars, It Could Happen To You, In A Sentimental Mood, These Foolish Things, Some Other Time, You're Gonna Hear From Me, Walkin'Up, Baubles, Bangles And Beads, It's All Right With Me (incomplete), What Kind Of Fool Am I?, How About You, On Green Dolphin Street, Wonder Why, Lover Man (Oh, Where Can You Be?), You're Gonna Hear From Me (alt tk)	2016年に発掘された時に大きな話題を呼んだ未発表作。《モントルー・ジャズ祭》のライヴ盤から５日後に、同トリオで独MPSスタジオに入ったことが驚き。しかもCD２枚分に相当する21曲を録音。音源が希少な本トリオの第一級資料。	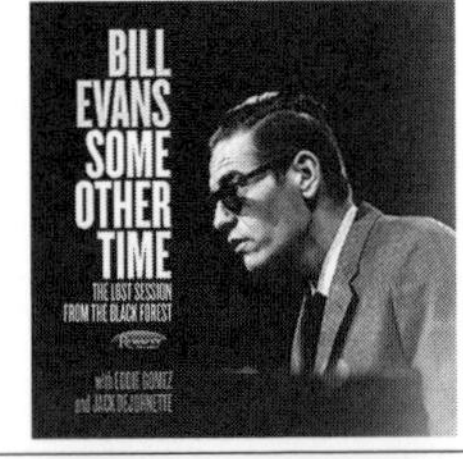
⑦『ANOTHER TIME／BILL EVANS』(Resonance HCD-2031) ●Bill Evans(p) Eddie Gomez(b) Jack DeJohnette(ds) 1968.6.22, Hilversum, The Netherlands ■You're Gonna Hear From Me, Very Early, Who Can I Turn To, Alfie, Embraceable You, Emily, Nardis, Turn Out Of The Stars, Five	《モントルー・ジャズ・フェスティヴァル》』から１週間後、オランダ国営ラジオ局の番組が収録したスタジオ・ライヴ音源作。近年まではこの顔ぶれによる公式盤は同作が唯一だっただけに、歴史的価値の高さは明らか。クリアーな音質も魅力。	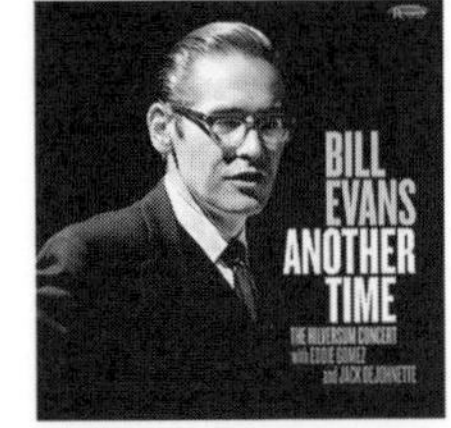
⑧『LIVE AT ART D'LUGOFF'S TOP OF THE GATE／BILL EVANS』(Resonance HCD-2012) ●Bill Evans(p) Eddie Gomez(b) Marty Morell(ds) 1968.10.23, NYC ■〈1st Set〉 Emily, Witchcraft, Yesterdays, Round Midnight, My Funny Valentine, California Here I Come, Gone With The Wind, Alfie, Turn Out The Stars; 〈2nd Set〉 Yesterdays, Emily, In A Sentimental Mood, Round Midnight, Autumn Leaves, Someday My Prince Will Come, Mother Of Earl, Here's That Rainy Day	モレルが加入した最初のエヴァンス盤は従来、69年１月録音の『ホワッツ・ニュー』だったが、2012年発売の本作によってディスコグラフィーが書き換えられた。エヴァンス・トリオ史上最長の活動歴を記録することになる３人の出発点だ。	
⑨『EVANS IN ENGLAND／BILL EVANS』(Resonance HCD-2037) ●Bill Evans(p) Eddie Gomez(b) Marty Morell(ds) 1969.12, London ■Our Love Is Here To Stay, Sugar Plum, Stella By Starlight, My Foolish Heart, Waltz For Debby, Round Midnight, The Two Lonely People, Who Can I Turn To (When Nobody Needs Me), Elsa, What Are You Doing The Rest Of Your Life?, Turn Out The Stars, Re: Person I Knew, Goodbye, Come Rain Or Come Shine, Very Early, So What, Midnight Mood, Polka Dots And Moonbeams	エヴァンス・ライヴの追っかけファンで録音マニアでもあったフランス人が提供した“ロニー・スコッツ”でのライヴ音源が、2019年に２枚組でCD化。71年スタジオ作が初演だった「シュガー・プラム」「ザ・トゥー・ロンリー～」を収録。	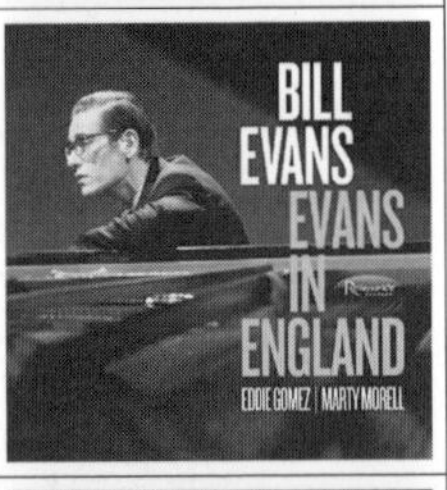
⑩『>Lund 1975>Helsinki 1970／BILL EVANS』(Jazz Lips JL 768) ●Bill Evans(p) Eddie Gomez(b) Marty Morell(ds) 1970, Helsinki ■Emily, Alfie, Nardis	フィンランド人作曲家イルッカ・クーシストの自宅で行われたプライベート・コンサートの映像作品をソースとする、2009年発売CD。新品のグランドピアノを用意してくれたホストに、エヴァンスは『モントルー』盤をプレゼントしたという。	
⑪ MOMENTUM／BILL EVANS (Limetree MCD 0043) ●Bill Evans(p) Eddie Gomez(b) Marty Morell(ds) 1972.2.4, Stadsschouwburg, Groningen, The Netherlands ■Re: Person I Knew, Elsa, Turn Out The Stars, Gloria's Step, Emily, Quiet Now, My Romance, Sugar Plum, The Two Lonely People, Who Can I Turn To, What Are You Doing The Rest Of Your Life, Nardis	72年２月にエヴァンス・トリオは欧州を短期間巡演。オランダ北部の都市での公演をファンでピアニストのJan Warntjesが、許可を取って録音。高齢になった自分が秘蔵物にとどめるのは忍びなく、40年後の2012年になってCD発売が実現。	

新増補———

2001年以降に発売されたビル・エヴァンス リーダーアルバム全25作。

①『LIVE IN LONDON／BILL EVANS』(Harkit HARKCD 8058)
●Bill Evans(p) Chuck Israels(b) Larry Bunker(ds) 1965.3.2,11, London
■Beautiful Love, Love Is Here To Stay, Spring Is Here, Someday My Prince Will Come, Who Can I Turn To?, Nardis, Detour Ahead, My Romance, Bill's Play-off Music, Interview Excerpt with Bill Evans

60年代に入って長年の鎖国政策を一部解禁した英国は、65年にようやく全員が米国人のバンドの受け入れを認可。エヴァンス・トリオが欧州ツアーで訪れたロンドンの名店“ロニー・スコッツ”でのライヴは、同店出演者の第一号となった。

②『LIVE '66／BILL EVANS』(Somethin' Cool SCOL4026)
●Bill Evans(p) Eddie Gomez(b) Alex Riel(ds) 1966.10.28, Oslo
■Very Early, Stella By Starlight, If You Could See Me Now, Autumn Leaves, Time Remembered, Nardis, Five

オスロのムンク美術館で行われたノルウェーTV放送の収録映像がソースで、以前はビデオとDVDでの発売だった作品をCD化したもの。１年前に起用したデンマークのリールとの共演が要注目。新鮮な気分で演奏した様子が伝わってくる。

③『AT NEWPORT 1967 & 1976／BILL EVANS』(Oceanic 30298)
●Bill Evans(p) Eddie Gomez(b) Philly Joe Jones(ds) 1967.7.2, Rhode Island
■Introduction By Billy Taylor, Nardis, Very Early, Some Other Time, Who Can I Turn To?, I'm Gettin' Sentimental Over You, Closing Announcement By Billy Taylor
●Bill Evans(p) Eddie Gomez(b) Elliot Zigmund(ds) 1976.6.25, NYC
■Introduction By Tony Bennett, Sugar Plum, Up With The Lark, T.T.T., Someday My Prince Will Come, Minha (All Mine), In Your Own Sweet Way
●add Tony Bennett(vo)
■My Foolish Heart

50年代から共演関係にあるフィリー・ジョーを招いたトリオで、67年５月から北米各地を巡演。第14回《ニューポート・ジャズ祭》はそのひとコマ。76年の音源はこの３ヵ月後にデュオ第２弾を制作することになるベネットとの１曲が貴重。

④『AT THE VILLAGE VANGUARD, AUGUST 17, 1967／BILL EVANS』(Verve／ユニバーサルミュージックUCCV-4111/2)
●Bill Evans(p) Eddie Gomez(b) Philly Joe Jones(ds) 1967.8.17, NYC
■〈1st Set〉 Happiness Is A Thing Called Joe, In A Sentimental Mood, Re: Person I Knew California,Here I Come, Alfie, Gone With The Wind, Turn Out The Stars, Polka Dots And Moonbeams, Stella By Starlight; 〈2nd Set〉 Very Early, You're Gonna Hear From Me, Emily, Wrap Your Troubles In Dreams, Round Midnight, On Green Dolphin Street, If You Could See Me Now, I'm Getting Sentimental Over You; 〈3rd Set〉 You're Gonna Hear From Me, G Waltz, California,Here I Come, Emily, Alfie, Wrap Your Troubles In Dreams

97年発売のVerveボックスで日の目を見た音源を、2004年に日本独自企画で単体発売した２枚組。３セット全23曲はファンにはお馴染みのプログラムだが、その中で１曲目のハロルド・アーレン作曲の「ハピネス〜」は本作が唯一の録音。

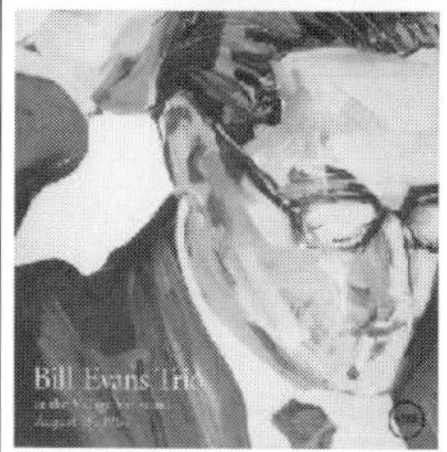

⑤『AT THE VILLAGE VANGUARD, AUGUST 18, 1967／BILL EVANS』(Verve／ユニバーサルミュージックUCCV-4113/4)
●Bill Evans(p) Eddie Gomez(b) Philly Joe Jones(ds) 1967.8.18, NYC
■〈1st Set〉 In A Sentimental Mood, California,Here I Come, You're Gonna Hear From Me, Alfie, Gone With The Wind, Emily, G Waltz, Wrap Your Troubles In Dreams; 〈2nd Set〉 In A Sentimental Mood, California,Here I Come, You're Gonna Hear From Me, Alfie, Gone With The Wind, Emily, G Waltz, Wrap Your Troubles In Dreams, On Green Dolphin Street; 〈3rd Set〉 G Waltz, You're Gonna Hear From Me, Wrap Your Troubles In Dreams, Gone With The Wind, Emily, G Waltz

前日同様、３セットに出演。合計23曲のうち、「オン・グリーン〜」を除く全曲が２テイク以上を収録し、「Gのワルツ」は最多の４テイク。これはアルバムの最良テイクを選ぶ目的だったと想像できる。初出２LPの誕生過程を捉えた記録。

(102)『THE LAST CONCERT IN GERMANY／BILL EVANS』(West Wind ; Norma NOCD5673)
●Bill Evans (p) Marc Johnson (b) Joe LaBarbera (ds) 1980. 8. 15, Bad Honningen, Germany
▶Letter To Evan, Yet Never Broken, Laurie, Bill's Hit Tune, Knit For Mary F., The Days Of Wine And Roses, Your Story, But Beautiful, If You Could See Me Now, Waltz For Debby, Who Can I Turn To, Theme From M•A•S•H, Five

独バートヘンニンゲン在住の建築家／ジャズ愛好家フリッツ・フェルテンスが、欧州楽旅の主催者ヴィム・ヴィットを通じ自宅でのプライヴェート・コンサートを企画。午前零時過ぎ、エヴァンスは誕生日プレゼントを贈られた…。

(103)『THE COMPLETE BILL EVANS ON VERVE』(Verve 527 953-2／ユニバーサルクラシックス＆ジャズPOCJ-9580／97)
●Bill Evans (p) Gary Peacock (b) Paul Motian (ds) 1963. 12. 18, NYC
▶Always (2tks), I'll See You Again (2tks), Little Lulu (2tks), My Heart Stood Still (2tks)
●Bill Evans (p, el-p) Sam Brown (g) Eddie Gomez (b) Marty Morell (ds) 1970. 3. 26, SF
▶Why Did I Choose You? (7tks)
●add Mickey Leonard (arr) 1979. 3. 26, SF
▶Soiree (2tks), Lullaby For Helen (3tks), What Are You Doing The Rest Of Your Life (3tks)／他

60年代エヴァンス中期を形成するヴァーヴへの吹込みを集成した18枚組。全269曲中、未発表113トラックを収録。『ビル・エヴァンス・トリオ・ライヴ』『カリフォルニア・ヒア・アイ・カム』セッション等々、資料的価値も高い。

(104)『THE SECRET SESSIONS, RECORDED AT THE VILLAGE VANGUARD, 1966-1975／BILL EVANS』(Milestone 8MCD-4421-2／ビクターエンタテインメント VICJ-40233 ～40)
●Bill Evans (p) Teddy Kotick (b) Arnie Wise (ds) 1966. 3, NYC
▶Very Early, 'Round Midnight, One For Helen, Blue In Green, Turn Out The Stars, Waltz For Debby,Time Remembered, Autumn Leaves
●Bill Evans (p) Eddie Gomez (b) Eliot Zigmund (ds) 1975. 1. 26
▶Sugar Plum, Turn Out The Stars, Quiet Now, Waltz For Debby／他

NYの名門“ヴィレッジ・ヴァンガード”におけるエヴァンス・トリオのパフォーマンスが密かにレコーディングされていた！『モントルー・ジャズ・フェスティヴァル』直後のディジョネット参加トリオの4曲が貴重極まりない。

(105)『TURN OUT THE STARS:THE FINAL VILLAGE VANGUARD RECORDINGS, JUNE 1980／BILL EVANS』(Warner Bros. 9 45925-2／ワーナーミュージック・ジャパン WPCR-917)
●Bill Evans (p) Marc Johnson (b) Joe LaBarbera (ds) 1980. 6. 4, NYC
▶Bill's Hit Tune, Nardis, If You Could See Me Now
●same personnel 1980. 6. 8
▶Polka Dots And Moonbeams, Bill's Hit Tune, Turn Out The Stars, Days Of Wine And Roses, But Not For Me, Knit For Mary F. (2tks), Like Someone In Love (2tks), Quiet Now, Emily, I Do It For Your Love, Nardis, Letter To Evan, Minha, A Sleepin' Bee, My Romance／Five／他

当初2枚組で発売される予定だったが、延期の末、結局96年に6CDで登場。新曲「ティファニー」「イエット・ネヴァー・ブロークン」も収録。エヴァンス自身が選曲したプログラムで、1枚もののハイライト集も同時発売された。

(106)『CONSECRATION-THE LAST COMPLETE COLLECTION／BILL EVANS』(アルファミュージック ALCB-3918 ～3925)
●Bill Evans (p) Marc Johnson (b) Joe LaBarbera (ds) 1980. 8. 31, SF
▶Re : Person I Knew, Tiffany, My Foolish Heart, Theme From M•A•S•H, Knit For Mary F., The Days Of Wine And Roses, Your Story, The Two Lonely People, My Romance
●same personel 1980. 9. 7
▶Emily, Polka Dots And Moonbeams, Like Someone In Love, Your Story, The Days Of Wine And Roses, Knit For Mary F., Who Can I Turn To, I Do It For Your Love, My Romance／他

“キーストンコーナー”での8日間連続ギグを完全収録。大きな話題を呼んだエヴァンスの最晩年のボックス・セット。死期を覚悟しながらも、医者を拒み、演奏にすべてを注ぎ込んだ壮絶なステージ。8日後エヴァンスは他界する。

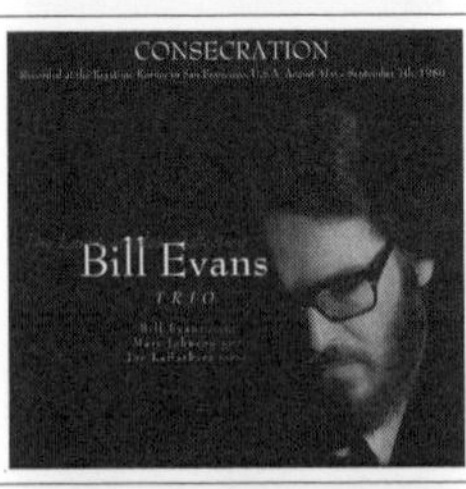

(107)『THE LAST WALTZ／BILL EVANS』(Milestone 8MCD-4430-2／ビクターエンタテインメント VICJ-60656 ～63)
●Bill Evans (p) Marc Johnson (b) Joe LaBarbera (ds) 1980. 8. 31, SF
▶After You, Like Someone In Love, Polka Dots And Moonbeams, Emily, Turn Out The Stars, I Do It For Your Love, Nardis, But Beautiful
●same personnel 1980. 9. 6
▶Up With The Lark, My Foolish Heart, Nardis
●same personnel 1980. 9. 8
▶Letter To Evan, My Man's Gone Now, 34 Skidoo, Spring Is Here, Autumn Leaves, Knit For Mary F., Nardis／他

昨秋、誰も想像だにしなかった音源が発掘された。『コンセクレイション』と同日のキーストン・ライヴ8CD。だがダブリは1曲もなく、しかも最終日は9月7日ではなく8日だったことも判明。謎を孕むエヴァンス最期の記録。

＊杉田宏樹編著『ビル・エヴァンス・ディスコグラフィー』（白石書店）は2002年10月刊。

⑯『LIVE AT BALBOA JAZZ CLUB VOL.1／BILL EVANS』(Ivory ILP-3000)
●Bill Evans (p) Marc Johnson (b) Joe LaBarbera (ds) 1979. 12. 12, Madrid
▶If You Could See Me Now, Up With The Lark, I Do It For Your Love, Five, The Two Lonely People, Bill's Hit Tune, Gary's Theme

スペイン国営放送局の放送音源をLP化。“バルボア・ジャズ・クラブ”はキャパシティが約100人。レーベル名、品番から考えてエヴァンスの発掘作のために作られたものであることは明らか。新旧交えたレパートリーからの７曲。

⑰『LIVE AT BALBOA JAZZ CLUB VOL.2／BILL EVANS』(Ivory ILP-3001)
●Bill Evans (p) Marc Johnson (b) Joe LaBarbera (ds) 1979. 12. 12, Madrid
▶Laurie, Like Someone In Love, Nardis

特筆すべきはＢ面を占める長尺の「ナルディス」。この曲はオリジナル・トリオの『エクスプロレーションズ』で知られる愛奏曲。それを晩年になって、ドラマティックなナンバーに仕立て直した。『ザ・ラスト・ワルツ』参照。

⑱『LIVE AT BALBOA JAZZ CLUB VOL.3／BILL EVANS』(Ivory ILP-3002)
●Bill Evans (p) Marc Johnson (b) Joe LaBarbera (ds) 1979. 12.12, Madrid
▶Re: Person I Knew, When I Fall In Love, My Man's Gone Now,T heme From M•A•S•H, Blue In Green

初出の『Vol.1 ～3 』は、後にJazz LabからCD化された。そちらの方が馴染みがあると思うが、前掲の『Vol.4, 5』との並びで本ディスコではLPを紹介。エヴァンスがスペインで演奏したのは、これが最期になったのだった。

⑲『BILL EVANS PRACTICE TAPE NO.1』(E3 Records E3R0013-01)
●Bill Evans (p) late 1970's
▶These Things Called Changes, Walkin' Up, The Two Lonely People, Unnamed Composition, Only Child, Nature BoyXXXX, Pop-Type Tune, Turn Out The Stars, Orbit, Voicings, Unnamed Waltz, Lover Man, The Moon／Star Eyes, The Art Of The Fugue, Valse, Pavane／Granados, Prelude IV: W. T. C.,#1, Prelude XVII : W. T. C. I, Fugue XXIII : W. T. C.,#1, Prelude XXIV : W. T. C.#1, Mother Of Earl／Fun Ride／Star Eyes／Short 'N' Bread／Only Child

晩年でも１日８時間の練習を欠かさなかったエヴァンスの、自宅でのプライヴェート・テープを実息エヴァンが作品化。自作曲やバッハを素材に、アイデアを練り、スキルを磨く姿は、秘密の扉を開けてしまったようなスリルが満載。

⑳『LETTER TO EVAN／BILL EVANS』(Dreyfus 191 064-2)
●Bill Evans (p) Marc Johnson (b) Joe LaBarbera (ds) 1980. 7. 21, London
▶Emily, The Days Of Wine And Roses, Knit For Mary F, Like Someone In Love, Your Story, Stella By Starlight, My Man's Gone Now, Letter To Evan

80年７月下旬から８月初めにかけて、エヴァンス３はロンドンの“ロニー・スコット・クラブ”で２週間公演を行った。幼い息子を思い、毎晩「レター・トゥ・エヴァン」を演奏したという。フランシス・ポードラス・プロデュース。

㉑『TURN OUT THE STARS／BILL EVANS』(Dreyfus 191 063-2)
●Bill Evans (p) Marc Johnson (b) Joe LaBarbera (ds) 1980. 8. 2, London
▶I Do It For Your Love, Turn Out The Stars, My Romance, Laurie, The Two Lonely People, Peau Douce, But Beautiful

69年以降、折々に訪れてきた“ロニー・スコッツ”でのラスト・パフォーマンス。「マイ・ロマンス」のエネルギッシュなプレイは、とても死期が近づいていたとは思えないほど。翌日にはベルギーへ移動、ステージの撮影を行った。

⑩『HOMECOMING／BILL EVANS』(Milestone MCD-9291-2／ビクターエンタテインメント VICJ-60415)
●Bill Evans (p) Marc Johnson (b) Joe LaBarbera (ds) 1979. 11. 6, LA
▶Re: Person I Knew, Midnight Mood, Laurie, Song From M•A•S•H, Turn Out The Stars, Very Early, But Beautiful, I Loves You Porgy, Up With The Lark, Minha (All Mine), I Do It For You, Someday My Prince Will Come, Interview With Bill Evans By Rod Starns

母校サウスイースタン・ルイジアナ大学卒業から29年目に表彰された記念のコンサートが99年に作品化。かつてエヴァンスが「我が家」と呼んだホールに恩返しをするような気持ちが、不完全な音質を超えて聴く者にも伝わってくる。

⑪『THE PARIS CONCERT EDITION ONE／BILL EVANS』
(Elektra Musician 1-60164D／WEA (Ger) 7559-60164)
●Bill Evans (p) Marc Johnson (b) Joe LaBarbera (ds) 1979. 11. 26, Paris
▶I Do It For Your Love, Quiet Now, Noelle's Theme, My Romance, Up With The Lark, All Mine (Minha), Beautiful Love
●Bill Evans (p-solo)
▶I Loves You Porgy

79年末エヴァンス3は欧州ツアーを敢行。“エスパース・カルダン”でのステージをラジオ・フランスが収録、83年に発表された。「最後の公式アルバム」は、ラスト・トリオがオリジナル・トリオの域へ近づいていたことを物語る。

⑫『THE PARIS CONCERT EDITION TWO／BILL EVANS』
(Elektra Musician 1-60311D／WEA (Ger) 7559-60311-2)
●Bill Evans (p) Marc Johnson (b) Joe LaBarbera (ds) 1979. 11. 26, Paris
▶Re: Person I Knew, Gary's Theme, 34 Skidoo, Laurie, Nardis
●Bill Evans (p-solo)
▶Letter To Evan

この時期のライヴ音源は様々な形で世に出ているが、気品と豊潤な香りを放つアルバムは本作を置いて他にない。「私の人生で音楽は最も重要で意味があるもの」と語るエヴァンスが到達した美の世界。感動のさざなみが押し寄せる。

⑬『THE BRILLIANT／BILL EVANS』 (West Wind 2058)
●Bill Evans (p) Marc Johnson (b) Joe LaBarbera (ds) 1979. 12. 5, Kobelnz, Germany
▶My Romance, Re: Person I Knew, Laurie, Very Early, The Peacocks, On Green Dolphin Street, Mornin' Glory, Solar

79年12月に入り、シュトゥットガルト～リオンデへ移動したトリオは、翌日ドイツへ戻りコブレンツのジャズ・クラブでプレイ。インティメートなロケーションのせいか、ラバーバラが奔放なドラミングでトリオをプッシュする。

⑭『LIVE AT BALBOA JAZZ CLUB VOL.4／BILL EVANS』
(Ivory ILP-3003)
●Bill Evans (p) Marc Johnson (b) Joe LaBarbera (ds) 1979. 12. 11, Madrid
▶Polka Dots And Moonbeams, Who Can I Turn To, My Man's Gone Now, Quiet Now, Autumn Leaves, Laurie, 34 Skidoo, Minha

コブレンツの翌日にはオランダ、ラーレンを訪れたエヴァンスは、その後数都市を巡り、この日スペイン、マドリッドに到着。「ポルカ・ドッツ」「マイ・マンズ～」「枯葉」とリヴァーサイド時代のレパートリーが多いのが特徴。

⑮『LIVE AT BALBOA JAZZ CLUB VOL.5／BILL EVANS』
(Ivory ILP-3004)
●Bill Evans (p) Marc Johnson (b) Joe LaBarbera (ds) 1979. 12. 11, Madrid
▶Nardis, The Two Lonely People, When I Fall In Love, What's This Thing Called Love, Jesus' Last Ballad, Someday My Prince Will Come, Five

ポルトガル・プレスの限定盤である。『Vol.4 』同様、発売順は後になったが、データ通りなら録音はこちらが１日早い。『Vol. 1 ～ 3 』がJazz LabからCD化されたことを考えると、こちらが市場に出回った枚数はかなり少ない？

	㉔『YOU MUST BELIEVE IN SPRING／BILL EVANS』(Warner Bros. XHS3504／8122-73719-2) ●Bill Evans (p) Eddie Gomez (b) Eliot Zigmund (ds) 1977. 8. 23-25, Hollywood ▶B Minor Waltz, You Must Believe In Spring, Gary's Theme, We Will Meet Again, The Peacocks, Sometime Ago, Theme From M•A•S•H, Without A Song, Freddie Freeloader, All of You	ワーナー移籍第1作。エヴァンス＋ゴメス＋ジグモンドのトリオでは2作目ながら、十分に成熟したサウンドを作り上げているのは特筆すべき。「Bマイナー・ワルツ」からルグラン曲「ユー・マスト～」への流れが、深く心に響く。
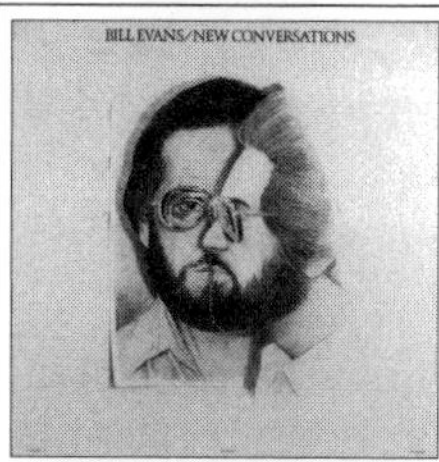	㉕『NEW CONVERSATIONS／BILL EVANS』(Warner Bros. BSK3177／WEA (Ger) 7599-27505-2) ●Bill Evans (p, el-p) with one or two overdubbed tracks, 1978. 1. 26-28, 30, 2. 13-16, NYC ▶Song For Helen, Nobody Else But Me, Maxine, For Nenette, I Love My Wife, Remembering The Rain, After You, Reflections In D	63、67年に多重録音作に挑んだエヴァンスが、3度目の同プロジェクトにチャレンジ。エレピの使用が色彩感を豊かにし、録音技術の進歩も大きく貢献。「マキシン」等の新曲も含む『未知との対話—独白・対話・そして鼎談』。
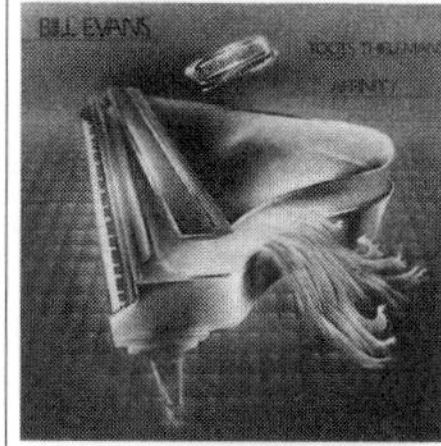	㉖『AFFINITY／BILL EVANS & TOOTS THIELEMANS』(Warner Bros. BSK3293／Warner Bros. [Ger] 7599-27387-2) ●Bill Evans (p, el-p) Toots Thielemans (hmca) Larry Schneider (ts, ss, a-fl) Marc Johnson (b) Eliot Zigmund (ds) 1978.10. 30, 31, 11. 1, 2, NYC ▶I Do It For Your Love, Sno' Peas, This Is All I Ask, The Days Of Wine And Roses, Jesus' Last Ballad, Tomato Kiss, The Other Side Of Midnight (Noelle's Theme), Blue And Green, Body And Soul	エヴァンスとシールマンスの顔合わせをプランニングした人は偉い。叙情性の表現美、に関して音楽性が通じ合う2人は、ここに理想的な出会いを記録。デュオからカルテットまで編成にも工夫し楽しませる。「酒バラ」が極め付き。
	㉗『MARIAN McPARTLAND'S PIANO JAZZ INTERVIEW WITH BILL EVANS』(Fantasy 9FCD1012-2／ビクターエンタテインメント VDJ-25045) ●Bill Evans, Marian McPartland (p) 1978. 11. 6, NY ▶Conversation Ⅰ: Waltz For Debby／All Of You, Conversation Ⅱ, Chat Ⅰ: In Your Own Sweet Way, Conversation Ⅲ: The Touch Of Your Lips, Conversation Ⅳ: Reflections In D, Conversation Ⅴ, Conversation Ⅵ: Days Of Wine And Roses, Chat Ⅱ: This Is All I Ask／While We're Young, I Love You	ジャズ版「徹子の部屋」とも言えるラジオ番組にエヴァンスが出演。2人は75年のモンタレー・ジャズ祭で共演した関係。トークに加えソロ、デュオを演じながらエヴァンスのクリエイティヴ・プロセスが明らかになるのが興味深い。
	㉘『WE WILL MEET AGAIN／BILL EVANS』(Warner Bros. HS3411, 3411-2) ●Tom Harrell (tp) Larry Schneider (ts, ss, a-fl) Bill Evans (p, el-p) Marc Johnson (b) Joe LaBarbera (ds) 1979. 8. 6-9, NYC ▶Comrade Conrad, Laurie, Bill's Hit Tune, Five, Only Child, Peri's Scope ●Bill Evans (p-solo) ▶For All We Know (We May Never Meet Again), We Will Meet Again	『アフィニティ』のシュナイダーと、75年のチャック・イスラエル盤で共演したハレルをフロントに迎えた最後のクインテット作。エヴァンスのオリジナルが中心のストレートなセッション。同年に他界した実兄ハリーへの追悼盤。
	㉙『LIVE IN BUENOS AIRES／BILL EVANS』(West Wind WW 2061) ●Bill Evans (p) Marc Johnson (b) Joe LaBarbera (ds) 1979. 9. 27, Buenos Aires ▶Stella By Starlight, Laurie, Theme From M•A•S•H, Turn Out The Stars, I Do It For Your Love, My Romance, Letter To Evan, I Loves You Porgy, Up With The Lark, Minha, Someday My Prince Will Come, If You Could See Me Now, Nardis	初出は89年発売の美麗ボックス入り2LP (Yellow Note)。「アイ・ラブズ・ユー・ポーギー」の鬼気迫るソロ・ピアノは、まさに息をのむほど。ジョンソン＆ラバーベラとのトリオが急速にピークへと上りつめていた時期のライヴ。

⑱『**QUINTESSENCE／BILL EVANS**』(Fantasy F-9529／ビクターエンタテインメント VICJ-60180) ●Harold Land (ts) Kenny Burrell (g) Bill Evans (p) Ray Brown (b) Philly Joe Jones (ds) 1976. 5, Berkeley ▶Sweet Dulcinea, Martina, Second Time Around, A Child Is Born, Bass Face	エヴァンスにとってはチェンジ・オブ・ペース的な１枚と位置付けてもよさそうなオールスター・アルバム。ランド、バレル、ブラウンとは初共演だったが、そう思えないほどの滋味豊かなサウンドに仕上がっている。隠れ名盤だ。	
⑲『**THE KöLN COCERT／BILL EVANS**』(West Wind／Norma NOCD5675) ●Bill Evans (p) Eddie Gomez (b) Eliot Zigmund (ds) 1976. 9. 6, Köln, Germany ▶Time Remembered, In Your Own Sweet Way, Sareen Jurer, Morning Glory, 34 Skidoo, Sugar Plum, Turn Out The Stars	初出は89年発売の『In His Own Way』(West Wind)。99年にノーマCDで、データが正しく修正された。米国での活動の合間を縫った欧州ツアーのひとコマ。ベース・ソロを加えた「タイム・リメンバード」が新しい物語性を表出。	
⑳『**TOGETHER AGAIN／TONY BENNETT & BILL EVANS**』(Improv 7117／Rhino R2 75837) ●Tony Bennett (vo) Bill Evans (p) 1976. 9. 27-30, SF ▶The Bad And The Beautiful, Lucky To Be Me, Make Someone Happy, You're Nearer, A Child Is Born, The Two Lonely People, You Don't Know What Love Is, Maybe September, Lonely Girl, You Must Believe In Spring, Who Can I Turn To, Dream Dancing, The Bad And The Beautiful (alt. tk), Make Someone Happy (alt. tk), You're Nearer (alt.tk), A Child Is Born (alt. tk), The Two Lonely People (alt. tk), You Don't Know What Love Is (alt. tk), Maybe September (alt. tk), Lonely Girl (alt. tk), You Must Believe In Spring (alt. tk)	76年６月“ニューポート・ジャズ祭”でオープニング・アクトを務めた２人は、３か月後にデュオ第２弾をレコーディング。寛いだ雰囲気の交流に心温まる。99年発売のライノ盤がボーナス・トラック２曲と別テイク９曲を発掘した。	
㉑『**THE PARIS CONCERT／BILL EVANS**』(Fantasy 9FCD1012-2／ビクターエンタテインメント VDJ-25035) ●Bill Evans (p) Eddie Gomez (b) Eliot Zigmund (ds) 1976. 11. 5, Paris ▶Sugar Plum, Time Remembered, 34 Skidoo, T. T. T. T., Turn Out The Stars, Someday My Prince Will Come, Minha, All Of You, Waltz For Debby	“ニューポート・ア・パリ”に出演した時のラジオ・フランスの放送音源を『コンプリート・ファンタジー・レコーディングス』に収録、日本では単独発売された。70年代に入りパリとの友好関係を深めていたエヴァンスの好ライヴ。	
㉒『**CROSSCURRENTS／BILL EVANS TRIO WITH LEE KONITZ & WARNE MARSH**』(Fantasy F-9568／OJCCD-718-2／ビクターエンタテインメント VICJ-60181) ●Lee Konitz (as) Warne Marsh (ts) Bill Evans (p) Eddie Gomez (b) Eliot Zigmund (ds) 1977. 2. 28, 3. 1, 2, Berkeley ▶Eiderdown, Pensativa, Speak Low, Night And Day, Eiderdown (alt. tk), Night And Day (alt. tk) ●omit Konitz ▶Everytime We Say Goodbye, Everytime We Say Goodbye (alt. tk) ●omit Marsh, Gomez, Zigmund. add Konitz ▶When I Fall In Love	コニッツとの再会プロジェクトにマーシュも参加。エヴァンスの旧友２人との共演はそれだけで話題性十分だが、全作品中どこか地味な印象が否めないのは演奏が原因か。「ホエン・アイ～」は故リッチー・カミューカへの追悼曲。	
㉓『**I WILL SAY GOODBYE／BILL EVANS**』(Fantasy F-9593／ビクターエンタテインメント VICJ-60182) ●Bill Evans (p) Eddie Gomez (b) Eliot Zigmund (ds) 1977. 5. 11-13, Berkeley ▶I Will Say Goodbye (tk. 1, 2), Dolphin Dance, Seascape, Peau Douce, The Opener, Quiet Light, A House Is Not A Home	ファンタジーへの最終作。意味深な表題曲はそれまでにエヴァンスのレパートリーになっていたルグラン・ナンバーに新たに加わった名曲。ジグモンド加入後、トリオとしては初めてのスタジオ録音にして、同レーベル時代の代表作。	

⑫『LIVE IN SWITZERLAND 1975／BILL EVANS』(Jazz Halvet JH 01)

●Bill Evans (p) Eddie Gomez (b) Eliot Zigmund (ds) 1975. 2. 6, Epalinges, Switzerland

▶Sugar Plum, Midnight Mood, Turn Out The Stars, Gloria's Step, Up With The Lark, T. T. T. T., Morning Glory, Sareen Jurer, Time Remembered, My Romance, Waltz For Debby, Yesterday I Heard The Rain

スイスに建設された800人収容の新しいホールにエヴァンス３が出演。本作はその放送音源で、90年発売。非公式盤としては、ドラマーがマーティ・モレルからエリオット・ジグモンドに交替した最初の作品となる。今や入手困難か。

⑬『MY ROMANCE／BILL EVANS』(Zeta ZET 702)

●Bill Evans (p) Eddie Gomez (b) Eliot Zigmund (ds) 1975. 2. 16, Marseille, France

▶Gloria's Step, What Are You Doing The Rest Of Your Life, Who Can I Turn To, My Romance, T.T.T.T., My Foolish Heart, Up With The Lark, Sareen Jurer, Midnight Mood

75年２月の欧州ツアーから、ラジオ・フランス主催の公開録音が88年にCD化。ゴメスが大きくフィーチャーされ、新加入のジグモンドも繊細かつ大胆なバッキングでトリオに緊張感をもたらしている。録音年、曲名に誤記あり。

⑭『BILL EVANS TRIO WITH MONICA ZETTERLUND : SWEDISH CONCERT-1975』(Novadisc ND-1／West Wind WW 2073)

●Bill Evans (p) Eddie Gomez (b) Eliot Zigmund (ds) 1975. 2. 22, Lund, Sweden

▶Sugar Plum, Sareen Jurer, Very Early, Gloria's Step

●add Monica Zetterlund (vo)

▶Come Rain Or Come Shine, What's New, It Could Happen To You, Once Upon A Summertime, The Second Time Around, Samba

フランス～オランダ～フランス～デンマークと進んだエヴァンスは、この日スウェーデンを訪問。ステージの前半をトリオが務め、後半にはモニカを迎えた。２人はもちろん11年前に共演作を吹込んだ間柄。初出はポルトガル盤LP。

⑮『THE TONY BENNETT-BILL EVANS ALBUM』(Fantasy F-9489／ビクターエンタテインメント VICJ-60177)

●Tony Bennett (vo) Bill Evans (p) 1975. 6. 10-13, Berkeley

▶Young And Foolish, The Touch Of Your Lips, Some Other Time, When In Rome, We'll Be Together Again, My Foolish Heart, Waltz For Debby, But Beautiful, Days Of Wine And Roses

エヴァンス自身かねてから実現を望んでいたベネットとのデュオ作。男性歌手との共演作が極端に少ないゆえ、真に特別なプロジェクト。音楽性を敬愛する者同士が、エヴァンスの愛奏曲を中心に、詩的で歌心に満ちた世界を描く。

⑯『MONTREUX III／BILL EVANS』(Fantasy F-9510／ビクターエンタテインメント VICJ-60178)

●Bill Evans (p, el-p) Eddie Gomez(b) 1975. 7. 20, Montreux

▶Elsa, Milano, Venutian Rhythm Dance, Django, Minha (All Mine), Driftin', I Love You, The Summer Knows

前年のスタジオ作『インチュイション』の発表と連動する形で、エヴァンス＆ゴメスはモントルーに出演。新曲も取り上げ、エヴァンス・トリオ・マイナス・ドラムスではなく、デュオというフォーマットに可能な領域に挑んでいる。

⑰『ALONE (AGAIN)／BILL EVANS』(Fantasy F-9542／ビクターエンタテインメント VICJ-60179)

●Bill Evans (p) 1975.12.16-18,Berkeley

▶The Touch Of Your Lips, In Your Own Sweet Way, Make Someone Happy, What Kind Of Fool Am I, People

ソロ・ピアノで演奏する機会が増えていたエヴァンスが、前作から７年を経て制作した独奏作の続編。エヴァンスの基本は生涯トリオにあったが、ソロの魅力もまた格別だ。国内CDは『エロクエンス』が初出の音源を追加収録。

⑯『LIVE IN EUROPE VOL.2／BILL EVANS』(EPM FDC 5713)
●Bill Evans (p) Eddie Gomez (b) Marty Morell (ds) summer 1974, Europe
▶Up With The Lark, 34 Skidoo, Quiet Now, Twelve Tone Tune, Midnight Mood, Sugar Plum, Funkallero, The Two Lonely People, Waltz For Debby, Goodbye

『Vol.1』と同時期の音源とされているが、エコー問題は改善されており音質はこちらの方がいい。左右のバランスが一定でないのが難点か。だが、それらを別にすれば、演奏内容は絶好調のトリオをとらえ、聴きごたえも十分だ。

⑰『TWO LONELY PEOPLE／BILL EVANS WITH STAN GETZ』(Jazz Birdie's Of Paradise J-Bop 048)
●Bill Evans (p) Eddie Gomez (b) Marty Morell (ds) 1974. 8. 9, Laren, Holland
▶Turn Out The Stars, 34 Skidoo, T. T. T.
●add Stan Getz (ts)
▶But Beautiful, Funkallero, The Peacocks, You And The Night And The Music

94年発売のドイツ盤ブート。エヴァンス&ゲッツと言えば、64年のヴァーヴ盤が著名であり、ちょうど10年後のオランダ・ライヴがこのような形で流出したのはファン冥利に尽きる。エアチェックのため(?) 音質はあまり良くない。

⑱『BUT BEAUTIFUL／THE BILL EVANS TRIO FEATURING STAN GETZ』(Milestone MCD-9249-2／ビクターエンタテインメント VICJ-229)
●Bill Evans (p) Eddie Gomez (b) Marty Morell (ds) 1974. 8. 9, Laren, Holland
▶See-Saw, The Two Lonely People
●add Stan Getz
▶Grandfather's Waltz, Stan's Blues,
●same personnel, 1974. 8. 16, Middelheim, Belgium
▶Emily,Lover Man, Funkallero, The Peacocks, You And The Night And The Music, But Beautiful

96年にMilestone から登場したオフィシャル盤。Jazz Birdie's Of Paradise 盤と同日の音源を含み、3曲は重複している。音質はもちろんこちらの方が良好。ブートを意識したかは不明だが、どうせなら全曲完全CD化を望みたい。

⑲『BLUE IN GREEN／BILL EVANS』(Milestone MCD-9185-2／ビクターエンタテインメント VICJ-92)
●Bill Evans (p) Eddie Gomez (b) Marty Morell (ds) 1974. 8, Hull, Canada
▶One For Helen, The Two Lonely People, What Are You Doing The Rest Of Your Life, So What, Very Early, If You Could See Me Now, 34 Skidoo, Blue In Green, T. T. T.

カナダ放送協会が収録した91年発表のコンサート音源。直前のヨーロッパ楽旅の成功を受けた公演は、ライヴの割に録音状態がすっきりしているため、スタジオ作にも似た趣がある。ジャケットの絵はトニー・ベネットによるもの。

⑳『THE CANADIAN CONCERT OF BILL EVANS』(Can Am CA1200)
●Bill Evans (p) Eddie Gomez (b) Marty Morell (ds) 1974. 7or8, Hull, Canada
▶Midnight Mood, Elsa, Sugar Plum, Mornin' Glory, A Sleepin' Bee, How My Heart Sings, Time Remembered, Beautiful Love

70年代に発売され、その後未CD化のままという意味では、古典的なレア・アイテム。カナダ放送協会主催のサマー・シリーズ出演のため、オタワ北のスキー・リゾート地キャンプ・フォーチュンを訪問。このメンバーの最期の記録。

㉑『INTUITION／BILL EVANS』(Fantasy F-9475／ビクターエンタテインメント VICJ-60176)
●Bill Evans (p, el-p) Eddie Gomez (b) 1974. 11. 7-10, Berkeley
▶Invitation, Blue Serge, Show-Type Tune, The Nature Of Things, Are You All The Things, A Face Without A Name, Falling Grace, Hi Lili Hi Lo

「インチュイション」とは「直感、洞察力」の意。歴代のエヴァンス3でベーシストの最長不倒記録を樹立したゴメスをパートナーに、2人は深遠な語らいを繰り広げる。「ザ・ネイチャー〜」「ア・フェイス〜」は本作だけの楽曲。

	⑥⓪『**ELOQUENCE／BILL EVANS**』(Fantasy F-9618, OJCCD-814-2) ●Bill Evans (p) 1973. 11. 19, LA ▶When In Rome, It Amazes Me ●Bill Evans (p, el-p) Eddie Gomez (b) 1974. 11. 7-10, Berkeley ▶Gone With The Wind, Saudade Do Brasil ●same personnel, 1975. 7. 20, Montreux ▶In A Sentimental Mood,But Beautiful ●Bill Evans (p) 1975. 12. 16-18, Berkeley ▶All Of You, Since We Met, But Not For Me／Isn't It Romantic／The Opener	『インチュイション』『モントルーⅢ』『アローン（アゲイン）』の未発表音源に73年11月のソロ・ピアノを加えた82年発表の落穂集。CD時代の新譜なら間違いなくオミットされなかったはず。中でもメドレー独奏が素晴らしい。
	⑥①『**FROM THE 70's／BILL EVANS**』(Fantasy F-9630) ●Bill Evans (p) Eddie Gomez (b) Marty Morell (ds) 1973. 11. 19, LA ▶Up With The Lark, Quiet Now, Gloria's Step ●same personnel, 1974. 1. 11-12, NYC ▶Elsa ●Harold Land (ts) Kenny Burrell (g) Bill Evans (p) Ray Brown (b) Philly Joe Jones (ds) 1976. 5, Berkeley ▶Nobody Else But Me ●Bill Evans (p) Eddie Gomez (b) Eliot Zigmund (ds) 1977. 5. 11-13 ▶Nobody Else But Me, Orson's Theme	83年に登場した、こちらも未発表セッション集。『シンス・ウィ・メット』『クインテセンス』『アイ・ウィル・セイ・グッドバイ』と同時期音源。３年半におけるスタジオ＆クラブ録音でエヴァンスの移り変りを知ることができる。
	⑥②『**SINCE WE MET／BILL EVANS**』(Fantasy F-9501／ビクターエンタテインメント VICJ-60174) ●Bill Evans (p) Eddie Gomez (b) Marty Morell (ds) 1974. 1. 11, 12, NYC ▶Since We Met, Midnight Mood, See-Saw, Sareen Jurer, Time Remembered, Turn Out The Stars, But Beautiful	エヴァンス・トリオ史上最も息の長かった３人による、70年代版“ヴィレッジ・ヴァンガード”ライヴ。公式盤でサイ・コールマンの「シーソー」が聴けるのは本作だけ。オリジナルの「シンス・ウイ・メット」はこれが初演だった。
	⑥③『**RE：PERSON I KNEW／BILL EVANS**』(Fantasy F-9608／ビクターエンタテインメント VICJ-60175) ●Bill Evans (p) Eddie Gomez (b) Marty Morell (ds) 1974. 1. 11, 12, NYC ▶Re: Person I Knew, Sugar Plum, Alfie, T. T. T., Excerpt From Dolphin Dance／Very Early, 34 Skidoo, Emily, Are You All The Things	エヴァンスが他界した翌年、追悼盤のような形でアルバム化された『シンス・ウイ・メット』の未発表セッション。愛奏曲である「リ・パーソン・アイ・ニュー」の由来は、ゆかりの深い“オリン・キープニュース”のアナグラム。
	⑥④『**SYMBIOSIS／BILL EVANS**』(MPS 2122094-3／ユニバーサルクラシックス＆ジャズ UCCM-9024) ●Bill Evans (p, el-p) Eddie Gomez (b) Marty Morell (ds) +Claus Ogerman (cond) orchestra: Marvin Stamm, Johnny Frosk, Bernie Glow, Marky Markowitz, Victor Paz, Mel Davis (tp) Brooks Tillotson, James Buffington, Earl Chapin, Ray Alonge, Al Richmond, Pete Gordon (frh) Urbie Green (tb) Paul Faulise, Tommy Mitchell (b-tb) Don Butterfield (tuba) Phil Woods, Jerry Dodgion, Walt Levinsky, Harvey Estrin (as) Bill Slapin, Don Hammond, Hubert Laws (fl) George Marge, Phil Bodner (oboe) Danny Bank, Ron Janelly (cl, b-cl) Wally Kane (bassoon) Donald MacCourt (contra bassoon) George Devens, Dave Carey, Doug Allen (per) Ralph MacDonald (conga) David Nadien (concertmaster) 1974. 2. 11, 12, 14, NYC ▶Symbiosis: 1st Movement, 2nd Movement	エヴァンスのキャリアを振り返ると、オーケストラとの共演が少なくないことに気づくが、70年代ものとなると65年のヴァーヴ盤以来９年ぶりとなるオガーマンとの本作が代表的。優雅で繊細なエヴァンスのサウンド・タペストリー。
	⑥⑤『**LIVE IN EUROPE VOL.1／BILL EVANS**』(EPM FDC 5712) ●Bill Evans (p) Eddie Gomez (b) Marty Morell (ds) summer 1974, Europe ▶Emily, The Two Lonely People, Some Other Time, Time Remembered, Gloria's Step, My Romance, 34 Skidoo, Lover Man, Blue In Green, Re: Person I Knew, My Foolish Heart, Turn Out The Stars, Very Early	74年夏のヨーロッパ・ツアーからのステージを、フランスのＥＰＭが89年にCD化。トリオはすでに安定期に入っているといっても過言ではなく、まとまりのある演奏を披露。ただし不必要なエコーがかかっているなど、音質はＢ。

㊹『LIVING TIME／BILL EVANS-GEORGE RUSSELL』(Columbia KC-31490／ソニー・ミュージックエンタテインメント SRCS-9357) ●Bill Evans (p, el-p) Eddie Gomez (b) Marty Morell (ds) George Russell (cond, arr) Snooky Young, Ernie Royal, Richard Williams (tp, flh) Stanton Davis (tp) Howard Johnson (flh, b-cl, tuba) Dave Bargeron, Dave Baker, Garnett Brown (tb) Jimmy Giuffre (ts, fl) Sam Rivers (ts, fl, oboe) Joe Henderson (ts) Ron Carter, Stanley Clark, Herb Busher (b) Sam Brown (g) Ted Saunders (el-p, clav) Webster Lewis (org, el-p) Tony Williams (ds) Marc Belair (per) 1972. 5, NYC ▶Living Time-Event Ⅰ 〜 Ⅷ	『ジャズ・ワークショップ』『ニューヨークNY』等、50年代後半のコラボレーションを通じ、エヴァンスに大きな示唆を与えた存在がラッセル。この間音楽的成長を遂げた２人の再会プロジェクトは、重厚にして壮大。野心作だ。	
㊺『YESTERDAY I HEARD THE RAIN／BILL EVANS』(Bandstand BDCD1535／徳間ジャパンコミュニケーションズ TKCB-71888) ●Bill Evans (p) Eddie Gomez (b) Marty Morell (ds) c.1972, California ▶Up With The Lark, What Are You Doing The Rest Of Your Life?, My Romance, Emily, Yesterday I Heard The Rain, Who Can I Turn To?, Some Other Time, Autumn Leaves, Someday My Prince Will Come	ロケーションと録音日は不詳だが、カリフォルニアと思われるライヴ音源。選曲面では73年１月の『ライヴ・イン・トーキョー』に先立ち、「イエスタデイ・アイ・ハード・ザ・レイン」を収録しているのが価値あり。音質は悪くない。	
㊻『LIVE IN PARIS VOL.3／BILL EVANS』(Esoldun FCD-125／Norma NOCD-5648) ●Bill Evans (p) Eddie Gomez (b) Marty Morell (ds) 1972. 12. 17, Paris ▶Elsa, Detour Ahead, 34 Skidoo, Alfie, Peri's Scope, Blue In Green, Emily, Who Can I Turn To?, Some Other Time, Nardis, Waltz For Debby	72年12月、エヴァンス・トリオはフィル・ウッズ＆ヨーロピアン・リズム・マシーンとの対バンドで、この年３度目の欧州ツアーを行った。同年２月のパリ公演とはプログラムを変え、60年代前半のレパートリーが多いのが目を引く。	
㊼『BILL EVANS LIVE IN TOKYO』(CBS Sony SOPM 40／ソニー・ミュージックエンタテインメント SRCS-9169) ●Bill Evans (p) Eddie Gomez (b) Marty Morell (ds) 1973. 1. 20, Tokyo ▶Mornin' Glory, Up With The Lark, Yesterday I Heard The Rain, My Romance, When Autumn Comes, T. T. T. T. (Twelve Tone Tune Two), Hello Bolinas, Gloria's Step, Green Dolphin Street	東京・郵便貯金ホールでの初来日最終公演を収録。当夜のために新曲を用意してくれたのが嬉しい。「ハロー・ボリナス」が聴けるのは本作だけ。「T.T.T.」の発展形である意欲的な自作曲「T.T.T.T.」は以降重要なレパートリーに。	
㊽『BUENOS AIRES CONCERT 1973／BILL EVANS』(Yellow Note Y201／Jazz Lab JLCD-1,JLCD-3) ●Bill Evans (p) Eddie Gomez (b) Marty Morell (ds) 1973. 6. 24, Buenos Aires ▶Re: Person I Knew, Emily, Who Can I Turn To, The Two Lonely People, What Are You Doing The Rest Of Your Life, My Romance, Mornin' Glory, Up With The Lark, T. T. T., Yesterday I Heard The Rain, Beautiful Love, Waltz For Debby, My Foolish Heart	初出は美麗２LPボックス。その後『同Vol.1』『同Vol.3』でCD化された（Jazz Lab）。エヴァンス没後の発掘作品で、当時アルゼンチン録音という珍しさが話題を呼んだ。事実これはエヴァンス３初の南米ツアーからの音源。	
㊾『HALF MOON BAY／BILL EVANS』(Milestone；ビクターエンタテインメント VICJ-60247) ●Bill Evans (p) Eddie Gomez (b) Marty Morell (ds) 1973. 11. 4, Half Moon Bay, CA ▶Introductions, Waltz For Debby, Sareen Jurer, Very Early, Autumn Leaves, What Are You Doing The Rest Of Your Life, Quiet Now, Who Can I Turn To, Elsa, Someday My Prince Will Come	98年に発掘されたレギュラー・トリオの西海岸におけるクラブ・ライヴ。73年のオフィシャル作は『ライヴ・イン・トーキョー』だけで、続く『エロクエンス』も没後の作品であるだけに貴重。「セイリーン　ジュア」は本作が初演。	

⑱『MONTREUX II／BILL EVANS』(CTI 6004／キングレコードKICJ-8304)
●Bill Evans (p) Eddie Gomez (b) Marty Morell (ds) 1970. 6.19, Montreux
▶Introduction, Very Early, Alfie, 34 Skidoo, How My Heart Sings, Israel, I Hear A Rhapsody, Peri's Scope

“お城”から２年後、再びモントルーでのパフォーマンスをアルバム化。ライヴを重ね、トリオの関係が密になった彼らは、かつてないほどハード・ドライビングなサウンドを披露した。「ハウ・マイ・ハート・シングス」に痺れる。

⑲『HOMEWOOD／BILL EVANS』(Red Bird RB-101)
●Bill Evans (p) Eddie Gomez (b) Marty Morell (ds) 1970. 11. 4, Chicago
▶Very Early, So What, Waltz For Debby, Like Someone In Love, Someday My Prince Will Come, Five／Theme

71年７月28日放映の米ＫＣＥＴ - ＴＶショー「ホームウッド」の音源が欧州でLP化されたのは、同地にエヴァンス・マニアが多いことの証しか。90年発売。70年の米国録音が『フロム・レフト〜』とこれだけ、の点でも見逃せない。

⑳『PIANO PLAYER／BILL EVANS』(Columbia／Legacy CK 65361／ソニー・ミュージックエンタテインメント SRCS-8836)
●Art Farmer, Louis Mucci (tp) Jimmy Knepper (tb) Jim Buffington (frh) Robert Di Domenica (fl) John LaPorta (as) Hal McKusick (ts) Manuel Zegler (bassoon) Teddy Charles (vib) Margaret Rose (harp) Bill Evans (p) Barry Galbraith (g) Joe Benjamin (b) Teddy Summer (ds) George Russell (arr, cond) 1957. 6. 10, NYCa ▶All About Rosie (3rd Section)
●Bill Evans (p, el-p) Eddie Gomez (b) 1970. 11. 24
▶Morning Glory, Django, Waltz For Debby, T.T.T. (Twelve Tone Tune), Comrade Conrad, Gone With The Wind
●Bill Evans (p) Eddie Gomez (b) Marty Morell (ds) 1971. 5. 17 Fun Ride

未発表８曲を収録した98年発表のCBS音源コンピレーション。注目すべきはゴメスとのデュオ。CBS第１作『ザ・ビル・エヴァンス・アルバム』に半年先立つ録音で、同作のアイデアを固めるためと思われる実験的セッションだ。

㉑『THE BILL EVANS ALBUM』(Columbia CK64963／ソニー・ミュージックエンタテインメント SRCS-9203)
●Bill Evans (p) Eddie Gomez (b) Marty Morell (ds) 1971. 5.11, 12, 17, 19, 20, 6. 9, NYC
▶Funkallero, The Two Lonely People, Sugar Plum, Waltz For Debby, T. T. T.
Re: Person I Knew, Comrade Conrad, Waltz For Debby (alt.tk), Re: Person I Knew (alt. tk), Funkallero (alt. tk)

エヴァンスのCBS移籍第１作。心機一転の気持ちがあったのだろう、全７曲すべて新曲をメインにしたオリジナルを揃えた。さらにアコースティックとエレクトリックの２台を使用したことで新鮮味を表出。再評価されるべき１枚。

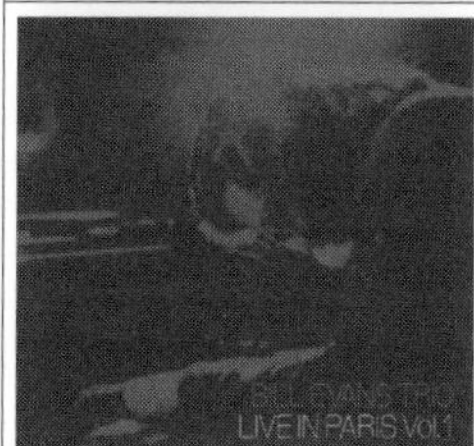

㉒『LIVE IN PARIS VOL.1／BILL EVANS』(Esoludun FC-107／Norma NOCD-5646)
●Bill Evans (p) Eddie Gomez (b) Marty Morell (ds) 1972. 2. 6, Paris
Re:Person I Knew, Turn Out The Stars, The Two Lonely People, Gloria's Step, Waltz For Debby, What Are You Doing The Rest Of Your Life

オリジナルは88年にLP化されたラジオ・フランスの放送音源。シリーズのコルトレーン、ウェス、カーク等のラインアップは、当時大きな話題を呼んだ。日本では98年にノーマからCD化された。演奏内容も質が高い。音質も良好。

㉓『LIVE IN PARIS VOL.2／BILL EVANS』(Esoludun FC-114／Norma NOCD-5647)
●Bill Evans (p) Eddie Gomez (b) Marty Morell (ds) 1972. 2. 6, Paris T. T. T., Sugar Plum, Quiet Now, Very Early, Autumn Leaves, Time Remembered, My Romance, Someday My Prince Will Come

これも88年発売のシリーズ第２弾。録音年月日も同じで、「枯葉」「タイム・リメンバード」の２曲は、オムニバス・ブートのEuropa Jazz 盤が初出だった。現在はノーマCDで容易に入手可能。新旧のレパートリーを交えた構成だ。

㊷『WHAT'S NEW／BILL EVANS』(Verve V6-8777／ユニバーサルクラシックス＆ジャズ POCJ-9204)
●Bill Evans (p) Jeremy Steig (fl) Eddie Gomez (b) Marty Morell (ds) 1969. 1. 30, 2. 3, 5, 3. 11, NYC
▶So What, Lover Man, Time Out For Chris, Straight No Chaser, Spartacus Love Theme, What's New, Autumn Leaves

64年以来、エヴァンスはスタイグと共演することを熱望していた。68年の秋になってようやく実現。そしてクラブ・ギグを経て本作に至った。オープナーの「ストレート・ノー・チェイサー」から一気に激しく燃え上がる。熱き名作。

㊸『AUTUMN LEAVES／BILL EVANS』(Ninety-One Vintage; 日本クラウン CRCJ-10002)
●Bill Evans (p) Eddie Gomez (b) Marty Morell (ds) 1969. 7.18, Pescara, Italy
▶Come Rain Or Come Shine, Nardis, Quiet Now, Round Midnight, Autumn Leaves, Emily, A Sleepin' Bee, Alfie, Who Can I Turn To, Very Early

初出は78年発売の『ピアノ・パースペクティヴ』『枯葉』のLP２枚。長い間コレクターズ・アイテムだったが、96年に２イン１CDで国内発売された。"第１回ペスカラ・ジャズ・フェスティヴァル"の模様を収録した放送音源。

㊹『FROM LEFT TO RIGHT／BILL EVANS』(MGM SE4723／Verve 314 557 451-2)
●Bill Evans (p, el-p) Sam Brown (g) Eddie Gomez (b) John Beal (e-b, overdubbed) Marty Morell (ds) Michael Leonard (arr, cond)+orchestra, 1969. 10-1970. 5, NYC, SF
▶The Dolphin (before), The Dolphin (after), What Are You Doing The Rest Of Your Life?, I'm All Smiles, Why Did I Choose You?, Soiree, Lullaby For Helene, Like Someone In Love, Children's Play Song

エヴァンスが初めてエレピを導入した点でも画期的な作品。さらに『コンプリート〜オン・ヴァーヴ』によって、それまで知られていたよりも複雑な多重録音が施されていたことが明らかに。同ボックスはアウト・テイクを多数収録。

㊺『JAZZHOUSE／BILL EVANS』(Milestone MCD-9151-2／ビクターエンタテインメント VDJ-1118)
●Bill Evans (p) Eddie Gomez (b) Marty Morell (ds) 1969. 11. 24, Copenhagen
▶How Deep Is The Ocean, How My Heart Sings, Goodbye, Autumn Leaves, California Here I Come, Sleepin' Bee, Polka Dots And Moonbeams, Stella By Starlight, Five (Theme)

87年に日の目を見た"ジャズハウス・モンマルトル"でのライヴ。同時期のヨーロッパ・ツアーでは、デンマークで同地のラジオ・オーケストラと共にテレビ番組にも出演している。邦題は『ライヴ・アット・モンマルトル〜枯葉』。

㊻『YOU'RE GONNA HEAR FROM ME／BILL EVANS』(Milestone MCD-9164-2／ビクターエンタテインメント VDJ-1163)
●Bill Evans (p) Eddie Gomez (b) Marty Morell (ds) 1969. 11. 24, Copenhagen
▶You're Gonna Hear From Me, 'Round Midnight, Waltz For Debby, Nardis, Time Remembered, Who Can I Turn To, Emily, Our Love Is Here To Stay, Someday My Prince Will Come

前作と同日の未発表音源第２弾。スタジオの機材で録音され、デンマークのジャズ・センターが保管していたテープが88年に登場。ゴメスはライナーで「エヴァンスは熱情と知性のバランスが取れた音楽を目指した」と書いている。

㊼『LIVE IN AMSTERDAM／BILL EVANS』(Affinity ; Norma NOCD-5676)
●Bill Evans (p) Eddie Gomez (b) Marty Morell (ds) 1969. 11. 28, Amsterdam
▶Very Early, A Sleepin' Bee, Quiet Now, Turn Out The Stars, Autumn Leaves, Nardis

オリジナルLPのアフィニティ盤や、国内ライセンスLP『TRIO65』(Seven Seas) では、パーソネルと録音年に表記ミスあり。コペンハーゲン・コンサートとレパートリーが重なるが、「ヴェリー・アーリー」の選曲に注目。

㊱『**A SIMPLE MATTER OF CONVICTION／BILL EVANS**』(Verve V6-8675／ユニバーサルクラシックス&ジャズ POCJ-9233)
●Bill Evans (p) Eddie Gomez (b) Shelly Manne (ds) 1966. 10. 11, NJ
▶A Simple Matter Of Conviction, My Melancholy Baby, Only Child, Laura, Stella By Starlight, I'm Getting Sentimental Over You, Star Eyes, Unless It's You (Orbit), These Things Called Changes

4年ぶりにマンを東海岸へ招いて制作。初共演となった21歳のベーシスト、エディ・ゴメスの登場も話題。エヴァンス3史上、最も長期間女房役を担うこととなるゴメスを得て、エヴァンスは新たな歴史をスタートさせたのだった。

㊲『**BILL EVANS TRIO**』(Tempo Di Jazz CDTJ 708)
●Bill Evans (p) Eddie Gomez (b) Alex Riel (ds) 1966. 10. 24, Copenhagen
▶Elsa, Stella By Starlight, Detour Ahead, In A Sentimental Mood, Time Remembered, Nardis

当時スウェーデンやデンマーク制作の映画音楽として、エヴァンスの作品が使用されたというくらい、スカンジナビアにおけるエヴァンスの人気は高かった。デンマーク赤十字のためのチャリティ・ショーを兼ねたステージのブート。

㊳『**FURTHER CONVERSATIONS WITH MYSELF**』(Verve V6-8727, 314 559 832-2 [CD])
●Bill Evans (p) with one overdubbed track, 1967. 8. 9, NYC
▶Emily, Yesterdays, Santa Claus Is Coming To Town, Funny Man, The Shadow Of Your Smile, Little Lulu, Quiet Now

4年半ぶりに挑んだ多重録音ソロ・ピアノ作。前回の経験を踏まえて、3パートではなくデュオ形式で録音。結果、前作以上に左右のバランスは良好。目の前で2人のエヴァンスが演奏しているかのような錯覚に陥ってしまいそう。

㊴『**CALIFORNIA HERE I COME／BILL EVANS**』(Verve VE2-2545)
●Bill Evans (p) Eddie Gomez (b) Philly Joe Jones (ds) 1967. 8. 17, 18, NYC
▶California Here I Come, Polka Dots And Moonbeams, Turn Out The Stars, Stella By Starlight, You're Gonna Hear From Me, In A Sentimental Mood, G Waltz, Green Dolphin Street, Gone With The Wind, If You Could See Me Now, Alfie, Very Early, Round Midnight, Emily, Wrap Your Troubles In Dreams

82年に2枚組LPで登場した未発表作。97年発売の『コンプリート～オン・ヴァーヴ』で初CD化。トリオをダイナミックにドライブさせるフィリー・ジョーに刺激を受けたエヴァンスの、嬉々とした表情がピアノから弾けている。

㊵『**BILL EVANS AT THE MONTREUX JAZZ FESTIVAL**』(Verve V6-8762／ユニバーサルクラシックス&ジャズ POCJ-9203)
●Bill Evans (p) Eddie Gomez (b) Jack DeJohnette (ds) 1968. 6. 15, Montreux
▶One For Helen, A Sleepin' Bee, Mother Of Earl, Nardis, The Touch Of Your Lips, Embraceable You, Someday My Prince Will Come, Walkin' Up
●Bill Evans (p-solo)
▶I Loves You Porgy, Quiet Now

"お城のエヴァンス"の愛称で親しまれている本作は、冒頭の仏語による印象的なメンバー紹介から、期待と興奮を呼び起こしてくれる。ディジョネットとの公式録音作はこれが唯一。エヴァンス3史上最もスリリングな3人だ。

㊶『**BILL EVANS ALONE**』(Verve V6-8792／ユニバーサルクラシックス&ジャズ POCJ-9206)
●Bill Evans (p) 1968. 9. 23, 24, 30, 10. 8, 14, 21, NYC
▶Here's That Rainy Day, A Time For Love, Midnight Mood, On A Clear Day, Never Let Me Go, All The Things You Are／Midnight Mood, A Time For Love (alt. tk)

2枚の多重録音作を経て、エヴァンスは初めて全編無伴奏のソロ・アルバムを完成させた。ここでは共演者という他者との関係性を含まない分、エヴァンスの特質であるリリシズムがよりピュアな形で現れている。グラミー賞受賞作。

㉚『**NARDIS／BILL EVANS**』(Stash／Venus TKCZ-79045)
●Bill Evans (p) Chuck Israels (b) Larry Bunker (ds) 1965. 2、France
▶Nardis, Stella By Starlight, Someday My Prince Will Come, Round Midnight
●Bill Evans (p) Eddie Gomez (b) Marty Morell (ds) 1969. 7. 18, Pescara, Italy
▶Waltz For Debby
●same personnel 1972. 2, Italy
▶How My Heart Sings, Time Remembered, T. T. T.

65年２月の４曲は、『Paris, 1965』と同時期のツアーからの音源。69年のイタリア録音は、２枚のジョーカーLPと同日の“ペスカラ・フェスティヴァル”からの音源。72年２月は結成後３年半のエヴァンス３、欧州楽旅のひとこま。

㉛『**BILL EVANS TRIO WITH THE SYMPHONY ORCHESTRA**』(Verve V6-8640, 821983-2 [CD])
●Bill Evans (p) Chuck Israels (b) Grady Tate (ds) Claus Ogerman (arr, cond)+symphony orchestra 1965. 9. 29, NYC
▶Prelude, Granados, Elegia, Pavane
●same personnel 1965. 12. 16
▶Valse, Blue Interlude, Time Remembered, My Bells

62年のG.マクファーランド盤でオーケストラと共演したエヴァンスが、本格的にシンフォニー・オーケストラを配してアルバム制作。リリカルなピアノを引き立てるオーケストレーションは、後年のCTIの作風にも通じるサウンド。

㉜『**TOGETHER AGAIN／BILL EVANS-LEE KONITZ QUARTET**』(Moon MLP 024-1, MCD 024-2【CD】)
●Lee Konitz (as) Bill Evans (p) Niels-Henning Orsted Pedersen (b) Alan Dawson (ds) 1965. 10. 29, Berlin
▶How Deep Is The Ocean, Detour Ahead, My Melancholy Baby
●omit Konitz, 1965. 10. 31, Copenhagen
▶Come Rain Or Come Shine, Someday My Prince Will Come, Beautiful Love

65年10～11月、『ウイズ・ザ・シンフォニー・オーケストラ』のレコーディングの合間に、エヴァンスはベルリン、コペンハーゲン、ストックホルム、パリを訪れ、コニッツと再会。トリオのメンバーも、異色の顔合わせだった。

㉝『**LIVE IN STOCKHOLM／BILL EVANS**』(Royal Jazz RJD 519)
●Bill Evans (p) Palle Danielsson (b) Rune Carlsson (ds) 1965. 11. 15, Stockholm
▶You And The Night And The Music, Round Midnight, Funkallero, What Is This Thing Called Love, Very Early, Our Love Is Here To Stay, All Of You
●same personnel 1965. 11. 19
▶Elsa, Nardis, Round Midnight, I Should Care, Time Remembered, All Of You

コニッツとのカルテットを一時解体したエヴァンスは、単身ストックホルムを訪れ、現地のジャズメンと北欧トリオを編成、２週間のクラブ・デイトをこなす。エヴァンスのリーダーシップがより強く発揮された演奏になっている。

㉞『**BILL EVANS AT TOWN HALL VOL.1**』(Verve V6-8683／ユニバーサルクラシックス＆ジャズ POCJ-9216)
●Bill Evans (p) Chuck Israels (b) Arnold Wise (ds) 1966. 2. 21, NYC
▶I Shoud Care, Spring Is Here, Who Can I Turn To (When Nobody Needs Me), Make Someone Happy, Solo-In Memory Of His Father, Harry L.Evans, 1891-1966: Prologue･Improvisation On Two Themes･Story Line･Turn Out The Stars･Epilogue, Beautiful Love, My Foolish Heart, One For Helen

本作がエヴァンスにとって特別なのは、２週間前に急逝した実父を偲んで作曲されたピアノ・ソロ（本作が唯一のヴァージョン）を収録しているため。当初『第２集』が発売される計画だったが、今日に至るまで実現しないままだ。

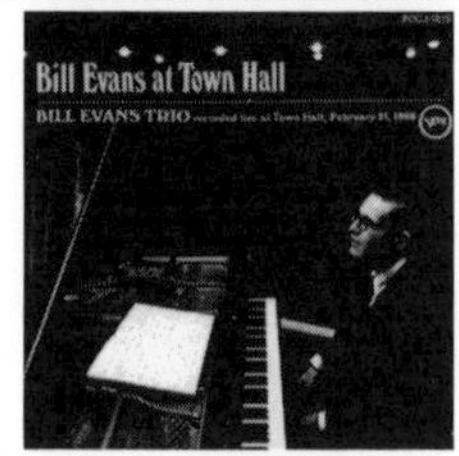

㉟『**INTERMODULATION／BILL EVANS & JIM HALL**』(Verve V6-8655／ユニバーサルジャズ＆クラシックスPOCJ-1920)
●Bill Evans (p) Jim Hall (g) 1966. 4. 7, NYC
▶Turn Out The Stars, All Across The City
●same personnel 1966. 5. 10
▶I've Got You Under My Skin, My Man's Gone Now, Angel Face, Jazz Samba

エヴァンスが生涯でデュオ作の相手に選んだのは、ホール、エディ・ゴメス、トニー・ベネットの３人だけ。インタープレイの極致とも言えるトラックこそないものの、寛いだ雰囲気の中で語り合う２人が深い味わいを醸し出す。

	㉔『**TRIO '64／BILL EVANS**』(Verve V-8578／ユニバーサルクラッシックス＆ジャズPOCJ-9230) ●Bill Evans (p) Gary Peacock (b) Paul Motian (ds) 1963. 12. 18, NYC ▶For Heaven's Sake, A Sleepin' Bee, Always, Everything Happens To Me, Dancing In The Dark, Santa Claus Is Coming To Town, I'll See You Again, Little Lulu	モチアンが１年半ぶりにショート・リリーフを務め、初顔のピーコックが参加。この顔ぶれでは唯一の本作は、後年キース・ジャレットとの関係を深めることになる２人とエヴァンスが共演していた、との１点だけでも興味津々だ。
	㉕『**STAN GETZ & BILL EVANS**』(Verve V-8833／ユニバーサルクラッシックス＆ジャズ POCJ-9224) ●Stan Getz (ts) Bill Evans (p) Richard Davis (b) Elvin Jones (ds) 1964. 5. 5, NYC ▶My Heart Stood Still, Grandfather's Waltz, Melinda, My Heart Stood Still (alt. take), Grandfather's Waltz (alt. take) ●Ron Carter (b) replaces Davis 1964. 5. 6 ▶Funkallero, But Beautiful, Night And Day, Carpetbagger's Theme, WNEW Theme Song, Night And Day (alt. take)	両者の技とプライドが真っ向からぶつかる形の演奏である。LPジャケットには“73年発見”と記されているが、当人たちが気に入らずオクラ入りになったのが真相。CD化に際し、未発表２曲と別テイク３曲が国内盤で初登場した。
	㉖『**THE BILL EVANS TRIO LIVE**』(Verve V6-8803／ユニバーサルクラシックス＆ジャズ POCJ-9236) ●Bill Evans (p) Chuck Israels (b) Larry Bunker (ds) 1964. 7. 7, Sausalito, CA ▶How Deep Is The Ocean?, Nardis, Someday My Prince Will Come ●same personnel 1964. 7. 7, 9 ▶Stella By Starlight, 'Round Midnight, The Boy Next Door, What Kind Of Fool Am I? ●same personnel 1964. 7. 9 ▶How My Heart Sings	『アット・シェリーズ～』から１年２か月後、再び西海岸でのギグを収録。だが当時エヴァンスはアルバム化を承諾せず、契約終了から時間をおいてヴァーヴが発表した経緯がある。エヴァンスが当時感じたほど平凡な演奏ではない。
	㉗『**EMILY／BILL EVANS**』(Moon MCD060-2) ●Bill Evans (p) Chuck Israels (b) Larry Bunker (ds) 1964. 8, Stockholm ▶My Foolish Heart ●Bill Evans (p) Eddie Gomez (b) Marty Morell (ds) 1969. 11, Copenhagen ▶Emily ●add Herb Geller (a-fl) 1972. 2, Hamburg ▶Northern Trail	最も価値あるのがハーブ・ゲラーとの72年２月録音。２月14日に行われたコンサートのリハーサル・セッションからの１曲で、ドイツ放送協会が収録。本番の２日前あたりの録音だろう。エヴァンスとゲラーの幽玄美漂うバラードだ。
	㉘『**TRIO '65／BILL EVANS**』(Verve V6-8613／ユニバーサルクラシックス＆ジャズ POCJ-2577) ●Bill Evans (p) Chuck Israels (b) Larry Bunker (ds) 1965. 2. 3, NYC ▶Israel, Elsa, 'Round Midnight, Love Is Here To Stay, How My Heart Sings, Who Can I Turn To?, Come Rain Or Come Shine, If You Could See Me Now	トリオのスタジオ作としては、『トリオ64』以来１年２か月ぶりの吹込み。初演の「フー・キャン・アイ・ターン～」を除く７曲が、すべて再演であるのが特色。「ハウ・マイ・ハート～」は数あるこの曲の中でも極め付きの名演だ。
	㉙『**PARIS,1965／BILL EVANS**』(Royal Jazz RJ 503) ●Bill Evans (p) Chuck Israels (b) Larry Bunker (ds) 1965. 2. 13, Paris ▶Elsa, I Should Care, Time Remembered, Come Rain Or Come Shine, Some Other Time, Nardis, How Deep Is The Ocean, Israel	初出は６曲収録のLP『ハウ・ディープ・イズ・ジ・オーシャン』(88年発表)。65年のヨーロッパ・ツアーから放送されたパリ公演。クレジットは左記が正しい。未発表トラックも含め、ラジオ・フランスからの公式CD化に期待。

⑱『THE SOLO SESSIONS, VOL.1／BILL EVANS』
(Milestone MCD-9170-2／ビクターエンタテインメント VICJ-23064)
●Bill Evans (p) 1963. 1. 10, NYC
▶What Kind Of Fool Am I (take 1), Medley: My Favorite Things／Easy To Love／Bubles, Bangles And Beads, When I Fall In Love, Medley: Spartacus Love Theme／Nardis, Everything Happens To Me, April In Paris

85年に登場した『コンプリート・リヴァーサイド・レコーディング』(18 LP) 全151曲中24曲の未発表トラックの内、最も驚きに溢れていた音源が、63年1月10日録音のピアノ独奏。その重要性に鑑み、2枚バラで単独発売された。

⑲『THE SOLO SESSIONS, VOL.2／BILL EVANS』
(Milestone MCD-9195-2, ビクターエンタテインメント VICJ-23065)
●Bill Evans (p) 1963. 1. 10, NYC
▶All The Things You Are, Santa Claus Is Coming To Town, I Loves You Porgy, What Kind Of Fool Am I (take 2), Love Is Here To Stay, Ornithology, Medley : Autumn In New York／How About You?

トリオ編成のエヴァンスとは一味違う表情とクオリティの高い演奏、『自己との対話』に先立つ実質初めてのソロ・ピアノ・アルバムという点で、歴史的な発掘。当時のプロデューサーの感覚ではハードでシリアスに過ぎたようだ。

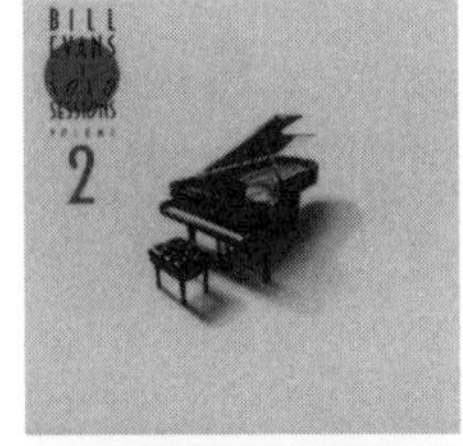

⑳『CONVERSATIONS WITH MYSELF／BILL EVANS』
(Verve V-8526／ユニバーサルクラシックス&ジャズ POCJ-9229)
●Bill Evans (p) solos multi three track recorded. 1963. 2. 6, NYC▶N.Y. C.'s No Lark
●same personnel 1963. 2. 9
▶How About You, Just You Just Me, Stella By Starlight, Hey There, 'Round Midnight
●same personnel 1963. 2
▶Bemsha Swing, A Sleepin' Bee
●same personnel 1963. 5. 20
▶Spartacus Love Theme, Blue Monk

2～3パートのピアノを多重録音して完成。インタープレイという革新的な方法論を自己完結させた成果だ。デュオ形式に則り、やがて双方が交差し合う展開で、曲により第三声が加わる。新たな表現世界に挑んだ"自己との対話"。

㉑『BILL EVANS TRIO AT SHELLY'S MANNE HOLE』
(Riverside RLP-487／ビクターエンタテインメント VICJ-60471)
●Bill Evans (p) Chuck Israels (b) Larry Bunker (ds) 1963. 5. 30, LA
▶Our Love Is Here To Stay, 'Round Midnight, Stella By Starlight, Isn't It Romantic, The Boy Next Door, Blues In F／Five, All The Things You Are
●same personnel 1963. 5. 31
▶Wonder Why, Swedish Pastry

C.イスラエルを得たエヴァンス3の初作から1年。この間コンセプトが異なるイレギュラーな録音が続いたのだが、63年5月のシェリーズ・マン・ホール連続出演を通じ、新トリオを結成。およそ2年間続くユニットのスタート。

㉒『TIME REMEMBERED／BILL EVANS』(Milestone M-47068／ビクターエンタテインメント VICJ-23067)
●Bill Evans (p) Chuck Israels (b) Larry Bunker (ds) 1963. 5. 30, LA
▶Who Cares?, What Is This Thing Called Love?, Lover Man, How About You?
●same personnel 1963. 5. 31
▶In A Sentimental Mood, Everything Happens To Me, Time Remembered, My Heart Stood Still

『アット・シェリーズ・マン・ホール』と同日の未発表音源が発掘されたのは83年。エヴァンスの死去から3年、まだ晩年の活躍ぶりの余韻が残っている時期のアルバム化だった。演奏は残りものではなく、世に出てしかるべき内容。

㉓『BILL EVANS HIS PIANO AND ORCHESTRA PLAY THE THEME FROM THE V. I. P. 'S AND OTHER GREAT SONGS』
(MGM E/SE4184)
●Bill Evans (p) acc. by large orchestra with strings and choir dir. by Claus Ogerman (arr, cond) 1963. 5. 6, NYC
▶Theme From The V. I. P.'s, On Broadway, Sweet September
●same personnel, summer 1963
▶Theme From Mr. Novak, The Caretakers' Theme, More, Walk On The Wild Side, Hollywood, On Green Dolphin Street, The Days Of Wine And Roses, The Man With The Golden Arm, Laura

敏腕プロデューサーのクリード・テイラーが、エヴァンスをスターに仕立てようと画策し、映画音楽やTV主題歌を3分以内にアレンジ。ヴァーヴではなくMGMからポップ・マーケットでのヒットを狙った。異色の部類に入る1枚。

	⑫『UNDERCURRENT／BILL EVANS & JIM HALL』(United Artists UAJ14003／東芝EMI TOCJ-5972, Blue Note CDP 7 90583 2) ●Bill Evans (p) Jim Hall (g) 1962. 4. 24, NYC ▶I Hear A Rhapsody, Stairway To The Stars, I'm Getting Sentimental Over You ●same personnel 1962.5.14 ▶My Funny Valentine, My Funny Valentine (alt. take), Dream Gypsy, Romain, Romain (al. take), Skatin' In Central Park, Darn That Dream	エヴァンス初のデュオ作。すでにインタープレイ・コンセプトを打ち出し、ピアノ・シーンの革新者の道を歩み始めたエヴァンスと、まだ広く認知されていなかったホールのセンスが、計算と即興の相乗効果を生み、ここに結晶した。
	⑬『MOON BEAMS／BILL EVANS』(Riverside RLP428／ビクターエンタテインメント VICJ-60307) ●Bill Evans (p) Chuck Israels (b) Paul Motian (ds) 1962. 5. 17, NYC ▶Polka Dots And Moonbeams, If You Could See Me Now ●same personnel 1962. 5. 29 ▶Re:Person I Knew, Very Early ●same personnel 1962. 6. 5 ▶I Fall In Love Too Easily, Stairway To The Stars, It Might As Well Be Spring, In Love In Vain	エヴァンスが最高のパートナーと信頼を寄せていたラファロ急死のショックからようやく立ち直り、新ベーシスト、チャック・イスラエルを迎えた約1年ぶりのトリオ・レコーディング。柔らかな表情に満ちた、愛すべき仕上がり。
	⑭『HOW MY HEART SINGS !／BILL EVANS』(Riverside RLP473／ビクターエンタテインメント VICJ-60308) ●Bill Evans (p) Chuck Israels (b) Paul Motian (ds) 1962. 5. 17, NYC ▶How My Heart Sings, Summertime ●same personnel 1962. 5. 29 ▶Walkin' Up, Show Type Tune, 34 Skidoo ●same personnel 1962. 6. 5 ▶I Should Care, In Your Own Sweet Way (take 1, 2), Everything I Love	『ムーンビームス』との2部作は、楽曲のトーンの違いこそあれ、3セッションに通底する特色が感じられる。テンポ設定とは関係ない“落ち着いた色調”とでも言おうか。キー・ナンバーは、アール・ジンダース作のタイトル曲。
	⑮『INTERPLAY／BILL EVANS』(Riverside RLP445／ビクターエンタテインメント VICJ-60306) ●Bill Evans (p) Freddie Hubbard (tp) Jim Hall (g) Percy Heath (b) Philly Joe Jones (ds) 1962. 7. 16, NYC ▶When You Wish Upon A Star, You Go To My Head, Wrap Your Troubles In Dreams ●same personnel 1962.7.17 ▶You And The Night And The Music, I'll Never Smile Again (take 6, 7), Interplay	当時破竹の勢いを見せたハバードと、2か月前にデュオ作を吹込んだホールを迎えての録音。フィリー・ジョーが加わり、久々にハード・バピッシュなカラーを全面展開。制作者側主導ではなく、エヴァンス自身が望んだ企画だった。
	⑯『EMPATHY／BILL EVANS & SHELLY MANNE』(Verve V-8497／ユニバーサルクラシックス＆ジャズ POCJ-9218) ●Bill Evans (p) Monty Budwing (b) Shelly Manne (ds) 1962. 8. 20, NYC ▶The Washington Twist, Danny Boy, Let's Go Back To The Waltz, With A Song In My Heart, Goodbye, I Believe In You	ミュージカル・ナンバー中心の選曲と西海岸の白人2リズムのセッティングは、寛ぎのサウンドをイメージさせるが、それだけに終始しないのがエヴァンスらしさ。“感情移入”を意味する作品名は、三者のインタープレイに顕著だ。
	⑰『THE INTERPLAY SESSIONS／BILL EVANS』(Milestone M47066／ビクターエンタテインメント VICJ-23068) ●Bill Evans (p) Zoot Sims (ts) Jim Hall (g) Ron Carter (b) Philly Joe Jones (ds) 1962. 8. 21, NYC ▶Loose Bloose (take 3, mix of take 2&4), Fudgesickle Built For Four, Time Remembered, Funkallero ●same personnel 1962. 8. 22 ▶My Bells, There Came You, Fun Ride	トランペットからテナーに替えた1か月後のクインテット作という意味では『続・インタープレイ・セッション』と呼ぶ方がふさわしい。全曲エヴァンスのオリジナルでしかもすべてがこの吹込みのための書き下ろしだった点に注目。

⑥『THE 1960 BIRDLAND SESSIONS／BILL EVANS』(Alto AL719, Session 113／Cool & Blue Records C&B-CD106)
●Bill Evans (p) Scott LaFaro (b) Paul Motian (ds) 1960. 3. 12, NYC
▶Autumn Leaves, Our Delight, Beautiful Love／Five
●same personnel, 1960. 3. 19, NYC
▶Autumn Leaves, Come Rain Or Come Shine／Five
●same personnel, 1960. 4. 30, NYC
▶Come Rain Or Come Shine, Nardis, Blue In Green, Autumn Leaves
●same personnel, 1960. 5. 7, NYC
▶All Of You, Come Rain Or Come Shine, Speak Low

60年はG.ラッセルやカイ＆J.J.盤に参加したものの、リーダー作は残していない。初出はお馴染みのブート・レーベル＝アルトとセッション。“バードランド”からの早朝番組のエアチェックを、コレクターのボリス・ローズが監修。

⑦『EXPLORATIONS／BILL EVANS』(Riverside RLP-351／ビクターエンタテインメント VICJ-60294)
●Bill Evans (p) Scott LaFaro (b) Paul Motian (ds) 1961. 2. 2, NYC
▶Israel, Haunted Heart, Beautiful Love (take 1, 2), Elsa, Nardis, How Deep Is The Ocean, I Wish I Knew, Sweet And Lovely, The Boy Next Door

『ポートレイト～』から13か月後のスタジオ録音。60年は北米ツアーやNYタウン・ホール・コンサートなど、ライヴ活動に力を注いだトリオは、この第２作で前作に認められた緊迫感の度合いが後退し、落ち着いた色調が濃厚に。

⑧『SUNDAY AT THE VILLAGE VANGUARD／BILL EVANS』(Riverside RLP-376／ビクターエンタテインメント VICJ-60293)
●Bill Evans (p) Scott LaFaro (b) Paul Motian (ds) 1961. 6. 25, NYC
▶Gloria's Step (take 2, 3), My Man's Gone Now, Solar, Alice In Wonderland (take 1, 2), All Of You (take 1, 2, 3), Jade Visions (take 1, 2)

ヴィレッジ・ヴァンガードに定期的に出演し、人気を高めつつあったエヴァンス３は、61年６月に２週間の連続公演を行い、最終日の日曜日に初のライヴ・レコーディングを行う。あくまでジャズ的な創造性を伴った“寛ぎ”の演奏。

⑨『WALTZ FOR DEBBY／BILL EVANS』(Riverside RLP-399／ビクターエンタテインメント VICJ-60292)
●Bill Evans (p) Scott LaFaro (b) Paul Motian (ds) 1961. 6. 25, NYC
▶My Foolish Heart, Waltz For Debby (take 1, 2), Detour Ahead (take 1, 2), My Romance (take 1, 2), Some Other Time, Milestones, Porgy

この日、エヴァンス３は５セットのパフォーマンスを行った。オリジナルLPの曲順に構成した制作者のセンスと見識の高さには、今さらながら脱帽するしかない。ピアノ・トリオの素晴らしい魅力を伝え続ける永遠の名盤。

⑩『BILL EVANS TRIO』(Chazzer 2007／Fresh Sound JLCD-2)
●Bill Evans (p) Chuck Israels (b) Paul Motian (ds) 1962. 2. 10, NYC▶Gloria's Step, Haunted Heart, Nardis
●Bill Evans (p) Eddie Gomez (b) Jack DeJohnette (ds) 1968. 7. 13, NYC▶Stella By Starlight
●Bill Evans (p) with the CBS Orchestra conducted by Alfred Antonini Granadas
●add John Lewis (p), omit Gomez, DeJohnette Almost Blues
●Bill Evans (p) Eddie Gomez (b) Marty Morell (ds) 1972. 9. 17, NYC ▶How My Heart Sings, Gloria's Step, Time Remembered, My Romance

オフィシャル・カムバック作『ムーンビームス』の３か月前の音源に加え、公式作で１度しか共演していないディジョネット絡みのトラックと、ジョン・ルイスとのオーケストラ録音、そして72年の放送音源を収録。古典的なブート。

⑪『EASY TO LOVE／BILL EVANS』(Riverside；ビクターエンタテインメント VICJ-23517)
●Bill Evans (p) 1962. 4. 4, NYC
▶Easy To Love, Danny Boy, Like Someone In Love, In Your Own Sweet Way

1980年９月15日、ビル・エヴァンス死去。本作は81年春発売の日本独自企画によるエヴァンス・トリビュート第２弾で、ここに挙げた４曲はそれまでまったく知られていなかったソロ・ピアノ・セッションという点で価値がある。

●ビル・エヴァンス リーダー作完全

CD(&LP)ディスコグラフィー 全132作(107作+25作)

杉田宏樹・編

＊写真提供――ビクターミュージック・エンタテインメント
ユニバーサルミュージック
ソニー・ミュージックエンタテインメント

①『**NEW JAZZ CONCEPTIONS／BILL EVANS**』(Riverside RLP12-223／ビクターエンタテインメントVICJ-60359)
●Bill Evans (p) Teddy Kotick (b) Paul Motian (ds) 1956. 9. 27, NYC
▶Conception, I Love You, Speak Low, Easy Living, Displacement, Five, Our Delight, No Cover No Minimum (take 1, 2)
●Bill Evans (p)
Waltz For Debby, I Got It Bad, My Romance

エヴァンス、26歳の初リーダー作。当時トニー・スコット4に在籍中だった関係で、サイドメンには同僚のコティックとモチアンを起用している。バド・パウエルばかりでなくレニー・トリスターノの影が認められる点も興味深い。

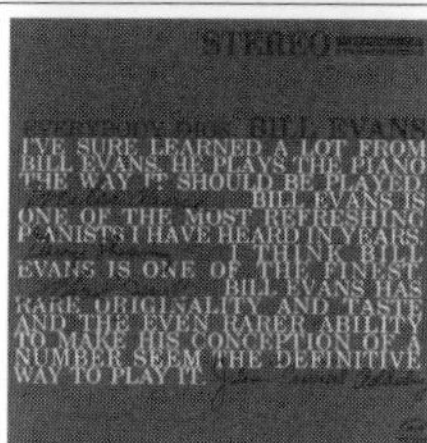

②『**EVERYBODY DIGS BILL EVANS**』(Riverside RLP12-291／ビクターエンタテインメントVICJ-60331)
●Bill Evans (p) 1958. 12. 15, NYC
▶Lucky To Be Me, Peace Piece, Epilogue (appears twice), Some Other Time
●Bill Evans (p) Sam Jones (b) Philly Joe Jones (ds)
Tenderly, What Is There To Say, Oleo, Minority, Young And Foolish, Night And Day

レナード・バーンスタイン曲「サム・アザー・タイム」をエヴァンス流に発展させたオリジナル「ピース・ピース」は、後年に開花するポスト・ハード・バップ・スタイルの原点。マイルスらの推薦文をあしらったジャケットも異例。

③『**GREEN DOLPHIN STREET／BILL EVANS**』(Milestone M47024／ビクターエンタテインメント VICJ-60349)
●Bill Evans (p) Paul Chambers (b) Philly Joe Jones (ds) 1959. 1. 19, NYC
▶You And The Night And The Music,My Heart Stood Still,On Green Dolphin Street, How Am I To Know, Woody'n You (take 1, 2)

何故か録音から20年近くもオクラ入りになっていた音源。『チェット』と同日の吹込み。『1958マイルス』から8か月後の「グリーン・ドルフィン～」の清涼感が魅力。フィリー・ジョーはエヴァンスが最も好んだドラマーだった。

④『**THE IVORY HUNTERS／BOB BROOKMEYER & BILL EVANS**』(United Artists UAL4004／Blue Note B21Y-27324)
●Bill Evans, Bob Brookmeyer (p) Percy Heath (b) Connie Kay (ds) 1959. 3. 12, NYC
▶Honeysuckle Rose, As Time Goes By, The Way You Look Tonight, It Could Happen To You, The Man I Love, I Got Rhythm

NY進出以来の友人であり、G.ラッセル盤で共演していたブルックマイヤーは、白人バルブ・トロンボーンの第一人者。当初のワン・ホーン4の予定が、プロデューサーのアイデアで急遽2リズムも含めて変更されたセッティング。

⑤『**PORTRAIT IN JAZZ／BILL EVANS**』(Riverside RLP-315／ビクターエンタテインメント VICJ-60291)
●Bill Evans (p) Scott LaFaro (b) Paul Motian (ds) 1959. 12. 28, NYC
▶Someday My Prince Will Come, Come Rain Or Come Shine, Witchcraft, When I Fall In Love, Peri's Scope, What Is This Thing Called Love, Blue In Green (take 2, 3), Spring Is Here, Autumn Leaves (mono & stereo take)

初作以来親密な関係にあったモチアンと新鋭ラファロを得たことにより、想像以上のスピードでピアノ・トリオのニュー・コンセプションを確立。ラファロの鋭角的なベースは今聴いても凄い。短くも美しく燃えたトリオの第1作。

ビル・エヴァンス略年譜（高木宏真・編）

一九二七年　兄ハリー・エヴァンス誕生。

一九二九年　八月一六日ニュージャージー州プレインフィールドで、ウェールズ人の父、ロシア系アメリカ人の母との間に生まれる。

一九三五年　六歳でピアノを始める。

一九三六年　七歳、ヴァイオリンを始める。

一九四一年　フルート、ピッコロを習う。

一九四二年　兄ハリーの代役でバディ・ヴァレンチノのバンドに加わる。ハイスクール時代には兄とバンドを結成。このバンドにはドン・エリオットが参加。

一九四六年　ニューオリンズのサウスイースタン・ルイジアナ・カレッジに入学。レッド・ミッチェル（b）、マンデル・ロウ（g）、トニー・スコット（cl）らと共演。アルバイトで演奏。

一九四九年　卒業後プロ活動開始。トニー・スコットの紹介でハービー・フィールズ・セプテットに加入。

一九五一年　兵役につく。軍楽隊で演奏。

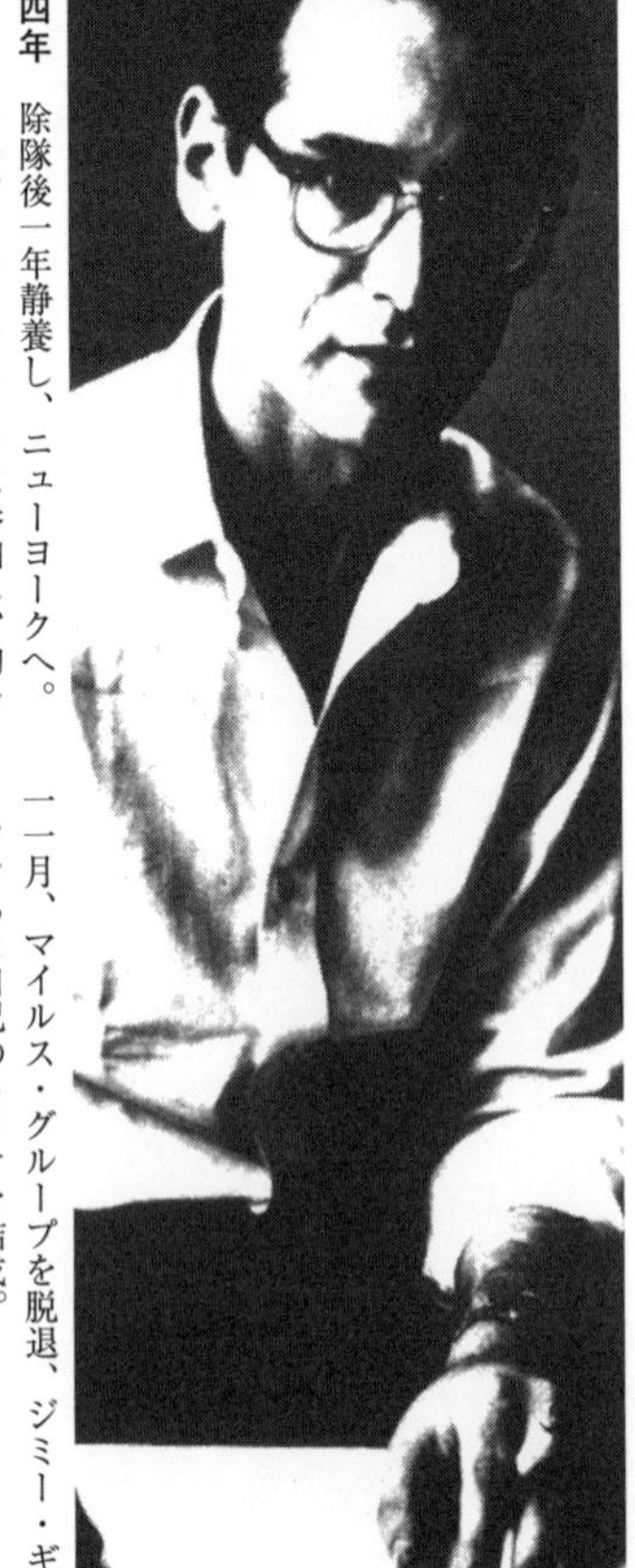

一九五四年　除隊後一年静養し、ニューヨークへ。ジェリー・ウォルド・オーケストラに参加し、初レコーディングを経験。音楽学校にてハーモニーや作曲を学ぶ。

一九五五年　ルーシー・リード（vo）、ディック・ガルシア（g）のアルバムに参加。

一九五六年　ジョージ・ラッセル（arr）、トニー・スコットのアルバムに参加。マンデル・ロウの支援でオリン・キープニューズと知り合う。キープニューズ・プロデュースで初リーダー・アルバム**『ニュー・ジャズ・コンセプション』**を録音（九月二七日）。

一九五七年　ブランダイズ大学での「サード・ストリーム」コンサートに参加。ジョージ・ラッセル・オーケストラでの「オール・アバウト・ロージー」のソロが注目される。

一九五八年　白人として初めて、マイルス・デイヴィス・グループに参加。週給二〇〇ドルといわれた。

五月**『1958マイルス』**録音。

一一月、マイルス・グループを脱退、ジミー・ギャリソンらと自己のトリオを結成。

一二月、セカンド・リーダー・アルバム**『エヴリバディ・ディグス・ビル・エヴァンス』**を、サム・ジョーンズ（b）、フィリー・ジョー・ジョーンズ（ds）とのトリオで録音（一二月一五日）。

一九五九年　ポール・チェンバース（b）フィリー・ジョー・ジョーンズ（ds）とトリオ録音（一月一九日）

マイルス・デイヴィス**『カインド・オブ・ブルー』**の録音に参加（三月二日）。

スコット・ラファロ（b）、ポール・モチアン（ds）とのトリオを結成。**『ポートレイト・イン・ジャズ』**を録音（一二月二八日）。

一九六〇年　レギュラー・トリオでライヴ演奏を重ねる。

一九六一年　**『エクスプロレーションズ』**を、レギュラー・トリオで録音（二月二日）。

ヴィレッジ・ヴァンガードに出演（二週間公演）。

最終日の日曜、ライヴ・レコーディング『**ワルツ・フォー・デビー**』『**サンディ・アット・ザ・ヴィレッジ・ヴァンガード**』等（六月二五日）。

スコット・ラファロ、自動車事故で死亡（七月六日）。

一九六二年　ジム・ホールとのデュオ『**アンダーカレント**』を録音（四月二四日）。

チャック・イスラエルをベースに迎えたトリオで『**ムーンビームス**』『**ハウ・マイ・ハート・シングス**』を録音（五月一七日）。

クインテット編成の『**インタープレイ**』を録音（七月一六日）。

ヴァーヴへ移籍し、シェリー・マンをフィーチュアしたトリオで『**エムパシー**』を録音（八月二〇日）。

一九六三年　プロデューサー、クリード・テイラーのアイデアで多重録音によるソロ・ピアノ・アルバム『**自己との対話**』を録音（二月六日）。このアルバムでグラミー賞を受賞。

一九六五年　クラウス・オガーマン（comp, arr）編曲によるオーケストラとの共演盤『**ビル・エヴァンス・トリオ・ウィズ・ザ・シンフォニー・オーケストラ**』を録音。

一九六六年　父ハリー・L・エヴァンス死亡（二月）。直後タウン・ホールでライヴ録音（二月二一日）。父に捧げたソロ演奏を披露。

エディ・ゴメス（b）との初共演盤『**シンプル・マター・オヴ・コンヴィクション**』録音（一〇月一一日）。

一九六八年　ジャック・デジョネット（ds）を加えたトリオで、モントルー・ジャズ・フェスティヴァルに出演、ライヴ録音（六月一五日）。

一九六九年　初のピアノ・ソロ・アルバム『**アローン**』を録音（一二月一二日）。

グラミー賞ベスト・ソロイスト賞獲得。

一九七〇年　初めてエレクトリック・ピアノを弾いた『**フロム・レフト・トゥ・ライト**』をMGMに録音。

一九七一年　CBSへ移籍、『**ザ・ビル・エヴァンス・アルバム**』を録音。

一九七二年　一三年振りにジョージ・ラッセル（comp, arr）との共演『**リヴィング・タイム**』録音。

一九七三年　一月初来日。最終日郵便貯金ホールでのライヴ録音（『**ライヴ・イン・トーキョー**』一月二〇日）。

その直後妻エレイン・エヴァンス死亡。

八月五日　マンハッタンのルーテル派教会で、ネネット・ザザーラと結婚。

一九七四年　ファンタジーに移籍、第一弾『**シンス・ウィ・メット**』（一月）。クラウス・オガーマンとの九年振りの共演『**シンビオーシス**』をMPSに録音（二月）。

三月四日、ゴメス＝モレルと二度目の来日。

一九七五年　トニー・ベネット（vo）との共演盤『**ザ・トニー・ベネット・ビル・エヴァンス・アルバム**』を録音（六月）。

九月一三日、四六歳にして初めての子供エヴァンが生まれる。

一九七六年　一月一二日、三度目の来日。ゴメス＝エリオット・ジグモンド（ds）のトリオ。

一九七七年　ワーナーブラザースへ移籍。第一弾の『**ユー・マスト・ビリーヴ・イン・スプリング**』（八月）は、一一年続いたエディ・ゴメスとの最後の共演盤となる。

一九七八年　エレクトリック・ピアノとアコースティック・ピアノによる一人多重録音『**未知との対話**』（一、二月）。

マイケル・ムーア（b）が短期間トリオに参加。

九月七日、マーク・ジョンソン（b）＝フィリー・ジョー・ジョーンズのトリオで四度目の来日。

一九七九年　一月ドラムスにジョー・ラバーバラ加入。春、兄ハリー・エヴァンス自殺。

八月『**ウィ・ウィル・ミート・アゲイン**』録音。

一九八〇年　八月三一日から九月七日までサンフランシスコのキーストン・コーナーに出演。

九月九日からニューヨークのファット・チューズデイズに出演。一一日マウント・サイナイ病院へ。

九月一五日月曜マウント・サイナイ病院で死亡。死因は、肝硬変、気管支炎、出血性潰瘍。

九月一九日シティ・コープ内のセント・ピータース教会にて、ジョン・ゲンセル師により葬儀。葬儀の音楽監督はエディ・ゴメスが務め、ルー・レヴィ、トミー・フラナガン、ビリー・テイラー、ポール・ブレイ、マリアン・マクパートランド、バーバラ・キャロルらのピアニスト、フィル・ウッズ（as）、ジェレミー・スタイグ（fl）らが参列。

九月二〇日、五度目の来日予定だった。

九月二二日　サンフランシスコの「グレート・アメリカン・ミュージック・ホール」にて、オリン・キープニューズらにより追悼コンサートが開かれる。

『文藝別冊　ビル・エヴァンス』（2001年2月初版）は、
その後、2012年5月（増補新版）、
2020年3月（増補決定版）と版を重ねましたが、
本書は増補決定版のCDディスコグラフィーに、
2020年以降のアルバムを追加し単行本とするものです。

ビル・エヴァンス

孤高のジャズ・ピアニスト

二〇二三年一一月二〇日初版印刷
二〇二三年一一月三〇日初版発行

発行者――小野寺優
発行所――株式会社河出書房新社
〒一五一―〇〇五一
東京都渋谷区千駄ヶ谷二―三二―二
電話　〇三―三四〇四―一二〇一（営業）
〇三―三四〇四―八六一一（編集）
https://www.kawade.co.jp/

本文組版――有限会社マーリンクレイン
印刷・製本――大日本印刷株式会社

Printed in Japan
ISBN978-4-309-25734-1